李晓方 主编

王阳明龙南史料辑录

中国书店

图书在版编目（CIP）数据

王阳明龙南史料辑录 / 李晓方主编. — 北京：中国书店，2021.8
　ISBN 978-7-5149-2404-6

　I. ①王… Ⅱ. ①李… Ⅲ. ①王守仁（1472-1528）－生平事迹 ②龙南县－地方史－史料 Ⅳ. ①B248.2 ②K295.6

中国版本图书馆CIP数据核字（2021）第116483号

王阳明龙南史料辑录

李晓方　主编

责任编辑：	孔　玉
出版发行：	中国书店
地　　址：	北京市西城区琉璃厂东街115号
邮　　编：	100050
印　　刷：	北京建筑工业印刷厂
开　　本：	710mm×1000mm　1/16
版　　次：	2021年8月第1版第1次印刷
印　　张：	19.25
字　　数：	282千字
书　　号：	ISBN 978-7-5149-2404-6
定　　价：	78.00元

序 言

王阳明（1472—1529），名守仁，字伯安，自号"阳明子"，学者称"阳明先生"，浙江余姚人，官至南京兵部尚书，封新建伯，死后赠新建侯，谥文成，从祀孔庙。王阳明倡导"心学"，揭"致良知"，对儒学作了区别于程朱理学的解读与创新，对中国乃至日本等周边国家均产生了深远影响。

对王阳明的评价，从未盖棺定论，历来褒贬不一。近年来，王阳明再次被"发现"，国内掀起了一股"阳明热"。再度"火"起来的王阳明，这次似乎尽享赞誉，圣人之谓自不在话下，各种吸睛的解读和演绎正转化为畅销书，重塑金身被请上神坛也间或可见，王阳明大有被神化之势。这与一定历史时期极端的否定性评价一样，都是非理性而不可取的。

纵观历史，能像王阳明一样，在其身后不断被发现与再发现、解读与再解读的人物并不多。从某种意义上看，这恰恰说明王阳明具有深远影响力，甚至可以说是中国文化史上绕不开的一座山。学者们从现代学科知识分类出发，给王阳明冠以了很多"头衔"，诸如哲学家、思想家、政治家、军事家、教育家、文学家、书法家等，平心而论，以其事功与学术，实乃当之无愧。

在王阳明 57 年短暂的人生旅途中，成就其不朽事功与学术的最重要地域无疑是江西。他历仕庐陵知县、南赣巡抚、江西巡抚；期间，平定南赣数十年动乱和宁王朱宸濠叛乱，因此封伯赠侯；他继贵州"龙场悟道"，依凭所出仕的江西的广阔舞台和深厚的文化沃土，通过百死千难的"事上磨"，在江西揭"致良知"，实现了其心学思想的飞跃。阳明高足钱德洪等人称"先生事业多在江右"，明清之际的大学问家黄宗羲也说"阳明一生精神俱在江右"。他们道出了同一个史实，那就是江西成就了王阳明的学术事功，江西又传承了王阳明的思想精髓。

因此，要客观理性地认识和评价王阳明及其学说，更好地弘扬阳明心学精髓，对其进行创新性发展和创造性转化，王阳明在江西是无法绕开而且仍然有待深入研究的大关节。既往的研究已取得丰硕成果，在阳明热的背景下，近年又有不少成果诞生。若要在此基础上有突破，新史料的发掘至关重要。赣南师范大学王阳明研究中心自成立以来，将调查、收集、整理王阳明江西史料，当作必须开展的一项基础性工作。我们尝试着以县域为单位，在文献调查的基础上，深入田野，寻访与王阳明有关的遗址遗迹、碑刻、族谱、传说故事等。在田野调查的过程中，有"扑空"的沮丧，更有"捕获"的喜悦。我们从中也深切地感到，王阳明江西史料辑录是一项艰巨的文化工程，需要足够的时间与精力、耐心与定力、条件与保障。

2019 年，《江西王阳明与阳明后学珍稀文献的现状调查与选编》获准立项为江西省社会科学"十三五"规划重点项目；2020 年，《王阳明龙南史料辑录》得到龙南市政府资助，同时被列入赣南师范大学省级科研平台招标资助课题，本书的工作和出版经费有了保障。在前期工作的基础上，2020年下半年开始，我与同事刘和富博士、黄谋军博士，研究生张志鸿、李平开始辑录史料并进行标点。

龙南在明代属赣州府辖县域，是王阳明平定广东三浰之乱往返必经之地。正德十三年（1518）正月，王阳明自赣州亲征三浰，途经龙南；三月，平三浰功成回军赣州，再次途经龙南。第二次途经龙南，据说王阳明"驻龙数月"。期间，造访玉石岩，吟诗题刻；视察庙学，督办重建；作《观德亭记》，颁《谕俗文》等——留下了大量活动遗迹和文献记载。作为毗邻三浰及横水桶冈动乱核心区域的龙南，有大批先民与王阳明的南赣平乱及秩序重建存在交集，他们有的追随阳明平乱建功，有的被阳明转化为编户齐民，有的则成为被平乱的对象。所有这些虽然是尘封已久的历史，但是，散存的史料碎片却依然承载和诉说着当年的刀光剑影和艰难岁月。我们所做的，就是努力将这些散落的史料碎片设法辑录出来并加以标点，以便于对这段历史的了解与研究。当然，如果此书能助益人们知往鉴今，助力地方经济社会发展，那将是超出我们预期的收获。

本书辑录史料的范围主要包括：明清时期历修现存一统志、江西通志、赣州府志、虔台志、龙南县志以及王阳明全集、玉石岩碑刻、宗族谱牒等。具体而言，我们查阅的一统志包括天顺《大明一统志》、康熙《大清一统志》、乾隆《大清一统志》、嘉庆《重修一统志》；查阅的江西通志包括嘉靖《江西通志》、万历《江西省大志》、康熙《江西通志》、康熙《西江志》、雍正《江西通志》、光绪《江西通志》；查阅的赣州府志包括嘉靖《赣州府志》、天启《赣州府志》、康熙二十三年《续修赣州府志》、康熙五十二年《赣州府志》、乾隆《赣州府志》、道光《赣州府志》、同治《赣州府志》；查阅的虔台志包括嘉靖三十四年《虔台续志》、天启三年《重修虔台志》；查阅的龙南县志包括康熙十二年《龙南县志》、康熙四十八年《龙南县志》、乾隆《龙南县志》、道光《龙南县志》、光绪《龙南县志》。此外，还查阅了《王阳明全集》中有关王阳明在龙南的史料；查阅了玉石岩中与王阳明有关的碑刻；查阅了龙南五十余种族谱资料。从中我们辑录出与王阳明在龙南有关的史料编成本书。

按照我们商定的辑录原则，一是对历修现存方志中的相关史料，即便记载完全相同，也逐一辑出并按序排列；二是所有未标点过的史料只辑录原文并标点，不校核原文的史实或文句错误；辑录自标点本的，除个别影响语义理解的地方外，一般不改动。以上两点并非贪多求全或省事偷懒，实为客观反映史料递纂过程以便对照阅读与深入研究。此外，还要说明两点，一是史料出处的页码标注视辑录底本而定，有正式出版物的采用出版时的重编页码，没有正式出版的采用原古籍页码或稿本页码；二是为便于更广泛地阅读利用，所辑史料统一使用简体字。

该书由我策划并确定辑录范围和体例，刘和富、黄谋军负责辑出相关史料，我指导的硕士研究生张志鸿、李平负责录入史料并初步标点，在此基础上组织了王阳明研究中心的老师及寻乌刘承源先生进行校核，具体分工如下：

刘和富：明清历修一统志及江西通志、道光《赣州府志》；

黄谋军：乾隆《龙南县志》、碑刻与族谱；

陈　涛：嘉靖《赣州府志》、乾隆《赣州府志》；

崔继来：光绪《龙南县志》（自卷7《人物志·赖时雍》之后）；

陈海斌：康熙十二年《龙南县志》、康熙四十八年《龙南县志》、康熙《赣州府志》；

赖少伟：天启《赣州府志》、同治《赣州府志》；

刘承源：道光《龙南县志》、光绪《龙南县志》（卷7《人物志·赖时雍》之前，含）。

全书由我统稿。

坦率地说，虽然做一个县域的王阳明史料辑录所涉空间范围不大，但真正做起来难度却不小。一是涉及的范围广，犹如大海捞针，如对族谱中相关史料的辑录，尽管我们做了大量的田野调查，掌握了大批族谱资料，但其中"有用"的史料不多，前期又不得不做大量的"无用功"；同样的，我们查阅了上述一统志、江西通志和赣州府志，但在天顺《大明一统志》、康熙二十三年《续修赣州府志》中，没有发现王阳明与龙南相关的记录。二是因文献底本漫漶不清等原因，给录入、标点增加了难度；我们的工作时间和水平又有限，粗疏之处与辑录不全在所难免。作为主编，责任当然由我来负，也诚恳地希望读者不吝赐教。但无论如何，能在我们认定的方向上，以龙南为先例，为王阳明江西史料辑录做一点实在的尝试，我们全体同仁深感高兴。

最后，必须感谢龙南市委书记刘勇先生、市委宣传部部长罗晶女士，感谢赣南师范大学副校长易龙教授，感谢中国书店出版社孔煜华女士，没有他们的大力支持，本书的编撰和出版不会如此顺利。

是为序。

李晓方

2021 年 3 月 23 日于赣州

目　录

序　言 1

一、一统志 1

　康熙《大清一统志》 1

　乾隆《大清一统志》 2

　嘉庆《重修一统志》 3

二、江西通志 4

　嘉靖《江西通志》 4

　康熙《江西通志》 5

　康熙《西江志》 6

　雍正《江西通志》 15

　光绪《江西通志》 17

三、虔台志 23

　嘉靖三十四年《虔台续志》 23

　天启三年《重修虔台志》 30

四、赣州府志 41

　嘉靖《赣州府志》 41

天启《赣州府志》.. 50

　　康熙《赣州府志》.. 54

　　乾隆《赣州府志》.. 61

　　道光《赣州府志》.. 74

　　同治《赣州府志》.. 98

五、龙南县志.. 113

　　康熙十二年《龙南县志》.. 113

　　康熙四十八年《龙南县志》.. 118

　　乾隆《龙南县志》.. 131

　　道光《龙南县志》.. 154

　　光绪《龙南县志》.. 184

六、《王阳明全集》... 216

七、碑刻... 268

八、族谱... 280

　　民国《月氏六修族谱》（1936年）................................ 280

　　《晋阳堂月氏七修族谱》（1995年）.............................. 283

　　乾隆《桃川赖氏六修族谱》（1779年）............................ 288

　　光绪《桃川赖氏八修族谱》（1906年）............................ 290

　　《黄氏龙南宗谱》（2018年）..................................... 291

一、一统志

康熙《大清一统志》

康熙《大清一统志》，[清]蒋廷锡等纂修，乾隆九年武英殿刻本，故宫博物院藏。

卷202《赣州府》

玉石岩，在龙南县北五里，有上下二岩。上岩石莹如白玉，山半有洞，中广数十丈。宋太宗赐书一百二十卷，里人依岩建阁藏之，后为兵毁，此为上岩。岩左有一窦，重重深入，进登高台，有大窦通明，亦名通天岩，空阔可容百人。明正德十六年，王守仁征龙川三浰班师，作《平南记》刻于壁，题曰"阳明小洞天"，此为下岩。岩后又有六七洞，视二岩尤胜，土人谓之"新岩"。

康熙《大清一统志》卷202《赣州府》第20页

卷265《漳州府》

芦溪山，在平和县西北八十里，山势雄壮，又北为流恩山。明正德中，王守仁抚南赣，败信丰、龙南等贼，贼走象湖山，复入流恩、山冈等巢。

康熙《大清一统志》卷265《漳州府》第10页

卷279《惠州府》

浰头山，在和平县西北，接江西龙南县界。绵亘深远，有上、中、下三浰。最北近龙南者为上浰，在岑冈者为中浰，最南者为下浰，亦曰和平峒。去县八十里，浰溪水流经此。旁有奇石，巉岩险仄。明正德中，赣抚王守仁举兵捣三浰，贼巢即此。

康熙《大清一统志》卷 279《惠州府》第 14 页

乾隆《大清一统志》

乾隆《大清一统志》，[清]和珅等纂，《四库全书》本，台北，台湾商务印书馆，1982 年。

卷 253《赣州府》

玉石岩，在龙南县北五里，有上下二岩。上岩石莹如白玉，山半有洞，中广数十丈。宋太宗赐书一百二十卷，里人依岩建阁藏之，后为兵毁，此为上岩。岩左有一窦，重重深入，进登高台，有大窦通明，亦名通天岩，空阔可容百人。明正德十六年，王守仁征龙川三浰班师，作《平南记》刻于壁，题曰"阳明小洞天"，此为下岩。岩后又有六七洞，视二岩尤胜，土人谓之"新岩"。

乾隆《大清一统志》卷 253《赣州府》第 479 册第 781 页

卷 343《惠州府》

浰头山，在和平县西北，接江西龙南县界。绵亘深远，有上、中、下三浰。最北近龙南者为上浰，在岑冈者为中浰，最南者为下浰，亦曰和平峒。去县八十里，浰溪水流经此。旁有奇石，巉岩险仄。明正德中，赣抚王守仁举兵捣三浰，贼巢即此。

乾隆《大清一统志》卷 343《惠州府》第 482 册第 103 页

嘉庆《重修一统志》

嘉庆《重修一统志》，[清]穆彰阿、[清]潘锡恩等纂，《续修四库全书》本，上海，上海古籍出版社，2008年。

卷330《赣州府一》

玉石岩，在龙南县北五里，有上下二岩。上岩石莹如白玉，山半有洞，中广数十丈。宋太宗赐书一百二十卷，里人依岩建阁藏之，后为兵毁，此为上岩。岩左有一窦，重重深入，进登高台，有大窦通明，亦名通天岩，空阔可容百人。明正德十六年，王守仁征龙川三浰班师，作《平南记》刻于壁，题曰"阳明小洞天"，此为下岩。岩后又有六七洞，视二岩尤胜，土人谓之"新岩"。

嘉庆《重修一统志》卷330《赣州府一》第619册第740页

卷429《漳州府》

芦溪山，在平和县西北八十里，山势雄壮，又北为流恩山。明正德中，王守仁抚南赣，败信丰、龙南等贼，贼走象湖山，复入流恩、山冈等巢。

嘉庆《重修一统志》卷429《漳州府》第622册第153页

卷445《惠州府》

浰头山，在和平县西北，接江西龙南县界。绵亘深远，有上、中、下三浰。最北近龙南者为上浰，在岑冈者为中浰，最南者为下浰，亦曰和平峒。去县八十里，浰溪水流经此。旁有奇石，巉岩险仄。明正德中，赣抚王守仁举兵捣三浰，贼巢即此。

嘉庆《重修一统志》卷445《惠州府》第622册第505页

二、江西通志

嘉靖《江西通志》

嘉靖四年《江西通志》，[明]林庭㭿修，[明]周广纂，台北，台湾成文出版社影印本，1989年。

卷34《赣州府》

通天岩，有二。一在府城西二十里，有穴透山巅。一在龙南县东北五里，与玉石山相近。洞高广数十丈，上有一窍通明，中历三级，有石象、石田、石钟鼓之异。内通小洞，广数十丈，深五六丈，有石井、石棋盘、石灶，上无窍，游者持炬由洞口鞠躬而入。正德丁丑春，都御史王守仁平龙川浰寇班师回县，偕郡守邢珣同游，爱其胜，作《平南记》刻于洞壁，扁为"阳明小洞天"，邢守篆刻于门。

王守仁诗：青山随地佳，岂必故园好。但得此身闲，尘寰亦蓬岛。西林日初暮，明月来何早。醉卧石床凉，洞云秋未扫。

嘉靖《江西通志》卷34《赣州府·山川》第5422页

龙南县城，宋隆兴元年知县段秀实筑土城。高一丈，围三百五十丈，建四门，塞其北，止开东、西、南三门。国朝洪武壬戌，广寇侵邑，剿平，岁拨赣州卫百户二员，领军戍守。岁久城圮。成化改元，广寇复侵，巡按御史陈选檄知县谢泽课民陶甓为城，高一丈五尺，广一丈二尺，围四百二十丈，建城楼三座。弘治戊申，知府李琎委省祭官刘元浚濠，设三石闸，以浚源水。正德壬申，寇起，通判徐珪处置，加高五尺。甲戌，东门楼废，知县李璁重建。

未几，南门毁。戊寅春，雨圮，署县事推官危寿白于都御史王守仁、知府邢珣，给官帑重修。

嘉靖《江西通志》卷 34《赣州府·城池》第 5439—5440 页

康熙《江西通志》

康熙二十二年《江西通志》，[清]于成龙等修，[清]杜果等纂，南京，凤凰出版社影印本，2009 年。

卷 7《山川下》

通天岩，有二。一在府城西二十里，有穴透山巅。一在龙南县东北五里，与玉石山相近。洞高广数十丈，上有一窍通明，中历三级，有石象、石田、石钟鼓之异，内通小洞，广数十丈，深五六丈，有石井、石棋盘、石灶，上无窍，游者持炬由洞口鞠躬而入。正德丁丑春，都御史王守仁平龙川浰寇班师回乡，偕郡守邢珣同游，爱其胜，作《平南记》刻于洞壁。

康熙《江西通志》卷 7《山川下·赣州府》第 126 页

玉石岩，在龙南县北五里，有石莹如白玉，山半有洞，广数十丈，旁有巨人迹。宋太宗赐书百二十卷，依岩建阁藏之。下有玉迹寺，治平间赐额"普和"。明万历甲戌，县令王继孝构亭建坊。此上岩也。岩之后重重深入，傍有石钟鼓、石田圳之类。进登高台，大窦通天，明爽空阔。明正德间，督抚王守仁凯旋憩此，题曰"阳明小洞天"，郡守邢珣题其门曰"鞠躬"。此下岩也。而下岩后诸石柱、石门扇之类，虽刻画不及，凡六七洞，或下而深入，或升而上穿，视二岩大胜。

康熙《江西通志》卷 7《山川下·赣州府》第 126 页

康熙《西江志》

康熙五十九年《西江志》，[清]白潢等修，[清]查慎行等纂，台北，台湾成文出版社影印本，1989年。

卷6《城池二》

龙南县，宋隆兴元年，知县段秀实始筑土城。高一丈，围三百五十丈，濠深五尺，阔倍之。建四门，塞其北，止开三门。明洪武十五年，广寇破邑，城圮。成化元年，巡按陈选檄知县谢泽课民陶甓为城。高一丈五尺，广一丈二尺，围四百二十丈，建城楼三座。弘治元年，闽寇复破城，知府李玶署县郭荣华葺治，建警铺二十二，浚濠，设三石闸以潴水。教谕杨拱记。次年，知县张文增修之。正德七年，寇起，通判徐珪增高城垣五尺。九年，东门楼圮，知县李聪重建。十三年，复圮，巡抚王守仁、知府邢珣给官帑，令推官危寿修之。嘉靖二十九年，雨圮过半，巡抚陶谐命同知伍佐补筑。万历三年，知县王继孝重修，自为记。崇祯九年，巡抚潘曾纮命署县谭心学大扩其制，为门六。十三年，知县卓震又增高焉。国朝顺治五年，流贼破城，六门俱毁。七年，知县贾程谊，十三年，知县高光国次第修之。康熙三十三年，大水，城圮，知县郑世逢修复。

康熙《西江志》卷6《城池二·赣州府》第117页

卷13《山川七》

玉石岩，在龙南县东北五里，岩有三，曰下岩、上岩、新岩。旧有玉迹寺，以旁有巨人迹，故名。宋太宗赐书百二十卷，依岩建阁藏之。治平间，赐额"普和"，寺今废。明正德间，虔抚王守仁征浰头凯旋憩此，题小篆曰"阳明小洞天"，镌碑于壁以纪功。岩后一小窦曰"鞠躬门"，知府邢珣所凿。列炬入，有石形如狻猊。经一线天，有龙井，以石投之，作钟鼓音。由下岩历上岩，境皆幽冷。新岩在南，洞凡六七，视二岩尤胜。

康熙《西江志》卷13《山川七·赣州府》第238页

卷 32《武事四》

《明史纪事》云：十二年二月，巡抚南赣都御史王守仁以前者多调狼达、土军靡费逾万，乃使四省兵备官于各属弩手、打手、机快中选骁勇有胆力者县千人，少或八九百，选最者优廪饩，署为将领。其兵备原额官军汰老弱三分之一，各县贤能官统之，专守城隘所，所募精兵随各兵备官屯札，别选官分队统习之，于是各县屯戍既足防守，兵备招募者又可应变出奇，盗贼渐知所畏。

三月，守仁调三省兵攻信丰、龙南流贼，连败之。贼突至信丰，守仁令乘险设伏，厚集以待之。乃潜兵往径道夹攻，贼奔溃，于象湖山拒守。又潜捣其巢穴，大败之。贼复溃，入流恩、山冈等巢，寻遁去。宸濠令王春、余钦等招募剧盗凌十一、闵廿四等五百余人，四集亡命，同杨清等藏丁家山寺，劫掠官军民财商赀，复厚结广西土官、狼兵并南赣汀漳洞蛮，欲图为应，遣人往广东收买皮帐，制作皮甲及私制枪刀、盔甲，并佛郎机铳兵器，日夜造作不息。

康熙《西江志》卷 32《武事四》第 561 页

《王文成全书》云：十二年二月，龙南反招贼首黄秀魁纠合广东龙川县浰头贼首池大鬓（即仲容）、大安、大昇等共为一阵，贼首杨金巢自为一阵，势甚猖獗。南康县丞舒富统兵快交锋，杀死二十余人，贼众拥至，杀手陈礼鲂、百长钟德昇等溃走。南康报效义士杨习举战死，经历王祚被执。富与义民萧承、千户林节收集众兵，退至南营山把截，后贼差人告招，本道杨璋差萧承往抚，放回王祚，贼返原巢。又委百长王受等同已招贼首黄秀玑往安远截捕流贼赖振禄等，行至湖江背，秀玑反招，令伊弟大满、细满等烧毁刘必甫房屋，仍与振禄连谋行劫。受督率兵快于黎坑、际下，杀获黄秀玑、大满、细满、积瑜首级四颗。四月，池大鬓串同反招贼首黄秀魁、陈秀显等纠众四百余，打劫千长何甫等家，王受率兵夫于陈坑水交锋，杀获首从贼人陈秀显等一十二颗,余贼遁归巢。

康熙《西江志》卷 32《武事四》第 563 页

十三年(戊寅)春正月,江西兵平浰头及讨九连山贼,平之(《明书·本纪》)。

《守仁传》云:赐池仲容以新历,诱入谢。仲容率九十三人营教场,自以数人入谒。守仁呵之曰:"若皆吾民,屯于外,疑我乎?"悉引入祥符宫,厚饮食之。贼大喜过望,守仁密进兵,留仲容观灯乐。正月三日大享,伏甲士于门,诸贼入,以次擒戮之。自将抵贼巢,连破上、中、下三浰,斩馘二千有奇,余贼奔九连山,山横亘数百里,陡绝不可攻,乃简壮士七百人,衣贼衣奔崖下,贼招之上,遂据其险。官军进攻,内外合击,擒斩无遗。乃于下浰立和平县,置戍而归,自是境内大定。初朝议贼势强,发广东、湖广兵合剿,守仁上疏止之,不及。桶冈既灭,湖广兵始至,及平浰头,广东尚未承檄。守仁所将皆书生,及偏裨小校,平数十年巨寇如拉朽,远近惊为神,进右副都御使。

费宏《平浰记》云:正月癸卯朏,公度诸兵已集,引仲容入,并其党擒之。出卢珂等所告,讯鞫具伏,亟使人约诸兵入巢。

越四日丁未,同时并进:其军于龙川者,惠州知府陈祥率通判徐玑等从和平都入,指挥姚玺率新民梅南春等从乌龙镇入,孟俊率珂等从平地水入。军于龙南者,赣州知府邢珣率同知夏克义、知县王天与等从太平堡入,推官危寿率义民叶芳等从南平入,守备指挥郏文率义官孙舜洪等从冷水迳入,指挥余恩率百长王受等从高砂保入。军于信丰者,南安知府季敩率训导蓝铎等从黄田冈入,县丞舒富率义民赵志标等从乌径入。公自率中坚捣下浰大巢。副使杨廷宜督余哨会于三浰。贼党自仲容至赣,备已弛,闻官兵骤入,皆惊失措,分投出御,悉精锐千余迎敌于龙子岭。我兵列为三冲,掎角而前。恩以王受兵首与贼战,却之。奋追里许,贼伏四起,击受。危寿乃以芳兵鼓噪往援，俊复以珂等兵从旁冲击，呼声震山谷，贼大败而溃。遂并上、中二浰克之。各哨兵乘胜奋击，是日，遂破巢十一，曰热水、五花障、淡方、石门、上下陵、芳竹湖、白沙、曲潭、赤塘、古坑、三坑。

明日分道击贼。己酉，破巢凡六，曰铁石障、羊角山、黄田坳、岭冈、塘含冈、尾溪。庚戌，破巢二，曰大门山、镇里寨。辛亥，破巢九，曰中村、半迳、都坑、尺八岭、新迳、古地、空背、旗岭、顿冈。癸丑，破巢四，曰狗脚坳、水晶洞、五洞、蓝洲。丙辰，破巢二，曰风盘、茶山。

其奔者尚八百余徒，聚于九连山，山峻而袤广，与龙门山后诸巢接。虑其势合难制，乃选锐士七百余人，衣所得贼衣，乘暮而入。贼以为其党也，从崖下招呼，我兵亦佯与和应，已度险，扼其后路。明日贼始觉，并力来敌，我兵从高临下，击败之。公度其必溃，预戒各哨，设伏以待。乙丑，覆之于五花阵，于中村，于北山，于风门坳。

分逃余孽尚三百余，各哨会兵追之。二月辛未，复与战于和平。甲戌，战于上、下坪。丁丑，战于黄田坳。辛巳，战于铁障山。癸未，战于乾村，于梨树。乙酉，战于劣竹。壬辰，战于百顺，于和洞。乙未，战于水源，于长吉，于天堂寨。谍报各巢之稔恶者已尽，惟胁从二百余聚九连山谷，呼号乞降。遣珣往抚之，籍其名，处之白沙。乃经理立县设隘，班师而归，时戊寅三月丁未也。

康熙《西江志》卷32《武事四》第563—564页

卷42《古迹五》

阳明小洞天（《名胜志》），赣城西二十里通天岩，嵌石如房，岩洞高广。宋元祐中，郡人阳行先隐此。明正德丁丑，赣抚王守仁平龙川浰寇，班师游此，作《平南记》刻洞壁，扁曰"阳明小洞天"。

康熙《西江志》卷42《古迹五·赣州府》第722页

卷 136《艺文·诗二十》

桶冈和邢太守韵两首

处处山田尽入畲，可怜黎庶半无家。兴师正为民瘼甚，陟险宁辞鸟道斜。胜势真如瓴水建，先声不碍岭云遮。穷巢容有遭驱胁，尚恐兵锋或滥加。

戡乱兴师既有名，挥戈真已见风行。岂云薄劣能驱策，实仗皇威自震惊。烂额尚惭为上客，徙薪尤觉费经营。主恩未报身多病，旋凯须还陇上耕。

茶寮纪事

万壑风泉秋正哀，四山云雾晚初开。不因王事兼程入，安得闲行向北来。登陟未妨安石兴，纵擒徒羡孔明才。乞身已拟全师日，归扫溪边旧钓台。

回军九连山道中短述

百里妖氛一战清，万峰雷雨洗回兵。未能干羽苗顽格，深愧壶浆父老迎。莫倚谋攻为上策，还须内治是先声。功微不愿封侯赏，但乞蠲输绝横征。

回军龙南，小憩玉石岩，双洞绝奇，徘徊不忍去，因寓以"阳明别洞"之号，兼留此作三首

甲马新从鸟道回，览奇还更陟崔嵬。寇平渐喜流移复，春暖兼欣农务开。两窦高明行日月，九关深黑闭风雷。投簪最好支茅地，恋土犹怀旧钓台。

洞府人寰此最佳，当年空自费青鞋。麾幢旖旎悬仙仗，台殿高低接纬阶。天巧固应非斧凿，化工无乃太安排。欲将点瑟携童冠，就揽春云结小斋。

阳明山人旧有居，此地阳明景不如。但在乾坤俱逆旅，曾留信宿即吾庐。行窝已许人先号，别洞何妨我借书。他日巾车还旧隐，应怀兹土复乡闾。

康熙《西江志》卷136《艺文·诗二十·七言律·明》第2363—2364页

卷 145《艺文·奏疏二》

议夹剿方略疏 王守仁

据江西岭北道副使杨璋呈，"奉臣案验，准兵部咨，该巡抚湖广都御史秦金题为紧急贼情事，备行计处兵粮，约会三省，将上犹县等处贼巢克期九月中进剿等因，遵依。随将本道兵粮事宜计呈本院转达奏闻定夺外，随据南安府上犹、大庾等县申称贼势猖獗，乞早为扑剿等因，已经呈蒙本院密授方略，行委知府季敩、县丞舒富等领兵分剿。生擒首从贼徒，斩获贼级，杀死、烧死贼众，捣破贼巢，俘获贼属等情，通经呈报。又蒙本院虑贼必将乘间复出，行委知府季敩、指挥来春等统兵屯南安，指挥姚玺、县丞舒富统兵屯上犹，指挥谢昶、千户林节统兵屯南康，各于要害去处往来防剿。至七月二十五日，贼首谢志珊果复统众一千五百余徒，攻打南安府城。各官督兵迎敌，生擒贼犯杨銮等七名，斩获首级四十五颗，贼众大败而去。八月二十五日，贼首谢志珊又统领二千余徒，复来攻打南安府城。各官督兵迎敌，生擒贼犯龙正等四十二名，斩获首级一百五十七颗，贼又大败而去。即今贼势少挫，若乘此机会直捣其巢，旬月之间，可期扫荡。但闻湖广之兵既已齐集，而广东因府江班师未久，复调狼兵，未有定期。谨按地图：江西之南安有上犹、大庾、桶冈等处贼巢，与湖广桂东、桂阳接境；夹攻之举，止该江西与湖广会合，而广东止于仁化县要害把截，夹攻不与焉。赣州之龙南有浰头贼巢，与广东龙川接境；夹攻之举，止该江西与广东会合，而湖广不与焉。广东乐昌、乳源贼巢，与湖广宜章县接境，惠州贼巢，与湖广临武县接境，仁化县贼巢，与湖广桂阳县接境；夹攻之举，止该湖广、广东二省会合，而江西止于大庾县要害把截，夹攻不与焉。名虽三省大举，其实自有先后，举动次第，不相妨碍。若必待三省之兵齐集然后进剿，则劳师费财，为害匪细。合将前项事宜约会三省，以次渐举，庶兵力不竭，粮饷可省"等因，据呈到臣。

　　看得三省贼巢，连络千里，虽声势相因，而其间亦自有种类之分、界限之隔。利则争趋，患不相顾，乃其性习。诚使三省之兵皆已齐备，约会并进，夫岂不善？但今广东狼兵方自府江班师而归，欲复调集，恐非旬月所能。两省之兵既集，久顿而不进，老师费财，意外之虞，乘间而起。诚使先合湖广、江西之兵，并力而举上犹诸贼，逮事之毕，广东之兵亦且集矣；则又合湖广、广东之兵，并力而举乐昌诸处，逮事之毕，江西之兵又得以少息矣；则又合广东、江西之兵，并力而举龙川。方其并力于上犹，则姑遣人佯抚乐昌诸贼，以安其心。彼见广东既未有备，而湖广之兵又不及已，苟幸旦夕之生，必不敢越界以援上犹。及夫上犹既举，而湖广移兵以合广东，则乐昌诸贼，其势已孤。二省兵力益专，其举之益易。当是之时，龙川贼巢相去辽绝，自以为风马牛不相及，彼见江西之兵又撤，意必不疑。班师之日，出其不意，回军合击，蔑有不济者矣。臣窃以为因地之宜，先后合击之便，除臣遵照兵部咨来题奉钦依，会兵征剿，亦听随宜会议施行事理。已将前项事宜移咨广东、湖广总督、巡抚等官知会，一面相机行事外，缘系地方紧急贼情事理，为此具本题知。

康熙《西江志》卷 145《艺文·奏疏二·明》第 2543—2544 页

卷 152《艺文·碑四》

平浰碑 王守仁

四省之寇，惟浰尤黠，拟官僭号，潜图孔炁。正德丁丑冬，畲、瑶既殄，益机险阴毒，以虞王师。我乃休士归农以缓之。戊寅正月癸卯，计擒其魁，遂进兵击其懈。丁未，破三浰，乘胜追北。大小三十余战，灭巢三十有八，俘斩三千余。三月丁未，回军，壶浆道迎，耕夫遍野，父老咸欢。农器不陈，于今五年。复我常业，还我家室，伊谁之力？赫赫皇威，匪威曷凭？爰伐山石，用纪厥成。

康熙《西江志》卷 152《艺文·碑四·明》第 2675 页

卷 169《艺文·记十七》

新建定南县记 殷从俭

赣治以南，信丰、安远、龙南三邑之间，高砂、下历二保与广东岑冈接壤，皆重峦复岭，盘谷窦峒，顽犷之民，多负险裂据，自相犄角，为三巢。弘治以来，累剿累叛，反侧不定者，非其地去诸邑远，政教有不能及欤。嘉靖末年，督抚吴尧山公深为此虑，一日集议勘定诸峒之策，将官曰剿，有司曰抚，乃并用其谋。檄参将蔡汝兰剿灭下历，知府黄辰抚定高砂、岑冈二巢，随议建县为善后图，而尧山以迁去未遑也。

隆庆改元之明年，张鹤楼公继总镇，首以此事谋之监司，牒下，有司议遍，召诸父老询之。佥曰："三巢向与下浰、横水为声倚，下浰、横水之土，非建崇义、和平二县，民得至今安乎？三巢地若循二县故事，又何足虞焉！"有司采所言以陈，张公疏其事以请，制曰："可。"赐县名定南县，即龙南高砂、下历、横江三保，安远割大小石、伯洪三保，信丰割南方上里员鱼、迳脑及潭庆上保龙头岭、内坑诸乡，共分为里凡四，丁凡六百二十有奇，粮凡八百七十石有零。适地理之中，莲塘之区，创立县治，缮修城垣，凡四百三十余丈，公廨、学宫、铺舍，以次举建，约费公料七千八百余金。设知县、典史、教谕各一员，凡官吏俸薪、马丁门皂，取诸赣、兴等邑之裁减冗员。生儒廪粮、斋膳，其祭祀乡饮之费，取诸没官田税。一切徭役取诸龙南、信丰二县之裁革机兵。其残氓散处四方者，招复其故土，首率其徒听抚者，悉令徙居于郭内。其子弟之俊秀者，抡而群之于学。又疏浚溪河，以通惠、潮之商贾。越三年夏，诸务底绪，新民稍辑，而余亦以转秩行，迄今仅岁余，复承简命，叨总此镇，新民父老率诸子弟稽首辕门，具言邑里无复有鸡犬盗，俊秀之入学者恂恂然若素习经业之儒生，余讶而叹曰："朝廷政教能化导人之速有若是哉！"监司大参施君率有司请为之记。

余思建县设官，非为弭盗安民乎？然汉时渤海下里之盗，一刺史治之，盗息且化，卒为善乡，何俟分邑分民而专辖之，以一令耶？况近日郡县往往盗发，城市又可诿之，政教之所不能及耶？然则民之理乱，亦视有司何如人耳。使有司匪其人，县固徒设也。此镇旧多盗窟，自阳明议建和平、崇义，鹤楼议建定南，则盗窟尽民廛矣。余今日与监司、守令讵复有他议哉！惟原二公所以建县之意，抚新民而生养之，使自乐为渤海之民可也，不尔建县之议，不将为民厉者耶？余故记之，与司民牧者共勖焉！

康熙《西江志》卷169《艺文·记十七·明》第3085—3086页

卷 201《艺文·祝文》

祷浰头山神文 王守仁

维正德十三年戊寅，二月十五日甲申，提督军务都御史王某谨以刚鬣柔毛，昭告于浰头山川之神。

惟广谷大川，阜财兴物，以域民畜众。故古者诸侯祭封内山川，亦惟其有功于民。然地灵则人杰，人之无良，亦足以为山川之羞。兹土为盗贼所盘据且数十年，远近之称浰头者，皆曰贼巢，耻莫大焉，是岂山川之罪哉？虽然清洌之井，粪秽而不除，久则同于厕溷矣；丹凤之穴，鸱狐聚而不去，久则化为妖窟矣。粪秽之所，过者掩鼻；妖孽之窟，人将持刃燔燎，环而攻之。何者？其积聚招致使然也。诚使除其粪秽，刮剸涤荡，将不终朝而复其清洌。鸱狐逐而鸾凤归，妖孽之窟还为孕祥育瑞之所矣。今兹土之山川，亦何以异于是？

守仁奉天子明命，来镇西陲。愤浰贼之凶悖，民苦荼毒，无所控吁，故迩者计擒渠魁，提兵捣其巢穴。所向克捷，动获如志。斯固人怨神怒，天人顺应之理，将或兹土山川之神厌恶凶残，思欲洗其积辱，阴有以相协，假手于予。今驻兵于此弥月余旬，虽巢穴悉已扫荡，擒斩十且八九，然漏殄之徒，尚有潜逃，小民不能无怨于山川之神为之逋逃主萃渊薮也。今予提兵深入，岂独除民之害，亦为山川之神雪其耻。夫安旧染，弃新图，非中人之情，而况于鬼神乎？今此残徒，势穷力屈，亦方遣人投招，将顺而抚之，则虑其无革心之诚，复遗患于日后；逆而弗受，又恐其或出于诚心，杀之有不忍也。神其阴有以相协，使此残寇而果诚心邪，即阴佑其衷，俾尽携其党类，自缚来投，若水之赴壑，予将堤沿停畜之；如其设诈怀奸，即阴夺其魄，张我军威，风驱电扫，一鼓而歼之。兹惟下民之福，亦惟神明之休。坛而祀之，神亦永永无斁。惟神实鉴图之！尚飨！

康熙《西江志》卷 201《艺文·祝文》第 3750—3751 页

卷 206《艺文·杂记三》

王文成征三浰，过龙南银山庙，神忽降言，有"我助都堂三早霜"之句。时暑月兴师，因戒军士具绵絮，抵巢而霜降，贼悉就擒（《名山藏》）。

康熙《西江志》卷 206《艺文·杂记三》第 3874 页

雍正《江西通志》

雍正十年《江西通志》，[清]谢旻等修，[清]陶成等纂，台北，台湾成文出版社影印本，1989 年。

卷 13《山川七》

玉石岩，在龙南县东北五里，岩有三，曰下岩、上岩、新岩。旧有玉迹寺，以旁有巨人迹，故名。宋太宗赐书百二十卷，依岩建阁藏之。治平间，赐额"普和"，寺今废。明正德间，虔抚王守仁征浰头，凯旋憩此，题小篆曰"阳明小洞天"，镌碑于壁以纪功。岩后一小窦曰"鞠躬门"，知府邢珣所凿。列炬入，有石形如狻猊。经一线天有龙井，以石投之，作钟鼓音。由下岩历上岩，境皆幽冷。新岩在南，洞凡六七，视二岩尤胜。

雍正《江西通志》卷 13《山川七·赣州府》第 290 页

卷 32《武事四》

《王文成全书》云：十二年二月，龙南反招贼首黄秀魁纠合广东龙川县浰头贼首池大鬓（即仲容）、大安、大昇等共为一阵，贼首杨金巢自为一阵，势甚猖獗。南康县丞舒富统兵快交锋，杀死二十余人，贼众拥至，杀手陈礼鲂、百长钟德昇等溃走，南康报効义士杨习举战死，经历王祚被执。富与义民萧承、千户林节收集众兵，退至南营山把截，后贼差人告招，本道杨璋差萧承往抚，放回王祚，贼返原巢。又委百长王受等同已招贼首黄秀玑往安远截捕流贼赖振禄等,行至湖江背,秀玑反招,令伊弟大满、细满等烧毁刘必甫房屋,仍与振禄连谋行劫。受督率兵快于黎坑、际下,杀获黄秀玑、大满、细满、积瑜首级四颗。四月,池大鬃串同反招贼首黄秀魁、陈秀显等纠众四百余,打劫千长何甫等家,王受率兵夫于陈坑水交锋,杀获首从贼人陈秀显等一十二颗,余贼遁归巢。

雍正《江西通志》卷32《武事四》第678页

卷155《艺文·诗文》

桶冈和邢太守韵两首

处处山田尽入畲,可怜黎庶半无家。兴师正为民瘼甚,陟险宁辞鸟道斜。胜势真如瓴水建,先声不碍岭云遮。穷巢容有遭驱胁,尚恐兵锋或滥加。

戡乱兴师既有名,挥戈真已见风行。岂云薄劣能驱策,实仗皇威自震惊。烂额尚惭为上客,徙薪尤觉费经营。主恩未报身多病,旋凯须还陇上耕。

茶寮纪事

万壑风泉秋正哀,四山云雾晚初开。不因王事兼程入,安得闲行向北来。登陟未妨安石兴,纵擒徒羡孔明才。乞身已拟全师日,归扫溪边旧钓台。

回军九连山道中短述

百里妖氛一战清,万峰雷雨洗回兵。未能干羽苗顽格,深愧壶浆父老迎。莫倚谋攻为上策,还须内治是先声。功微不愿封侯赏,但乞蠲输绝横征。

回军龙南,小憩玉石岩,双洞绝奇,徘徊不忍去,因寓以"阳明别洞"之号,兼留此作三首

甲马新从鸟道回,览奇还更陟崔嵬。寇平渐喜流移复,春暖兼欣农务开。两窦高明行日月,九关深黑闭风雷。投簪最好支茅地,恋土犹怀旧钓台。

洞府人寰此最佳,当年空自费青鞋。麾幢旖旎悬仙仗,台殿高低接纬阶。天巧固应非斧凿,化工无乃太安排。欲将点瑟携童冠,就揽春云结小斋。

阳明山人旧有居,此地阳明景不如。但在乾坤俱逆旅,曾留信宿即吾庐。

行窝已许人先号，别洞何妨我借书。他日巾车还旧隐，应怀兹土复乡间。

雍正《江西通志》卷155《艺文·诗文·古言律·明》第3006页

卷161《杂记三》

王文成征三浰，过龙南银山庙，神忽降言，有"我助都堂三早霜"之句。时暑月兴师，因戒军士具绵絮，抵巢而霜降，贼悉就擒（《名山藏》）。

雍正《江西通志》卷161《杂记三》第3128页

光绪《江西通志》

光绪《江西通志》，[清]刘坤一等修，[清]刘绎、[清]赵之谦等纂，南京，凤凰出版社影印本，2009年。

卷55《山川略·山十二》

桶冈洞，在崇义县西北一百二十里，初为畬洞。明虔抚王守仁捣其巢，因刻《茶寮碑记》于石，碑凡八行一百八十三字，大四寸许。离碑刻七八里，锁匙龙之地，有水自上而下注于石穴深潭，形若桶然，洞以此得名。

王守仁 桶冈和邢太守韵诗

处处山田尽入畬，可怜黎庶半无家。兴师正为民瘼甚，陟险宁辞鸟道斜。胜势真如瓴水建，先声不碍岭云遮。穷巢容有遭驱胁，尚恐兵锋或滥加。

戡乱兴师既有名，挥戈真已见风行。岂云薄劣能驱策，实仗皇威自震惊。烂额尚惭为上客，徙薪尤觉费经营。主恩未报身多病，旋凯须还陇上耕。

光绪《江西通志》卷55《山川略·山十二·南安府》第2册第400页

卷56《山川略·山十三》

玉石岩，在龙南县东北五里，岩有三，曰下岩、上岩、新岩。旧有玉迹寺，以旁有巨人迹得名。宋太宗赐书百二十卷，依岩建阁藏之。治平间，赐额"普和"，寺今废。明正德间，虔抚王守仁征浰头凯旋憩此，题小篆曰"阳明小洞天"，镌碑于壁以纪功。岩后一小窦曰"鞠躬门"，知府邢珣所凿。列炬入，有石形如狻猊。经一线天有龙井，以石投之，作钟鼓音。由下岩历上岩，境皆幽冷。新岩在南，洞凡六七，视二岩尤胜。

明 王守仁诗

甲马新从鸟道回，览奇还更陟崔嵬。寇平渐喜流移复，春暖兼欣农务开。两窦高明行日月，九关深黑闭风雷。投簪最好支茅地，恋土犹怀旧钓台。

洞府人寰此最佳，当年空自费青鞋。麾幢旖旎悬仙仗，台殿高低接纬阶。天巧固应非斧凿，化工无乃太安排。欲将点瑟携童冠，揽就春云结小斋。

处处人缘山上巅，夜深风雨不能前。山灵丛郁休瞻日，云树弥漫不见天。猿叫一声耸耳听，龙泉三尺在腰悬。此时漫说多辛苦，也得随时草上眠。

阳明山人旧有居，此地阳明景不如。但在乾坤皆逆旅，曾留信宿即吾庐。行窝已许人先号，别洞何妨我借书。他日巾车还旧隐，应怀兹上复乡闾。

光绪《江西通志》卷56《山川略·山十三·赣州府》第2册第410—411页

卷66《建置略一》

龙南县城，宋隆兴元年，县令段秀实始筑土城。周三百五十丈，高一丈，濠深五尺，阔倍之。门四，后塞北门。明成化元年，巡按陈选檄知县谢泽始甃以甓，周四百二十丈，高一丈五尺，广一丈二尺，覆以楼。宏治元年，知府李玭署县郭荣华修建警铺二十二，浚濠，设三石闸以潴水。二年，知县张文增修。正德七年，通判徐珪增高五尺。九年，东门楼圮，知县李聪重建。十三年，巡抚王守仁、知府邢珣檄推官危寿修。嘉靖中，巡抚陶谐檄同知伍佐修。万历三年，知县王继孝修。崇祯九年，巡抚潘曾纮檄署县谭心学扩其制六。十三年，知县卓震增高四之一。国朝顺治三年，知县吕应夏浚濠。七年，知县贾程谊，十六年，知县高光国先后修。康熙三十三年，圮于水，知县郑世逢修。五十九年，知县徐上修。嘉庆十四年，东门火。二十一年，邑人修。道光二十八年，知县杨豫成修。咸丰六年，署县马修良增高三尺，筑炮台六。九年，署县苏霈芬增筑月城，广一里，袤二里半有奇，高一丈五尺，厚六尺，门七，炮台五（谢《志》《府志》《县志》）。

光绪《江西通志》卷 66《建置略一·城池二》第 2 册第 550 页

卷 78《建置略·坛庙六》

银山庙，在太平堡，元末建。明巡抚都御史王守仁征三浰时，书"护国灵祠"扁，今犹存（《府志》）。

王阳明祠，在忠节祠左（《府志》）。

光绪《江西通志》卷 78《建置略·坛庙六·赣州府》第 3 册第 163 页

卷 96《前事略·武功二》

《明史纪事》云：十二年二月，巡抚南赣都御史王守仁以前者多调狼达、土军靡费逾万，乃使四省兵备官于各属弩手、打手、机快中选骁勇有胆力者县千人，少或八九百，选最者优廪饩，署为将领。其兵备原额官军汰老弱三分之一，各县贤能官统之，专守城隘所，所募精兵随各兵备官屯札，别选官分队统习之，于是各县屯戍既足防守，兵备招募者又可应变出奇，盗贼渐知所畏。

三月，守仁调三省兵攻信丰、龙南流贼，连败之。贼突至信丰，守仁令乘险设伏，厚集以待之。乃潜兵往径道夹攻，贼奔溃，于象湖山拒守。又潜捣其巢穴，大败之。贼复溃，入流恩、山冈等巢，寻遁去。宸濠令王春、余钦等招募剧盗凌十一、闵廿四等五百余人，四集亡命，同杨清等藏丁家山寺，劫掠官军民财商货，复厚结广西土官、狼兵并南赣汀漳洞蛮，欲图为应，遣人往广东收买皮帐，制作皮甲及私制枪刀、盔甲，并佛郎机铳兵器，日夜造作不息。

光绪《江西通志》卷 96《前事略·武功二·明》第 3 册第 511 页

《王文成全书》云：十二年二月，龙南反招贼首黄秀魁纠合广东龙川县浰头贼首池大鬓（即仲容）、大安、大昇等共为一阵，贼首杨金巢自为一阵，势甚猖獗。南康县丞舒富统兵快交锋杀死二十余人，贼众拥至，杀手陈礼鲂、百长钟德昇等溃走，南康报効义士杨习举战死，经历王祚被执。富与义民萧承、千户林节收集众兵，退至南营山把截，后贼差人告招，本道杨璋差萧承往抚，放回王祚。贼返原巢，又委百长王受等同已招贼首黄秀玑往安远截捕流贼赖振禄等，行至湖江背，秀玑反招，令伊弟大满、细满等烧毁刘必甫房屋，仍与振禄连谋行劫。受督率兵快于黎坑、际下，杀获黄秀玑、大满、细满、积瑜首级四颗。四月，池大鬓串同反招贼首黄秀魁、陈秀显等纠众四百余，打劫千长何甫等家。王受率兵夫于陈坑水交锋，杀获首从贼人陈秀显等一十二颗，余贼遁归巢。

光绪《江西通志》卷96《前事略·武功二·明》第3册第512页

十三年（戊寅）春正月，江西兵平浰头及讨九连山贼，平之（《明书·本纪》）。

《守仁传》云：赐池仲容以新历，诱入谢。仲容率九十三人营教场，自以数人入谒。守仁呵之曰："若皆吾民，屯于外，疑我乎？"悉引入祥符宫，厚饮食之。贼大喜过望，守仁密进兵，留仲容观灯乐。正月三日大享，伏甲士于门，诸贼入，以次擒戮之。自将抵贼巢，连破上、中、下三浰，斩馘二千有奇，余贼奔九连山，山横亘数百里，陡绝不可攻，乃简壮士七百人，衣贼衣奔崖下，贼招之上，遂据其险。官军进攻，内外合击，擒斩无遗。乃于下浰立和平县，置戍而归，自是境内大定。初朝议贼势强，发广东、湖广兵合剿，守仁上疏止之，不及。桶冈既灭，湖广兵始至，及平浰头，广东尚未承檄。守仁所将皆书生及偏裨小校，平数十年巨寇如拉朽，远近惊为神，进右副都御使。

费宏《平浰记》云：正月癸卯朏，公度诸兵已集，引仲容入，并其党擒之。

出卢珂等所告，讯鞫具伏，亟使人约诸兵入巢。

越四日丁未，同时并进：其军于龙川者，惠州知府陈祥率通判徐玑等从和平都入，指挥姚玺率新民梅南春等从乌龙镇入，孟俊率珂等从平地水入。军于龙南者，赣州知府邢珣率同知夏克义、知县王天与等从太平堡入，推官危寿率义民叶芳等从南平入，守备指挥郑文率义官孙舜洪等从冷水迳入，指挥余恩率百长王受等从高砂保入。军于信丰者，南安知府季教率训导蓝铎等从黄田冈入，县丞舒富率义民赵志标等从乌径入。公自率中坚捣下浰大巢。副使杨廷宜督余哨会于三浰。贼党自仲容至赣，备已弛，闻官兵骤入，皆惊失措，分投出御，悉精锐千余迎敌于龙子岭。我兵列为三冲，犄角而前。恩以王受兵首与贼战，却之。奋追里许，贼伏四起，击受，危寿乃以芳兵鼓噪往援，俊复以珂等兵从旁冲击，呼声震山谷，贼大败而溃。遂并上、中二浰克之。各哨兵乘胜奋击，是日，遂破巢十一，曰热水、五花障、淡方、石门、上下陵、芳竹湖、白沙、曲潭、赤塘、古坑、三坑。

明日分道击贼。己酉，破巢凡六，曰铁石障、羊角山、黄田坳、岭冈、塘含冈、尾溪。庚戌，破巢二，曰大门山、镇里寨。辛亥，破巢九，曰中村、半迳、都坑、尺八岭、新迳、古地、空背、旗岭、顿冈。癸丑，破巢四，曰狗脚坳、水晶洞、五洞、蓝洲。丙辰，破巢二，曰风盘、茶山。

其奔者尚八百余徒，聚于九连山，山峻而表广，与龙门山后诸巢接。虑其势合难制，乃选锐士七百余人，衣所得贼衣，乘暮而入。贼以为其党也，从崖下招呼，我兵亦佯与和应，已度险，扼其后路。明日贼始觉，并力来敌，我兵从高临下，击败之。公度其必溃，预戒各哨设伏以待。乙丑，覆之于五花阵，于中村，于北山，于风门坳。

分逃余孽尚三百余，各哨会兵追之。二月辛未，复与战于和平。甲戌，战于上、下坪。丁丑，战于黄田坳。辛巳，战于铁障山。癸未，战于乾村，于梨树。乙酉，战于劣竹。壬辰，战于百顺，于和洞。乙未，战于水源，于长吉，于天堂寨。谍报各巢之稔恶者已尽，惟胁从二百余聚九连山谷，呼号乞降。遣珣往抚之，籍其名，处之白沙。乃经理立县设隘，班师而归，时戊寅三月丁未也。

光绪《江西通志》卷96《前事略·武功二·明》第3册第512页

卷118《胜迹略·署宅五》

阳明小洞天，城西二十里通天岩，嵌石如房，岩洞高广。宋元祐中，郡人阳行先隐此。明正德十二年，赣抚王守仁平龙川浰寇，班师游此，作《平南记》刻洞壁，扁曰"阳明小洞天"（《名胜志》）。

光绪《江西通志》卷118《胜迹略·署宅五》第4册第127页

三、虔台志

嘉靖三十四年《虔台续志》

嘉靖三十四年《虔台续志》，[明]谈恺主修，[明]陈灿、[明]汪大伦纂，[明]南安知府王廷幹校录，日本国立公文书馆内阁文库藏。

卷3《纪事二》

正德丁丑十二年夏五月，上攻治盗贼二策。

疏略云：南安府所属大庾、上犹等县，除贼巢小者不计，其大者总计三十余处。有名大贼首谢志珊等四十余人，所统贼众约有千余徒；且与湖广之桂阳、桂东鱼黄、聂水、老虎、神仙、秀才等巢，广东之乐昌巢穴，相联盘据，流劫三省，为害多年。赣州之龙南因与广东之龙川浰头贼巢接境，贼首池大鬓、大昇、大安，纠合龙南贼首黄秀魁、赖正禄等三十余人，所统贼众五千余徒，不时越境流劫信丰、龙南、安远等县。已经夹攻三次，俱被漏网，以致乐昌之苗贼、长流洞之輋贼动以千计。今据所辖，兵力寡弱，既不足以防遏贼势，事权沮挠，复不足以齐一人心。

而攻治之方亦有二说。若陛下假臣等以赏罚重权，使得便宜行事，期于成功，不限以时，则兵众既练，号令既明，人知激励，事无掣肘，可以伸缩自由，相机而动。一寨可攻则攻一寨，一巢可扑则扑一巢。量其罪恶之浅深而为抚剿，度其事势之缓急以为后先。如此亦可以省供馈之费，无征调之扰；日剪月削，使之渐尽灰灭。此则如昔人拔牙齿之喻，日渐动摇，齿拔而儿不觉者也。然而今此下民之情，莫不欲大举夹攻，以快一朝之忿，盖其怨恨所激，不复计虑其他。必须南调两广之狼达，西调湖湘之土兵，四路并进，一鼓成擒，使数十年之大患可除，千万人之积冤可雪。然此以兵法十围五攻之例，计贼二万，须兵十万，日费千金，殆于道路不得操事者七十万家。积粟料财，数月而事始集；刻期举谋，又数月而兵始交；声迹彰闻，贼强者设险以拒敌，黠者挟类而深逃。迨于锋刃所加，不过老弱胁从。且狼兵所过不减于盗，转输之苦重困于民。近年以来，江西有姚源之役，疮痍甫起，福建有汀漳之寇，军旅未旋，府江之师方集于两广，偏桥之讨未息于湖湘，兼之杼轴已空，种不入土，而营建所输，四征未已，诛求之刻，百出方新，若复加以大兵，民将何以堪命？此则一拔去齿而儿亦随毙也。夫由前之说，则如臣之昧劣，实惧不足以堪事，必择能者任之而后可。若大举夹攻，诚可以分咎而薄责，然臣不敢以身谋而废国议。惟陛下择其可否，断而行之。

嘉靖三十四年《虔台续志》卷3《纪事二》第8b—9b页

正德丁丑十二年秋七月，议夹攻兵粮。

一，南安府所属大庾、南康、上犹三县，各巢贼联络盘据，有众数千，西接湖广桂阳等县，南接广东韶州府乐昌等县。三省夹攻，必须湖广自桂阳、桂东等处进，广东自乐昌县进；在南安者，必须三县地方并进。赣州府所属，惟龙南县贼巢与广东惠州府龙川县浰头接境。浰头系大贼池大鬓等巢穴，有众数千，比之他贼，势犹猖獗。前此二次夹攻，俱被漏网。龙南虽有贼徒数伙，除之稍易。但其倚藉浰头兵力以为声援，攻之则奔入浰头，兵退则复出为害。必须广东兵自龙川进，赣州兵自龙南进，庶可使无奔溃。

一，上犹去龙南四百里，两处进兵，必须一时并举，庶无惊溃之患。大约计之，亦须用兵一万二千名。今拟调南康、上犹二县机兵、打手一千二百名，大庾县机兵、打手一千二百名，赣州府所属，除石城县外，宁都、信丰二县机兵、打手各一千名，其余七县机兵、打手三千名，龙泉县机兵、打手一千名，安远县招安义民叶芳、老人梅南春等，龙南县招安新民王受、谢越等兵二千名，汀州府上杭县打手一千名，潮州府程乡县打手六百名，共凑一万二千之数。但湖广、广东两省之兵，皆狼达精悍，贼所素畏，势必□奔；江西之兵，最为怯懦，望贼而溃，乃其素习。今所拟调，皆新习未练。若使严以军法处治，庶几人心齐一，事功可成。

一，兵一万二千名，每名日给米三升，一日该米三百七十余石，间日折支银一分五厘，一日该一百八十余两；以六个月为率，约用米三万三千余石，用银二万余两。领哨、统兵、旗牌等官并使客合用廪给及赏犒劳牛酒、银牌、花红、鱼盐、火药等费，约用银二万余两。通前二项，约共用银五万两。二府商税银两，集兵以来，日有所费，见存银止有四千余两。二府并赣县、大庾、南康、上犹四县积谷，约计有七八万石；但贮积年久，恐春米不及其数。见在前银不足支用，就欲别项区处，但恐缓不及用。查得江西布政司并各府县别无蓄积，止有该解南京折粮银两贮库未解，并一应纸米赃罚银两，合无行巡抚江西都御史孙燧转行布政司并行各府，照数借给应用。候事宁之日，或将以后抽算商税，或开中盐引，另为计处，奏请补还，庶克有济。

一，合用本省巡按御史随军纪功、管理钱粮。及统兵、领哨官员，除本省三司分守、分巡、兵备、守备并南、赣二府官员临时定委外，访得九江府知府汪颖、吉安府知府伍文定、汀州府知府唐淳、惠州府知府陈祥，俱各才识练达；程乡县知县张戬、抚州府东乡县知县黄堂、建昌府新城县知县黄文鹭、袁州府萍乡县知县高桂、吉安府龙泉县知县陈允揩，俱各有才名，堪以领兵。候命下之日，听臣等取用。各官之中敢有抗违失误者，许臣等即以军法从事，庶几警惧，事可易集。

嘉靖三十四年《虔台续志》卷3《纪事二》第10b—12a页

正德戊寅十三年春正月，计执浰贼池仲容，遂发兵剿灭之。

龙南、龙川接壤之所有水曰浰，其旁皆崇山绝壑，愚民不逞者盘据其间，为地方患。正德以来有酋曰池仲容，俗呼为"大鬓"，凶恶为甚。其次者四十余人，皆有徒数百，每岁肆劫。而龙川、翁源、始兴、龙南、信丰、安远、会昌以迩巢，受毒最数。正德丁丑，王都御史守仁至，首征漳寇詹师富等，威名大著。六等月间，有龙南久恶黄金巢、赖振禄等各惊惧投招。仲容闻知，亦遣弟仲安俗名快赛赴招。十月初，闻公有桶冈之役，仲容遣弟仲安带二百人助师。功成，回至上犹县，适有龙川旧恶招下义民卢珂具状赴告仲容夙恶，公将珂佯械赣狱，仲安见之大喜。公乃诒之曰："汝随征有功，彼乃欲妒害如此。汝急持我纸牌前去，唤汝兄仲容同状上有名人等急来为汝辩解。"仲容信之，就率众四十余人前来，盖俱被告贼首也。闰十二月二十一日到赣，公一面密檄诸省以期会兵，一面谕赣城贼已平定，大张乐戏以为乐。乃使人伴仲容等观玩，以迟其归。至次年正月初三日，乃呼仲容等入院领犒，内外金鼓之声喧天，逐名领分而出，转街则逐序灰其眼而钻之，置之狱则俱死矣。公初七日率兵诣浰，而诸哨已集，遂捣之。

大学士费宏记之曰：

惠之龙川，北抵赣，其山谷贼巢，亡虑数百，而浰头最大。浰之贼肆恶以毒吾民者，亡虑数千，而池仲容最著。仲容之放兵四劫，亡虑数十年，而龙川、翁源、始兴与龙南、信丰、安远、会昌以迩巢受毒最数。

正德丁丑春，信丰复告急于巡抚都御史王公伯安。召诸县苦贼者数十人，问何以攻之。皆谓非多集狼兵弗济，又谓狼兵亦尝再用矣，竟以招而后定。公曰："盗以招蔓，此顷年大弊也，吾方惩之，且兵无常势，奚必狼而后济耶？若等能为吾用，独非兵乎？"乃与巡按御史屠君安卿、毛君鸣冈合疏以剿请，又请重兵权、肃军法，以一士心。诏加公提督军务，赐之旗牌，听以便宜区画，惟功之有成，不限以时。

时横水、桶冈盗亦起，而视浰为急。公议先攻二峒，乃会兵以图浰。凡军中筹画，多咨之兵备副使杨君廷宜，请汰诸县机兵，而以其佣募新民之任战者，取赎金、储谷、盐课以饷之，而兵与食足焉。

二峒之攻，虑仲容乘虚以扰我也，谋伐其交，使辩士周祥等谕其党黄金巢等,得降者五百人,籍以为兵,仲容独愤不从。冬初,闻横水破,始惧,使弟仲安率老弱三百人来,图缓兵且我觇也。公阳许之据上新地以遏桶冈之贼,而实迟其归图。

阅月,仲容闻桶冈破,益惧,为备益严。公使以牛酒饷之,贼度不可隐,则曰:"卢珂、郑志高、陈英,吾仇也,恐其见袭而备之耳。"珂等皆龙川归顺之民,有众三千,仲容胁之不可,故深仇之。公欲以计生致仲容,乃阳檄龙川卢珂等构兵之实,若甚怒焉。趣浰刊木,且假道以诛珂党。十二月望,珂等各来告仲容必反。公复怒其诬构,叱收之。阴谕意向,使遣人先归集众。

时兵还自桶冈,公合乐大飨,散之归农,示不复用。使仲安亦领众归。又遣指挥余恩谕仲容毋撤备以防珂党。仲容益喜,前所辩士因说之亲诣公谢,且曰:"往则我公信尔无他,而诛珂等必矣。"仲容然之,率四十人来见。公闻其就道也,密饬诸县勒兵分哨。又使千户孟俊伪持一檄经浰巢,宣言将拘珂党,实督集其兵也。贼导俊出境,不复疑。

闰十二月下弦,仲容既至赣,是夕释珂等驰归。縻仲容,令官属以次飨犒。明年正月癸卯朏,公度诸兵已集,引仲容入,并其党擒之。出珂等所告,讯鞫具伏,亟使人约诸兵入巢。

越四日丁未,同时并进:其军于龙川者,惠州知府陈祥率通判徐玑等从和平都入,指挥姚玺率新民梅南春等从乌龙镇入,孟俊率珂等从平地水入。军于龙南者,赣州知府邢珣率同知夏克义、知县王天与等从太平保入,推官危寿率义民叶芳等从南平入,守备指挥郏文率义民孙洪舜等从冷水迳入,余恩率百长王受等从高砂保入。军于信丰者,南安知府季敩率训导蓝铎等从黄田冈入,县丞舒富率义民赵志标等从乌迳入。公自率中坚督文捣下浰大巢,副使君督余哨会于三浰。贼党自仲容至赣,备已弛矣,至是闻官兵骤入,皆惊愕失措。乃分投出御,而悉其精锐千余迎敌于龙子岭。我兵列为三冲,掎角而前。恩以受兵首与贼战,却之。奋追里许,贼伏四起,击受后。寿乃以芳兵鼓噪往援，俊复以珂等兵从旁冲击，呼声震山谷，贼众不支，大败而溃。遂并上、中二浰克之。各哨兵因乘胜奋击，是日，遂破巢十一：曰热水，曰五花障，曰淡方，曰石门，曰上下陵，曰芳竹湖，曰白少，曰曲潭，曰赤塘，曰古坑，曰三坑。

明日，探贼所奔，遣诸哨分道急击。己酉，破巢凡六：曰铁石碛，曰羊角山，曰黄田坳，曰岭冈，曰塘合冈，曰溪尾。庚戌，破巢凡二：曰大门，曰镇里寨。辛亥，破巢凡九：曰中村，曰半迳，曰都坑，曰尺八岭，曰新田迳，曰古地，曰空背，曰旗岭，曰顿冈。癸丑，破巢凡四：曰狗脚坳，曰水晶洞，曰五洞，曰蓝洲。丙辰，破巢凡二：曰风盘，曰茶山。

其奔者尚八百余徒，聚于九连山，山峻而衺广，与龙门山后诸巢连接。公虑以兵进逼，其势必合，合难制矣。乃选锐士七百余人，衣所得贼衣，若溃而奔，取贼所据崖下间道，乘暮而入。贼以为其党也，从崖下招呼，我兵亦佯与和应，已度险，扼其后路。明日贼始觉，并力来敌，我兵从高临下，击败之。公度其必溃也，预戒各哨设伏以待。乙丑，覆之于五花障，于白沙，于银坑水。丁卯，覆之于乌龙镇，于中村，于北山，于风门奥。

分逃余孽尚三百余徒，各哨乃会兵追之。二月辛未，复与战于和平。甲戌，又战于上坪、下坪。丁丑，战于黄田坳。辛巳，战于铁障山。癸丑，战于乾村，于梨树。乙酉，战于劣竹。壬辰，战于百顺，于和洞。乙未，战于水源，于长吉，于天堂寨。谍报各巢之稔恶者盖几尽矣，惟胁从二百余徒聚九连谷山，呼号乞降。公遣珂往抚之，籍其名，处之白沙。

公率副使君乃即祥应和平，相其险易，经理立县设隘，庶几永宁，遂班师而归，盖戊寅三月丁未也。凡所捣贼巢三十八所，擒斩贼首二十九人，中酋三十八人，从贼三千六十八人，俘贼属男妇八百九十人，卤获马牛器杖称是。是役也，以力则兵仅数千，以时则旬仅六浃，遂能灭此凶狡稽诛之虏，以除三徽数十年之大患，其功伟矣。

捷闻，有诏褒赏，官公之子世锦衣百户，副使君加俸一秩。于是邢侯、夏侯、危侯偕通判文侯运、吴侯昌，谓"公兹举足以威不轨而昭文德，不可以无传也"，使人自赣来请予书其事。

嗟乎！佳兵者不祥之器，王公用儒者谋谟之业，而乃躬擐甲胄，率先将士，下上山谷，与死寇角争利，出于万死。而公平日岂习为杀伐之事而贪取摧陷之功以为快哉？顾盗之与民，不容并育，譬则莠骄害稼，而养之弗耨，从虎狼之狂噬而听孳牧之衰耗，此不仁者所不忍为，而公亦必不以不仁自处也。公之心，予知之，公之功则播之天下，传之后世，何俟予之书之也。然而，人知渠魁之坐缚，凶孽之荡平，以为成功如此其易，而不知公之筹虑如此其密，建请如此其忠。上之所以委任如此其专，副使君之所以赞佐如此其勤，文武将吏之所以奔走御侮如此其劳，而功之所以成如此其不易，是则不可以不书也。予故为备书之，以昭示赣人，庶期无忘，且有考焉。

嘉靖三十四年《虔台续志》 卷3《纪事二》第20b—24a页

正德戊寅十三年夏五月，立和平县。

和平旧属龙川，东接长乐、兴宁、安远，西抵河源，南界龙川，北际龙南，各有数日之程。其间山林阻隔，地理辽远，人迹既稀，奸宄多萃。相传原系循州龙川、雷乡二县，后因地方扰乱，人烟稀少，止存龙川一县。守仁既平浰寇，奏请割龙川县三里、河源县一里入辖新县，及将和平巡检司改在浰头。疏略云：

照得龙川县和平峒地方，实山林深险之所，盗贼屯聚之乡，四县交界之隙，三省闰余之地。是以政教不及，人迹罕到。其间接连闽广，反覆贼巢，动以百数。据而守之，足以控制诸贼之往来，杜奸宄之潜匿。弃而不守，断为狐鼠之窟穴，终萃逋逃之渊薮。况前此本亦州县旧区，始以县存，民犹恃为保障。后因县废，贼遂据之陆梁，是又往事之明验矣。当贼盗猖炽之日，地方父老久已追咎前人之失策，屡有请复县治之议。然其时贼方盘据，虽欲复县，势有未能。今赖朝廷威德，巢穴悉已扫荡，若不乘此机会复建县治以握其要害，将来之事断未可知。臣等班师之日，胁从贼徒投招尚不满百，今未两月，远近牵引至者二百矣。若县不设，制御疏阔，不待一年，凡此投招之人，必皆复化为盗。其时又复兴师征剿，剿而复聚，如此不已，乱将安穷。夫盗贼之患，譬之病人，兴师征剿者，针药攻治之方，建县抚辑者，饮食调养之宜。苟废饮食而专任针药，岂徒病不旋踵将见元气竭绝症患深固，后虽扁鹊术无所施矣。臣等窃以为设县移司实堪久安长治，伏愿皇上鉴往事之明验，为将来之永图，念事机之不可失，哀民困之不可再，俯采臣等所议，特敕该部早赐施行。及照建县之所地名和平，以地名县似为得宜，乞从所奏并将该设职官印信即与铨选铸给，均土地以平徭役，移巡司以据险要，宽赋税以苏困民。而此则夷险为易，化盗为良，计日而效。臣等得以幸逃日后之谴责，朝廷亦免再役之勤，百姓永享太平之乐矣。

嘉靖三十四年《虔台续志》卷 3《纪事二》第 24a—25b 页

天启三年《重修虔台志》

天启三年《重修虔台志》，[明]唐世济主修，[明]谢诏等纂，日本国立公文书馆内阁文库藏。

卷 4《事纪一》

正德丁丑十二年五月，告谕百姓。

风俗不美，乱所由兴。今民穷苦已甚，而又竞为淫侈，岂不重自困乏？夫民习染既久，亦难一旦尽变，吾姑就其易改者，渐次诲尔：

吾民居丧，不得用鼓乐、为佛事。竭赀分帛，费财于无用之地，而俭于其亲之身，投之水火，亦独何心。病者宜求医药，不得听信邪术，专事巫祷。嫁娶之家，丰俭称赀，不得计论聘财妆奁，不得大会宾客，酒食连朝。亲戚随时相问，惟贵诚心实礼，不得徒饰虚文，奢靡相尚。街市村坊，不得迎神赛会，百千成群。凡此皆靡费无益。有不率教者，十家牌邻互相纠察。容隐不举正者，十家均罪。

尔民之中岂无忠信循礼之人，顾一齐众楚，寡不胜众，不知违弃礼法之可耻，而惟虑市井小人之非笑。此亦岂独尔民之罪？有司者教导之不明与有责焉。至于孝亲敬长、守身奉法、讲信修睦、息讼罢争之类，已尝屡有告示，恳切开谕。尔民其听吾诲，尔益敦毋怠！

天启三年《重修虔台志》卷4《事纪一》第24a—25a页

正德丁丑十二年五月，上攻治盗贼二策。

疏略云：南安府所属大庾、上犹等县，除贼巢小者不计，其大者总计三十余处。有名大贼首谢志珊等四十余人，所统贼众约有千余徒；且与湖广之桂阳、桂东、鱼黄、聂水、老虎、神仙、秀才等巢、广东之乐昌巢穴，相联盘据，流劫三省，为害多年。赣州之龙南因与广东之龙川浰头贼巢接境，贼首池大鬓、大昇、大安，纠合龙南贼首黄秀魁、赖振禄等三十余人，所统贼众五千余徒，不时越境流劫信丰、龙南、安远等县。已经夹攻三次，俱被漏网，以致乐昌之苗贼、长流洞之輋贼动以千计。今据所辖，兵力寡弱，既不足以防遏贼势，事权沮挠，复不足以齐一人心。

而攻治之方亦有二说。若陛下假臣等以赏罚重权，使得便宜行事，期于成功，不限以时，则兵众既练，号令既明，人知激励，事无掣肘，可以伸缩自由，相机而动。一寨可攻则攻一寨，一巢可扑则扑一巢。量其罪恶之浅深而为抚剿，度其事势之缓急以为后先。如此亦可以省供馈之费，无征调之扰，日剪月削，使之渐尽灰灭。此则如昔人拔齿之喻，日渐动摇，齿拔而儿不觉者也。然而今此下民之情，莫不欲大举夹功，以快一朝之忿，盖其怨恨所激，不复计虑其他。必须南调两广之狼达，西调湖湘之土兵，四路并进，一鼓成擒，使数十年之大患可除，千万人之积冤可雪。然此以兵法十围五攻之例，计贼二万，须兵十万，日费千金，殆于道路不得操事者七十万家。积粟料财，数月而事始集；刻期举谋，又数月而兵始交；声迹彰闻，贼强者设险以拒敌，黠者挟类而深逃。迨于锋刃所加，不过老弱胁从。且狼兵所过不减于盗，转输之苦重困于民。近年以来，江西有姚源之役，疮痍甫起，福建有汀漳之寇，军旅未旋，府江之师方集于两广，偏桥之讨未息于湖湘，兼之杼轴已空，种不入土，而营建所输，四征未已，诛求之刻，百出方新，若复加以大兵，民将何以堪命？此则一拔去齿而儿亦随毙者也。夫由前之说，则如臣之昧劣，实惧不足以堪事，必择能者任之而后可。若大举夹攻，诚可以分咎而薄责，然臣不敢以身谋而废国议。惟陛下择其可否，断而行之。

部覆：悉依前项申明赏罚事理，便宜行事，期于成功，不限以时。

题奉圣旨：这声明赏罚事宜还行与王守仁知道。钦此。

天启三年《重修虔台志》卷4《事纪一》第26a—27b页

正德丁丑十二年秋七月，议处夹攻兵粮。

一，议得南安府所属大庾、南康、上犹三县，各巢贼联络盘据，有众数千，西接湖广桂阳等县，南接广东韶州乐昌等县。三省夹攻，必须湖广自桂阳、桂东等处进，广东自乐昌县进；在南安者，必须三县地方并进。赣州府所属，惟龙南县贼巢与广东惠州府龙川县浰头接境。浰头系大贼池大鬓等巢穴，有众数千，比之他贼，势尤猖獗。前此二次夹攻，俱被漏网。龙南虽有贼徒数伙，除之稍易。但其倚藉浰头兵力以为声援，攻之则奔入浰头，兵退则复出为害。必须广东兵自龙川进，赣州兵自龙南进，庶可使无奔溃。

一，议得上犹去龙南四百里，两处进兵，必须一时并举，庶无惊溃之患。大约用兵一万二千名。但湖广、广东两省之兵，皆狼达精悍，贼所素畏。江西之兵，最为怯懦，望贼而溃，乃其素习。今所拟调，皆新习未练。若使严以军法处治，庶几人心齐一，事功可成。

一，议得兵一万二千名，每名日给米三升，一日该米三百七十余石，间日折支银一分五厘，一日该一百八十余两；以六个月为率，约用米三万三千余石，用银二万余两。领哨、统兵、旗牌等官并使客合用廪给及赏犒劳牛酒、银牌、花红、鱼盐、火药等费，约用银二万余两。通前二项，约共用银五万两。二府商税，集兵以来，日有所费，见存银止四千余两。二府并赣县、大庾、南康、上犹四县积谷，约计有七八万石；但贮积年久，恐舂米不及其数。见在前银不足支用，就欲别项区处，但恐缓不及用。查得江西布政司并各府县别无蓄积，止有该解南京折粮银两贮库未解，并一应纸米赃罚银两，合无行巡抚江西都御史孙燧转行布政司并行各府，照数借给应用。候事宁之日，或将以后抽算商税，或开中盐引，另为计处，奏请补还，庶克有济。

一，议得合用本省巡按御史随军纪功、管理钱粮。及统兵、领哨官员，除本省三司分守、分巡、兵备、守备并南、赣二府官员临时定委外，访得九江府知府汪颖、吉安府知府伍文定、汀州府知府唐淳、惠州府知府陈祥，俱各才识练达；程乡县知县张戬、抚州府东乡县知县黄堂、建昌府新城县知县黄文鹫、袁州府萍乡县知县高桂、吉安府龙泉县知县陈允楷，俱各有才名，堪以领兵。候命下之日，听臣等取用。各官之中敢有抗违失误者，许臣等即以军法从事，庶几警惧，事可易集。

天启三年《重修虔台志》卷 4《事纪一》第 30a—32a 页

戊寅十三年春正月，计禽三浰贼首池仲容，尽其党歼之。

南赣盗贼其在横水、桶冈诸巢，则接境于湖㮊；在浰头、岑冈诸巢，则连界于闽广。接境于湖㮊者，贼众而势散，恃山溪之险以为固；连界于闽广者，贼狡而势聚，结党与之，助以相援。公议先攻横水，次攻桶冈，而末乃与广东会兵，徐图浰头。如攻坚木，先其易者，后其节目。昨年九月，将进兵横水，恐浰贼乘虚出扰，思有以沮离其党。乃为告谕，具述祸福利害，使报效生员黄表、义民周祥等往谕各贼，赐以银布。一时贼党亦多感动，各寨酋长黄金巢、刘逊、刘粗眉、温仲秀等，皆愿从表等出投。惟大贼首池仲容即池大鬓，独愤然不从。金巢等至，公推诚厚抚，各愿出力杀贼自效。

于是，藉其众五百余为兵，使从征横水。十月十二日，已破横水，仲容等闻之始惧。计且以次加兵，于是集其酋豪池仲宁、高飞甲等谋，使其弟池仲安率老弱二百余徒，亦赴投招，意在缓兵，因而窥觇虚实，乘间内应，公阳许之。及进攻桶冈，使领其众，截路于上新地，远其归途；内严警御之备，以防其衅；外示宽假之形，以安其心。阴使人分召邻贼诸县被贼害者，皆诣军门计事，旬日之间，至者数十。问所以攻剿之策，皆谓此贼狡诈凶悍，非比他贼，其出劫行剽，皆有深谋，人不能测。自知恶极罪大，国法难容，故其所以捍拒之备，亦极险谲。前此两经夹剿，狼兵二三万，竟亦不能大捷。后虽败遁，所杀伤亦略相当。近年以来，奸谋愈熟，恶焰益炽。官府无可奈何，每以调狼兵恐之。彼辄谩曰："狼兵易与耳，纵调他来，也须半年；我纵避他，只消一月。"其意谓狼兵之来不能速，其留不能久也，是以益无忌惮。今已僭号设官，奸计逆谋，尤非昔比。必欲除之，非大调狼兵，事恐难济。公以为兵无常势，在因敌变化而制胜。今各贼狃于故常，且谓必待狼兵而后敢攻，此所以不必狼兵而可以攻之也。乃为密画方略，使数十人者各归部集，候我兵有期，则据隘遏贼。

十一月，贼闻复破桶冈，益惧，为战守备。公使人至贼所，赐各酋长牛酒，以察其变。贼度不可隐，则诈称龙川新民卢珂、郑志高等将掩袭之，是以密为之防，非敢虞官兵也。公复阳怒卢珂、郑志高等擅兵仇杀，移檄龙川，使廉其实。且趣各贼伐木开道，将回兵自浰头取道，往讨之。贼闻，以为实有为之之意，又恐假道伐之，且喜且惧。因遣弟来谢，且请无劳官兵，当悉力自防御之。卢珂、郑志高、陈英者，皆龙川旧招新民，有众三千余。远近皆为仲容所胁，而三人者独与之抗，故贼深仇忌之。十二月望，兵回南康，卢珂、郑志高等各来告变，谓池仲容等僭号设官，今已集兵，号召远近各巢贼首，授以总兵、都督等伪官，使候三省夹攻之兵一至，即同时并举，行其不轨之谋，及以伪授卢珂等官爵"金龙霸王"印信文书一纸粘状来首。公先已谍知其事，及珂等来，即阳怒，以为尔等擅兵仇杀投招之人，罪已当死，今又造此不根之言，乘机诬陷，且池仲容等方遣其弟领兵报效，诚心向化，安得有此。遂收缚珂等，将斩之。时池仲安之属方在营，见珂等入首，大惊惧。至是皆喜，罗拜欢呼，竞诉珂等罪恶。公因亦阳令具状，谓将并拘其党属，尽斩之。因而遂械系卢珂，而使人密喻以阳怒之意，欲以诱致仲容诸贼。且使卢珂等先遣人归集其众，候珂等既还，乃发。又使生员黄表、听选官雷济往喻仲容，使勿以此自疑。密购其所亲信，阴说之，使自来投诉。二十日，兵已还赣，乃张乐大享将士，下令城中："今南安贼巢皆已扫荡，而浰头新民又皆诚心归化，地方自此可以无虞。民久劳苦，亦宜暂休为乐。"遂散兵使各归农，示不复用。而使池仲安亦领众归，助其兄防守，且云卢珂等虽已系于此，恐其党致怨，或掩尔不虞。仲安归，具言其故，贼众益喜，遂弛备。公又使指挥余恩赍历往赐仲容等，令毋撤备，以防卢珂诸党，贼众益喜。黄表、雷济因复说仲容："今官府所以安辑劳来尔等甚厚，何可不亲往一谢。况卢珂等日夜哀诉反状，乞官府试拘尔等，若拘而不至者，即可以证反状之实；今若不待拘而往，因面诉珂等罪恶，官府必益信尔无他，而谓珂等为诈，杀之必矣。"所购亲信者复从力赞，仲容然之，乃谓其众曰："若要伸，先用屈。赣州伎俩，亦须亲往勘破。"遂定议，率其麾下四十余人，自诣赣。公使人探知仲容已就道，乃密遣人先行属县勒兵，分哨道，候报而发。又使千户孟俊先至龙川督集卢珂、郑志高、陈英等兵。然以道经浰巢，恐摇诸贼，则别赍一牌，以拘捕卢珂等党属为名。各贼闻后往，果遮迎问故，俊出牌视之，乃皆罗拜，相争导送出境。俊已至龙川，始发牌部勒卢珂等兵。众贼闻之，皆以为拘捕其属，不复为意。

闰十二月二十三日，仲容等至赣，见各营官兵皆已散归，而街市多张灯设戏为乐，信以为不复用兵。密赂狱卒，私往觇卢珂等，又果械系深固。贼乃大喜，遣人归，报其属曰："乃今吾事始得万全矣。"公乃夜释卢珂、郑志高等，使驰归发兵。而令所属官僚次设羊酒，日犒仲容等，以缓其归。正月三日，度卢珂等已至家，所遣属县勒兵当已大集，公乃设犒于庭，先伏甲士，引仲容入，并其党悉禽之。出卢珂等所告状，讯鞫皆伏，遂置于狱。而夜使人趋发属县兵，期以初七日同时入巢。军于龙川者，知府陈祥率通判徐玑等从和平都入，指挥姚玺率新民梅南春等从乌虎镇入，千户孟俊率卢珂等从平地水入。军于龙南者，知府邢珣率同知夏克义、知县王天与等从太平保入，推官危寿率义官叶芳等从南平入，守备指挥郏文率义民孙洪舜等从冷水迳入，指挥余恩率百长王受等从高砂保入。军于信丰者，知府季敩率训导蓝铎等从黄田冈入，县丞舒富率义民赵志标等从乌迳入。公自督帐下郏文直捣下浰大巢，而使各哨分路，会于三浰。

先是，贼众得仲容报，谓赣兵罢归，皆已弛备。闻官兵骤入，皆惊惧失措，分投出御，而悉其精锐千余，据险设伏，迎敌于龙子岭。我兵列为三冲，掎角而前。王受兵首与贼战，贼却。受奋追里许，贼伏四起，叶芳兵鼓噪往援，卢珂等兵从傍冲击，与受兵合。呼声震山谷，贼大败而溃。我兵乘胜逐北，遂克上、中、下三浰。各哨官兵奋勇齐进，是日，遂破巢十一：曰热水，曰五花障，曰淡方，曰石门，曰上下陵，曰方竹湖，曰白沙，曰曲潭，曰赤塘，曰古坑，曰三坑。明日，探贼所奔，遣诸哨分道急击。自初九至十六日，连破巢二十有三，并获贼首"金龙霸王"印信、旗袍。

其精悍者尚八百余徒，聚于九连大山，公计九连山势极高，横亘数百余里，四面斩绝，东接龙门山后诸巢以百数。若我兵进逼，其势必合，合难制矣。乃选精锐七百余人，衣所得贼衣，佯若奔溃者，乘暮从贼所据崖下间道而过。贼以为其党也，从崖上招呼，我兵亦佯与应，已度险，遂扼断其后路。

明日贼始觉，并力来敌，我兵从高临下，击败之。公度其必溃，预令各哨设伏以待。二十五日，覆之于五花障，于白沙，于银坑水。二十七日，覆之于乌虎镇，于中村，于北山，于风门奥。

其余奔散残党尚三百余徒，逃上下坪、黄田坳诸处，各哨蹑踪追之。二月二日，战于平和。初五日，战于上、下坪。初八日，战于黄田坳。十二日，战于铁障山。十四日，战于乾村，于梨树下。十六日，战于芳竹湖。

二十三日，战于北顺，于和洞。二十六日，战于水源，于长吉，于天堂寨。谍报各巢积恶凶狡擒斩几尽，惟余党张仲全等二百余徒，多系老弱，及远近村寨一时为贼所驱胁者，今皆势穷计迫，聚于九连谷口，呼号乞招。公令黄表往验虚实，引来投见，随遣知府邢珣往抚，籍其众，安插白沙。公因亲行相视险易，督同杨副使璋、陈知府祥等经理立县设隘，为久安长治之策，留兵防守，班师而归。

盖自本年正月初七日起，至三月初八止，前后捣巢三十八，所擒斩大贼首二十九名颗，次贼首三十八名颗，从贼三千六十八名颗，俘贼属男妇八百九十名口，卤获牛马器仗称是。奏捷论功，则兵备副使杨璋，监纪给饷，备历辛勤；守备指挥郏文，知府陈祥、邢珣、季敩，推官危寿、指挥余恩、姚玺，千户孟俊、县丞舒富等，皆身亲行阵，屡立战功，俱合奖擢，以为后劝。详见大学士费公宏《纪功碑》。

天启三年《重修虔台志》卷4《事纪一》第41a—47b页

戊寅十三年夏五月，请立和平县。

龙川县之和平峒，实长乐、兴宁、安远、龙南四县交界，三省闲余地也。前此本循州龙川、雷乡二县旧区。后雷乡县废，贼遂据之，为逋逃渊薮。父老屡有请复县治之议，然其时贼方盘据，势有不能。今巢穴荡平，经久良图，诚无逾于添设县治者。龙川县里老人等愿割本县和平、仁义二都，并广三图，共三里，及割附近河源县惠化都于羊子铺立一裁减县。其和平巡检司移于浰头地方，仍隶新县管辖，弓兵酌量增编。龙南县太平保原设有横冈、角塽二隘，上蒙、高砂二保原设有牛冈、阳陂二隘，向为池贼烧毁一空，今宜修筑。至于新兴地方系通始兴要路，宜添设一隘，各于邻近地方佥乡夫把守。此善后之计，公稽之舆情，参之道府，乃会同广东监察御史毛公凤具疏奏闻，请名和平县。从之。

天启三年《重修虔台志》卷4《事纪一》第48b—49a页

卷 11《事纪八》

辛酉天启元年冬十一月,重修文成祠。

王文成公倡明理学,剪除祸乱,虔人食其赐而尸祝焉,伏腊近百年矣。庙且就圮,至是先查取信丰、龙南两县水面银一百四十四两四钱,命知县刘永基葺而新之,更增建后堂一带,前后约共费五百余金。

天启三年《重修虔台志》卷11《事纪八》第 7a 页

卷 12《词翰》

碑 平浰头碑 王守仁

四省之寇,惟浰尤黠,拟官僭号,潜图孔蒸。正德丁丑冬,峯、瑶既殄,益机险阱毒,以虞王师。我乃休士归农。戊寅正月癸卯,计擒其魁,遂进兵击其懈。丁未,破三浰,乘胜归化。大小三十余战,灭巢三十有八,俘斩三千余。三月丁未,回军,壶浆迎道,耕夫遍野,父老咸欢。农器不陈,于今五年。复我常业,还我室家,伊谁之力?赫赫皇威,匪威曷凭?爰伐山石,用纪厥成。

天启三年《重修虔台志》卷12《词翰》第 14a—14b 页

观德亭记 王守仁

君子之于射也,内志正,外体直,持弓矢审固,而后可以言中。故古者射以观德。德也者,得之于其心也。君子之学,求以得之于其心。故君子之于射,以存其心也。是故躁于其心者,其动妄;荡于其心者,其视浮;歉于其心者,其气馁;忽于其心者,其貌惰;傲于其心者,其色矜。五者,心之不存也。不存也者,不学也。君子之学于射,以存其心也。是故心端则体正,心敬则容肃,心平则气舒,心专则视审,心通故时而理,心纯故让而恪,心宏故胜而不张、负而不驰,七者备而君子之德成。君子无所不用其学也,于射见之矣。故曰:为人君者,以为君鹄;为人臣者,以为臣鹄;为人父者,以为父鹄;为人子者,以为子鹄。射也者,射己之鹄也。鹄也者,心也。

各射己之心也，各得其心而已。故曰：可以观德矣。作《观德亭记》。

天启三年《重修虔台志》卷 12《词翰》第 15a—16a 页

谕俗文 王守仁

见人之为善，我必爱之。我能为善，人其有不爱我者乎？见人之为不善，我必恶之；我苟为不善，人其有不恶我者乎？故凶人为不善，至于杀身亡家而不悟者，由其不能自反也。

今人为子孙计，或至谋人之业，夺人之产。日夜营营，无所不至。昔人谓为子孙作马牛，然身死未寒，而业已属之他人。仇家群起而报复，子孙反受其殃，是殆为子孙作蛇蝎也。吁，可戒哉！

为善之人，非独其宗族亲戚爱之，朋友乡党敬之，虽鬼神亦阴相之。为恶之人，非独其宗族亲戚判之，朋友乡党怨之，虽鬼神亦阴殛之。故积善之家，必有余庆，积不善之家，必有余殃。

今人不忍一言之忿，或争铢两之利，遂相构讼。夫我欲求胜于彼，则彼亦欲求胜于我。仇仇相报，遂至破家荡产，祸贻子孙。岂若含忍退让，使乡里称为善人，子孙亦蒙庇乎。

天启三年《重修虔台志》卷 12《词翰》第 28b—29b 页

乡约告谕 王守仁

咨尔民，昔人有言：蓬生麻中，不扶而直；白沙在泥，不染而黑。民俗之善恶，岂不由于积习使然哉？往者斯民盖尝弃其宗族，畔其乡里，四出而为暴，岂独其性之异，其人之罪哉？亦由我有司治之无道，教之无方。尔父老子弟所以训诲戒饬于家庭者不早，薰陶渐染于里闾者无素，诱掖奖劝之不行，连属协和之无具，又或愤怨相激，狡伪相残，故遂使之靡然日流于恶，则我有司与尔父老子弟皆宜分受其责。呜呼！往者不可及，来者犹可追。

故今特为乡约，以协和尔民。自今凡尔同约之民，皆宜孝尔父母，敬尔兄长，教训尔子孙，和顺尔邻里；死丧相助，患难相恤，善相劝勉，恶相告诫；息讼罢争，讲信修睦；务为良善之民，共成仁厚之俗。呜呼！人虽至愚，责人则明；虽有聪明，责己则昏。尔等父老子弟，毋念新民之旧恶而不与其善，彼一念而善，即善人矣；毋自恃为良民而不修其身，尔一念而恶，即恶人矣。人之善恶，由于一念之间。尔等慎思吾言，毋忽！

    天启三年《重修虔台志》卷 12《词翰》第 29b—30b 页

四、赣州府志

嘉靖《赣州府志》

嘉靖十五年《赣州府志》，[明]康河修，[明]董天锡纂，《天一阁藏明代方志选刊》影印本，上海，上海古籍书店，1962年。

卷2《山川》

通天，县西二十里，岩下空峒如屋，僧即为居，石峰环列如屏，巅有一窍通天。宋元祐中，郡人阳行先隐于此，呼玉岩翁。有玉岩亭，嘉定丁丑，郡守刘元刚建，登览者甚多。

蒲宗孟诗：幽怀慕岭寂，结庵在中林。绿竹君子操，清池故人心。明月弄寒影，好风摇翠阴。江南千里远，何处盛朋簪。

阳行先诗：六槐谁识是商岩，暂见蟠龙卧碧潭。未济苍生终有待，独怀吾道且无惭。从容咳唾成珠玉，敏捷篇章出笑谈。千载通天蒙所赠，从今风月满江南。

家世中条旧素贫，尘编堆积漫缤纷。未甘末俗成虚老，却叹劳生似逐群。谁爱岩陵溪上月，独吟巢父岭头云。间阎莫怪衡门陋，驻节曾来有使君。

王阳明诗：青山随地佳，岂必故园好。但得此身闲，尘寰亦蓬岛。西林日初暮，明月来何早。醉卧石床凉，洞云秋未扫。

天风吹我上丹梯，始信青霄亦可跻。俯视氛寰成独慨，却怜人世尚多迷。东南真境埋名义，闽楚诸峰入望低。莫道仙家全脱俗，三更日出亦闻鸡。

四山落木正秋声，独上高峰望眼明。树色遥连闽峤碧，江流不尽楚天清。云中想见双龙转，风外时传一笛横。莫遣新愁添白发，且呼明月醉深觥。

邹守益诗：高筑琳宫引石梯，酒余客散自攀跻。坐来渐恐星河冷，话久不知烟雾迷。白涧滩横帆隐见，翠微岩涌案高低。浩歌初饱清秋兴，何处东洲野店鸡。

邢珣诗：漫寻丘壑伴幽栖，僻径真堪与世违。翠壁苔深沉鸟篆，高秋木落见岩扉。台空白玉乾坤迥，火冷丹炉信息稀。童冠追陪传故事，不妨歌咏月中归。

嘉靖《赣州府志》卷2《山川·赣县》第2—3页

忘言，通天岩半壁间，广可容五六人，幽雅峻绝，旁有线路，攀缘可至。王阳明偕门人讲论于山中，因穷岩谷之胜，始得此岩，扁名"忘言"。

阳明诗：几日岩栖事若何，莫将佳景复虚过。未妨云壑淹留久，终是尘寰错误多。涧道霜风疏草木，洞门烟月挂藤萝。不知相继来游者，还有吾侪此意么？

嘉靖《赣州府志》卷2《山川·赣县》第3页

卷3《山川》

岩，通天，在县东北五里。近玉山，洞高、广十丈，上有一窍通明，故曰"通天"。中历三级，有石象、石田、石钟鼓，内通小洞，广数十丈，深五六丈，有石井、石灶、石棋盘，上无窍，游者持炬绿洞磬折而入。正德丁丑春，都御史王阳明平龙川㓜寇班师，偕郡守邢珣同游，爱其胜，作《平南记》刻于洞壁，扁"阳明小洞天"，邢篆刻于门。

嘉靖《赣州府志》卷3《山川·龙南》第23页

卷8《名宦》

王守仁，伯安，浙江余姚人。进士，历兵部主事。时逆瑾用事，械击台谏，抗疏力救之，因谪贵州龙场驿丞。升庐陵知县，吏、刑二部主事、文选员外郎、考功郎中、太仆少卿、鸿胪寺卿，转金都御史。正德丁丑，提督南、赣、汀、漳四省军务，亲冒矢石，削平横水、桶冈、龙川、浰头巨寇，南赣赖以宁谧。寻升右副都御使。己卯，举义兵，擒逆濠。奏功升南京兵部尚书兼左都御史，封奉天翊运推诚宣力守正文臣，特进光禄大夫柱国、新建伯。丁亥，奉命平思田之变，总督两广及江西、湖广等处军务。乞恩养病，卒于南安乌龙驿。

嘉靖《赣州府志》卷 8《名宦·都台》第 1 页

卷 11《艺文》

平浰头碑 王守仁

四省之寇，惟浰尤黠，拟官僭号，潜图孔蒸。正德丁丑冬，犇、瑶既殄，益机险阴毒，以虞王师。我乃休士归农。戊寅正月癸卯，计擒其魁，遂进兵击其懈。丁未，破三浰，乘胜归化。大小三十余战，灭巢三十有八，俘斩三千余。三月丁未，回军，壶浆迎道，耕夫遍野，父老咸欢。农器不陈，于今五年。复我常业，还我家室，伊谁之力？赫赫皇威，非威曷凭？爰伐山石，用纪厥成。

嘉靖《赣州府志》卷 11《艺文》第 3 页

观德亭记 王守仁

君子之于射也，内志正，外体直，持弓矢审固，而后可以言中。故古者射以观德。德也者，得之于其心也。君子之学，求以得之于其心。故君子之于射，以存其心也。是故躁于其心者，其动妄；荡于其心者，其视浮；歉于其心者，其气馁；忽于其心者，其貌惰；傲于其心者，其色矜。五者，心之不存也。不存也者，不学也。君子之学于射，以存其心也。是故心端则体正，心敬则容肃，心平则气舒，心专则视审，心通故时而理，心纯故让而恪，心宏故胜而不张、负而不驰，七者备而君子之德成。君子无所不用其学也，于射见之矣。故曰：为人君者，以为君鹄；为人臣者，以为臣鹄；为人父者，以为父鹄；为人子者，以为子鹄。射也者，射己之鹄也。鹄也者，心也。

各射己之心也，各得其心而已。故曰：可以观德矣。作《观德亭记》。

嘉靖《赣州府志》卷 11《艺文》第 12—13 页

平浰头记 费宏 铅山人 大学士

惠之龙川，北抵赣，其山谷贼巢，亡虑数百，而浰头最大。浰之贼肆恶以毒吾民者，亡虑数千，而池仲容最著。仲容之放兵四劫，亡虑数十年，而龙川、翁源、始兴、龙南、信丰、安远、会昌以迩巢受毒最数。

正德丁丑之春，信丰复告急于巡抚都御史王公伯安。召诸县苦贼者数十人，问何以攻之。皆谓非多集狼兵弗济，又谓狼兵亦尝再用矣，竟以招而后定。公曰："盗以招蔓，此顷年大弊也，吾方惩之，且兵无常势，奚必狼而后济耶？若等能为吾用，独非兵乎？"乃与巡按御史屠君安卿、毛君鸣冈合疏以剿请，又请重兵权、肃军法，以一士心。诏加公提督军务，赐之旗牌，听以便宜区画，惟功之有成，不限以时。

时横水、桶冈盗亦起，而视浰为急。公议先攻二峒，乃会兵以图浰。凡军中筹画，多咨之兵备副使杨君廷宜，请汰诸县机兵，而以其佣募新民之任战者，取赎金、储谷、盐课以饷之，而兵与食足焉。

二峒之攻，虑仲容乘虚以扰我也，谋伐其交，使辨士周祥等谕其党黄金巢等，得降者五百人，籍以为兵。仲容独愤不从。冬初，闻横水破，始惧，使弟仲安率老弱三百人来，图缓兵且我觇也。公阳许之，使据上新地以遏桶冈之贼，而实迟其归图。

阅月，仲容闻桶冈破，益惧，为备益严。公使以牛酒饷之，贼度不可隐，则曰："卢珂、郑志高、陈英，吾仇也，恐其见袭而备之耳。"珂等皆龙川归顺之民，有众三千，仲容胁之，不可，故深仇之。公方欲以计生致仲容，乃阳檄龙川卢珂等构兵之实，若甚怒焉。趣浰刊木，且假道以诛珂党。十二月望，珂等各来告仲容必反。公复怒其诬构，叱收之，阴谕意向，使遣人先归集众。

时兵还自桶冈，公合乐大飨，散之归农，示不复用。使仲安亦领众归。又遣指挥余恩谕仲容毋撤备以防珂党。仲容亦喜，前所辩士因说之亲诣公谢，且曰："往则我公信尔无他，而诛珂等必矣。"仲容然之，率四十人来见。公闻其就道也，密饬诸县勒兵分哨。又使千户孟俊伪持一檄经浰巢，宣言将拘珂党，实督集其兵也。贼导俊出境，不复疑。

闰十二月下弦，仲容既至赣，是夕释珂等驰归。縻仲容，令官属以次飨犒。明年正月癸卯朏，公度诸兵已集，引仲容入，并其党擒之。出珂等所告，讯鞫具伏，亟使人约诸兵入巢。

越四日丁未，同时并进：其军于龙川者，惠州知府陈祥率通判徐玑等从和平都入，指挥姚玺率新民梅南春等从乌龙镇入，孟俊率珂等从平地水入。军于龙南者，赣州知府邢珣率同知夏克义、知县王天与等从太平保入，推官危寿率义民叶芳等从南平入，守备指挥郑文率义官孙舜洪等从冷水迳入，余恩率百长王受等从高沙保入。军于信丰者，南安知府季敩率训导蓝铎等从黄田冈入，县丞舒富率义民赵志标等从乌迳入。公自率中坚督文捣下浰大巢，副使君督余哨会于三浰。贼党自仲容至赣，备已弛矣，至是闻官兵骤入，皆惊失措。乃分投出御，而悉其精锐千余迎敌于龙子岭。我兵列为三冲，掎角而前。恩以受兵首与贼战，却之。奋追里许，贼伏四起，击受后。寿乃以芳兵鼓噪往援，俊复以珂等兵从旁冲击，呼声震山谷，贼大败而溃。遂并上、中二浰克之。各哨兵乘胜奋击，是日，遂破巢十一：曰热水，曰五花障，曰淡方，曰石门，曰上下陵，曰芳竹湖，曰白沙，曰曲潭，曰赤塘，曰古坑，曰三坑。

明日，探贼所奔，分道急击。己酉，破巢凡六：曰铁石障，曰羊角山，曰黄田坳，曰岭冈，曰塘含冈，曰溪尾。庚戌，破巢凡二：曰大门山，曰镇里寨。辛亥，破巢凡九：曰中村，曰半迳，曰都坑，曰尺八岭，曰新田迳，曰古地，曰空背，曰旗岭，曰顿冈。癸丑，破巢凡四：曰狗脚坳，曰水晶洞，曰五洞，曰蓝洲。丙辰，破巢凡二：曰风盘，曰茶山。

其奔者尚八百余徒，聚于九连山，山峻而袤广，与龙门山后诸巢接。公虑以兵进逼，其势必合，合难制矣。乃选锐士七百余人，衣所得贼衣，若溃而奔，取贼所据崖下涧道乘暮而入。贼以为其党也，从崖下招呼，我兵亦佯与和应，已度险，扼其后路。明日贼始觉，并力求敌，我兵从高临下，击败之。公度其必溃也，预戒各哨设伏以待。乙丑，覆之于五花障，于白沙，于银坑水。丁卯，覆之乌龙镇，于中村，于北山，于风门奥。

分逃余孽尚三百余徒，各哨乃会兵追之。二月辛未，复与战于和平。甲戌，战于上坪、下坪。丁丑，战于黄田坳。辛巳，战于铁障山。癸未，战于乾村，于梨树。乙酉，战于劣竹。壬辰，战于百顺，于和洞。乙未，战于水源，于长吉，于天堂寨。谍报各巢之稔恶者盖几尽矣，惟胁从二百余徒聚九连谷山，呼号乞降。公遣珣往抚之，籍其名，处之白沙。

公率副使君乃即祥应和平，相其险易，经理立县设隘，庶几永宁，遂班师而归，盖戊寅三月丁未也。凡所捣贼巢三十八，所擒斩贼首二十九人，中酋三十八人，从贼二千六十八人，俘贼属男妇八百九十人，卤获马牛器仗称是。是役也，以力则兵仅数千，以时则旬仅六浃，遂能灭此凶狡稽诛之虏，以除三徽数十年之大患，其功伟矣。

捷闻，有诏褒赏，官公之子世锦衣百户，副使君加俸一秩。于是邢侯、夏侯、危侯偕通判文侯运、吴侯昌，谓"公兹举足以威不轨而昭文德，不可以无传也"，使人自赣来请余书其事。

嗟呼！佳兵者不祥之器，王公用儒者谋谟之业，而乃躬擐甲胄，率先将士，下上山谷，与死寇角胜争利，出于万死。而公平日岂习杀伐之事而贪取摧陷之功以为快哉？顾盗之与民，不容并育，譬则莠骄害稼，而养之弗芟，从虎狼之狂噬而听孳牧之衰耗，此不仁者所不忍为，而公亦必不以不仁自处也。公之心，予知之，公之功则播之天下，传之后世，何俟于予之书之也。然而，人知渠魁之坐缚，凶孽之荡平，以为成功如此其易，而不知公之筹虑如此其密，建请如此其忠。上之所以委任如此其专，副使君之所赞佐如此其勤，文武将吏之所以奔走御侮如此其劳，而功之成所以如此其不易，是则不可以不书也。予故为备书之，以昭示赣人，庶其无忘，且有考焉。

嘉靖《赣州府志》卷 11《艺文》第 13—17 页

谕俗文 王守仁

见人之为善，我必爱之。我能为善，人其有不爱我者乎？见人之为不善，我必恶之；我苟为不善，人其有不恶我者乎？故凶人为不善，至于杀身亡家而不悟者，由其不能自反也。

今人为子孙计，或至谋人之业，夺人之产。日夜营营，无所不至。昔人谓为子孙作马牛，然身死未寒，而业已属之他人。仇家群起而报复，子孙反受其殃，是殆为子孙作蛇蝎也。吁，可戒哉！

为善之人，非独其宗族亲戚爱之，朋友乡党敬之，虽鬼神亦阴相之。为恶之人，非独其宗族亲戚叛之，朋友乡党怨之，虽鬼神亦阴殛之。故积善之家，必有余庆，积不善之家，必有余殃。

今人不忍一言之忿，或争铢两之利，遂相构讼。夫我欲求胜于彼，则彼欲求胜于我。仇仇相报，遂至破家荡产，祸贻子孙。岂若含忍退让，使乡里称为善人，子孙亦蒙其庇乎！

嘉靖《赣州府志》卷 11《艺文》第 33—34 页

乡约告谕 王守仁

咨尔民，昔人有言：蓬生麻中，不扶而直；白沙在泥，不染而黑。民俗之善恶，岂不由于积习使然哉？往者新民盖尝弃其宗族，畔其乡里，四出而为暴，岂独其性之异，其人之罪哉？亦由我有司治之无道，教之无方。尔父老子弟所以训诲戒饬于家庭者不早，薰陶渐染于里闬者无素，诱掖奖劝之不行，联属协和之无具，又或愤怨相激，狡伪相残，故遂使之靡然日流于恶，则我有司与尔父老子弟皆宜分受其责。呜呼！往者不可及，来者犹可追。

故今特为乡约，以协和尔民。自今凡尔同约之民，皆宜孝尔父母，敬尔兄长，教训尔子孙，和顺尔乡里；死丧相助，患难相恤，善相劝勉，恶相告戒；息讼罢争，讲信修睦；务为良善之民，共成仁厚之俗。呜呼！人虽至愚，责人则明；虽有聪明，责己则昏。尔等父老子弟，毋念新民之旧恶而不与其善，彼一念而善，即善人矣；毋自恃为良民而不修其身，尔一念而恶，即恶人矣。人之善恶，由于一念之间。尔等慎思吾言，毋忽！

嘉靖《赣州府志》卷11《艺文》第34页

告谕 王守仁

百姓风俗不美，乱所由兴。今民穷苦已甚，而又竞为奢侈，岂不重自困乏？夫民习染久，亦难一旦尽变，吾姑就其易见易改者，渐次诲尔：

今后尔民居丧，不得用鼓乐、为佛事。竭资分帛，费财于无用之地，而俭于其亲之身，投诸水火，亦独何心。病者皆宜求医药，不得听信邪术，专事巫祷。嫁娶之家，丰俭称资，不得计论聘财妆奁，不得大会宾客，酒食连朝。亲戚岁时相问，惟贵诚心实礼，不得徒饰虚文，为追节等名目，奢靡相尚。街市村坊，不得迎神赛会，百千成群。凡此皆靡费无益。有不率教者，十家牌邻互相纠察。容隐不举正者，十家均罪。

尔民之中岂无忠信循理之人？顾一齐众楚，寡不胜众，不知违弃礼法之可耻，而惟虑市井小人之非笑。此亦岂独尔民之罪？有司者教导之不明与有责焉。至于孝亲敬长、守身奉法、讲信修睦、息讼罢争之类，已尝屡有告示，谆切开谕。尔民其听吾诲，毋怠！

嘉靖《赣州府志》卷11《艺文》第35页

龙南重建庙学记 缪铭

学校之设，尚矣。昉于唐虞而盛于三代，至汉、唐、宋因革迭乘，而治效基之。我太祖高皇帝建国之初，首诏天下郡邑，申明学制，立庙以祀先师孔子，配以门弟暨后儒有功斯道者，咸秩从祀。其一切僭经叛道者黜之，崇正学也。是以百五十余年，真儒效用，使君子得闻大道之要，小人得蒙至治之泽，猗欤休哉！

龙南庙学建自宋元祐间，但近迫城南，兼以湫隘。成化辛卯，始徙于县治之西，为左庙右学之制。岁久湮汩，栋宇不支。正德丙子，铭由宜春承乏掌教事，大惧无以妥圣贤而风士习，亟会诸生议，请允执政。越二年，戊寅正月，都宪王公守仁、宪副杨公璋、郡守邢公珣，提兵征浰至邑，三月奏凯，献俘于庙。既而都宪王公顾瞻慨叹曰："庙祀弗虔，教基弗妥，郡有司之咎，典教者之责也。咨汝刑，惟财用是资。"逾日，果罚干纪者金几百锾贮县治，曰："木石工需，坐是以给。汝教谕缪铭总其事，稽其盈缩以告。"命义民李淳、月华曰："汝夙夜劳事，主廪饩，务称工能，罔或不经，不经有罚。"铭等受命唯谨，而司训彭君智续至，亦协勤止。乃崇筑阙基，撤旧更新，相宜树表。唯是为大成殿，为庑，为戟门；其后也，为明伦堂，为斋；其前也，为棂星门，为儒学门；又唯是为藏库，为馔堂，为生徒舍宇；仍其右，为学职之廨三区；仍其左，为观德亭。垣墉关键，式考其制。经始于己卯正月，越八月而功就绪。会县尹蒋侯玮来任，首塑圣像，并四配十哲像，余皆以次卒工。而判府文公运，主簿方君侃、苏君珪，典史沈君旋，皆相继赞理，与有力焉。

敬卜日告成，已而诸生谒曰："庙堂之新，先生作之，诸君子成之，提督学政周公广闻而喜之。大役也，不可无纪。先生为邑太史，无多让。"因敢僭言曰："二三子其知庙学之以新乎？群才偲工，以斲以削，大之为栋梁，小之为榱桷，涂而为质，绘而为文，积之累之，工用乃成。夫学，亦犹是也。孔子之道，载诸六经。仁、义、礼、智其性，恻隐、羞恶、辞让、是非其情，君臣、父子、夫妇、长幼、朋友其伦，文、行、忠、信其教，炳如也。虽先王之世，师之所以教，弟子之所以学，以是故无甚异于人，而古今迥之不相类者，岂道远乎哉？人自离之耳。今之学者，诚能由其教以书其伦，验其情以率其性，则孔子之道将不在六经，而在吾之一心。

由是而质之，以古今人物之贤以按其行事，存之而为德行，发之而为文章，举而措之天下，则为正大光明之业。固无施而不可，亦无施而不准，不犹所谓'群材断削，栋梁榱桷'之谓乎？诸生适际新庙学之会，而皆有自新新民之志，故敢以孔子之道进之庸风。汝邑之来者，使徒侈庙堂之言言，衣冠之济济，趋末学以徼功利，则非铭之所知，亦非国家建学造士之初意。汝诸生其图之。"

嘉靖《赣州府志》卷 11《艺文》第 75—77 页

天启《赣州府志》

天启《赣州府志》，[明]余文龙、[明]谢诏等纂修，国家图书馆藏清顺治十七年汤斌刻本，济南，齐鲁书社，1997 年。

卷 2《舆地志二》

银山，在太平乡。上有古庙，今犹存。

玉石岩，在县北五里。有石莹如白玉，山半有洞，广数十丈，旁有巨人迹。宋太宗赐书百二十卷，邑人依岩建阁藏之。下有玉迹寺，治平间，赐额"普和"。万历甲戌，县令王继孝构亭建坊，扁曰"天开图画"，曰"玉虚胜境"，此上岩也。岩之后重重深入，傍有石钟鼓、石田圳之类。进登高台，大窦通天，明爽空阔。都府王公凯旋憩此，题曰"阳明小洞天"，郡守邢公题其门曰"鞠躬"，此下岩也。而下岩后诸石柱、石门扇之类，虽刻画不及，凡六七洞，或下而深入，或升而上穿，视二岩大胜，人谓杭州飞来峰不是过。详见《玉石岩志》中。

天启《赣州府志》卷 2《舆地志二·龙南县》第 252 页

卷 4《营建志一》

龙南县城，宋兴隆元年知县段秀实筑土城。高一丈，围三百五十丈。濠深五尺，阔三尺，长四百二十丈。建四门，塞其北，止开东、西、南三门。国朝洪武壬戌，广寇侵邑，二十二年剿平，岁拨赣州卫百户二员，领军戍守。岁久城圮。成化改元，广寇复侵，征兵追败，巡按御史陈公选临县，檄知县谢泽课民陶甓为城。高一丈五尺，广一丈二尺，围四百二十丈，为雉堞七百五十。建城楼三座，旧塞北门上亦建楼曰"望江"，后废。弘治戊申，闽寇复侵，知府李珵建窝铺二十二防守，委省祭官刘元浚濠，设三石闸，以浚源水。己酉，知县张文增修窝铺三间。正德壬申，寇起，通判徐珪处置加高五尺。甲戌，东门楼废，知县李聪重建。未几，南门毁。戊寅春，雨圮二十余丈，署县事本府推官危寿白于都御史王公守仁、知府邢珣，给官帑重修。嘉靖甲申，主簿苏珪再修。庚戌春夏，雨圮过半。辛卯，都御史陶公谐命同知伍佐甃完。近又渐圮，而庙学改迁于县南，城垣颇逼。万历三年，知县王继孝重加修治，近学处移辟七十一丈。

天启《赣州府志》卷 4《营建志一·城池》第 285 页

卷 5《营建志二》

龙南儒学，旧在县东南集贤坊。宋元祐戊辰知县许彦光，庆元庚申宪节陈谠、通守王焕、本县知县郑轮相继营缮。国朝洪武庚戌，知县莘持敬重建。丙寅，寇毁。庚午，教谕陈九思议省并郡学。正统庚申，知县唐瑜请复，建学设官如故。成化辛卯，迁城中没官隙地。弘治辛亥，知县张文加葺。戊午，知县胡弘仁、教谕甘应奎继修，凿石建棂星门。正德丁丑，知府邢珣崇土三尺，以杜水患。隆庆辛未，改迁于城南巽隅。都御史张公翀、殷公从俭、李公棠、刘公思问，知府黄公扆、黄公学海，知县文程、王继孝，相继毕工。中为先师庙，左右为两庑，前为戟门，左为神厨，右为祭器库。又前为棂星门、为泮池，后为明伦堂、为博文约礼斋，左为礼门、为宿斋所，右为义路、为会馔堂。东后为教谕廨，前为训导廨、为启圣祠、为忠节祠。再前为儒学门，西为名宦、乡贤祠。

天启《赣州府志》卷 5《营建志二·学官》第 299 页

卷 12《兵防志》

余恩，赣州卫指挥佥事。素有谋勇，为督府阳明王公所任用。公平横水、桶冈、三浰等巢，恩常冠军冒险冲锋，屡列功状，升指挥同知。宸濠反，王公誓师讨贼，恩领黄乡保叶芳兵会于樟树，分布亟进。使伍公文定兵当其前，恩兵继其后，邢公珣兵绕出贼背，徐公琏、戴公德孺张两翼，以分其势。贼逼黄家渡，势锐甚，文定佯北以致之。贼趋利，前后不相顾。珣从后横击，直贯其中，贼败走。恩督兵乘之，袁、临兵合势夹攻，贼溃走十余里。明日，我兵复战，风不便。文定躬亲铳炮，火爇其鬓，兵少却。恩率叶芳兵突驰策应，各兵并进，擒斩二千余级，溺死者无算。贼退保八字脑。又明日，用火攻，四面俱集，濠就擒。以功升江西都指挥同知，荐改广西，终参将。

天启《赣州府志》卷 12《兵防志·军功》第 480 页

卷 18《纪事志》

正德十二年丁丑，龙川上、中、下三浰等巢共三十八寨，大贼首池仲容、仲安、仲宁、赖振禄等三十余人，盘据一方，不时流劫，屡经狼兵夹攻，芟夷不尽。都御史王公守仁以次荡平其巢，因得其"金龙霸王"印及僭逾袍服旗帜以献捷。

天启《赣州府志》卷 18《纪事志·郡事》第 630 页

正德十三年戊寅正月，王都御史守仁计擒三浰贼首池仲容并其党，尽歼之。龙南、龙川之交，有水曰浰，崇山绝壑，强梁不逞者啸聚其间。酋池仲容，俗呼为池大鬓，弟仲安、仲宁，俱力格猛虎，捷竞飞猱，负故穷凶，称雄各峒。信丰、龙南、安远、会昌以切近，受毒最惨。仲容有幻术，急则遁形水草中，名为"插青"。盖自正德以来，剿之不克，抚之不从，当事者亦付之无可奈何而已。丁丑，王公至，廉知酋善遁，计欲生致之。十月，将征横水，先为告谕三浰，籍其五百人为兵；再征桶冈，则令仲安领所部把截上新地。及二巢破，仲容始惧，为备益严。公遣材官至浰，赐各酋长牛酒，觇贼动静。贼度不可隐，诈言曰："卢珂、郑志高等，吾仇也，恐其掩袭而豫防之，非虞官兵也。"珂等皆龙川归顺民，不为贼所胁，故仇之。材官反命，公阳檄龙川，使核珂等擅兵仇杀之实，且趣浰刊木开道，俟回兵声罪试之。贼闻且喜且惧，复使来谢，请无劳官兵，自为备，公许之。十一月，班师至南康。卢珂、郑志高等来告变，公复怒其诬构，械系收赣狱，而使人密谕以欲诱致仲容之意。先纵其弟归，集兵以待。随遣参谋雷济等往谕仲容勿疑，因阴购其所亲信说之，使自来投诉。公还镇，大飨将士，下令城中："今大征已毕，民久劳苦，宜暂休为乐，可大闹灯会，以庆太平。"又曰："乐户多住龟角尾，恐招盗，曷迁入城来？"散兵使各归农，示不复用。令仲安亦领众归，助兄防守。于是赣城街巷俱鼓吹赏灯宴戏旬余矣。仲安归，具言其故。贼众喜，遂弛备已。又遣指挥余恩及雷济等颁历三浰，戒令毋撤备，以防卢珂，贼众益大喜。济等因说仲容曰："官府待汝等良厚，何可不亲往一谢？"前所购亲信者，又从中力赞。仲容以为然，遂率豪健者九十三人来，先营于教场，而自以数人入见。公故笑谓曰："君辈皆吾新民，未见而营教场，疑我乎？"仲容皇恐，顿颡谢。先是公闻仲容来，固已匿兵，豫饬祥符宫，宽间以居，令参随数人馆伴，皆素与贼相狎者。已而引至宫，见止宿处皆整洁，喜出望外。时闰十二月二十三日也。贼欲私入卫狱觇珂，参随先期令禁卒梏束珂等甚苦，贼众入见，莫不唾骂数之，出而相语益自喜。是夜即释珂等，使驰归发兵。逾日，仲容辞归，公曰："自此至三浰八九日，岁前未必至，即至又当谒正，徒劳苦道路耳，闻赣城今岁有灯，曷以正月归乎？"其少者固喜观灯冶游，诸参随复从而和之，于是贼众欣然忘归。公又制青长衣油靴，教之习礼，令所属官僚以次宴犒，馆伴者又私饮仲容于倡家。

既连日夜矣,则密令二三力士乘黄昏假使酒阑入,而与仲密争,因而殴伤其目。馆伴属火甲缚酗酒者,当夜拥仲容击院鼓告急。公开门问故,阳大怒,绑诸酒徒出辕门,各杖五十收狱。责数仲容及诸馆伴听别治,已复语仲容曰:"初意欲留汝等过元宵,今若此,须听汝等早回矣。"明日,令参随引医疗其目,密使用药翳其瞳子,毋令得插青逭也。贺元旦毕,仲容辞,公曰:"谒正尚未犒赏,奈何?"二日开印,令有司大烹于宫,以次日宴。是夕,潜入甲士六百人射圃,计以六人制其一,余则伏左右防变,密语参随龙光曰:"每了十人,汝可立屏下安我,否则入告计。"已定,诘朝集仲容等入院,盛张鼓乐,内外不得闻人声。乃召屠人刲牛割豕,阶下阶上凿银分历,令不得见前后,故数刻始一发。贼受赏,两手不胜,复以花红绊系,已乃劳之酒,三叩头出令谢。兵道既出甲士,尽殪之。门外未赏者尚有十余人,因候久,色稍变,附耳相啜嚅,公挥尺喝曰:"后生不守礼。"伏兵起,尽反接以出,毕事而退。日已过未,公大眩晕呕吐,脱食薄粥乃定,盖心神过劳故也。初七日,率兵诣浰,而诸哨已集,遂捣其巢。三月班师,奏立和平县。是役也,公神机秘略愈出愈奇,而愈不可测,卒使贼入彀中,骈首就戮。公真千载一人哉!

天启《赣州府志》卷 18《纪事志·轶事》第 644—646 页

康熙《赣州府志》

康熙五十二年《赣州府志》,[清]黄汝铨修,[清]张尚瑗纂,国家图书馆藏。

卷 4《山》

玉石岩,在县东北五里。平畴渺弥,两峰岢峙,状无峭兀,而颓苍碎碧,遐眺畇目。循厓而上,为玉虚宫,仅存阒阈,旧名玉迹寺。以旁有巨人迹故名。

宋太宗赐书，建阁藏之。治平中，赐额"普和"，寺今废。历级而登，为下岩。石莹如玉，中有石柱、石钟鼓，多空中而旁窦探之，水溢出。又上为上岩，形若穹庐，悬乳皆云涛海藻之状。东南敞豁如圆牗，林影纷披，有小穴攀磴以出，即跻圆牗之上，岩内高台浃阔。王文成征浰凯旋憩于此，题小篆曰"阳明小洞天"，镌碑于壁，以纪功岩。后一小窦，曰"鞠躬门"，邢太守珣所凿，必列炬謦折而入，有石，下瞰为狻猊象，天光微漏，名"一线天"，仄足局步，深坎窅黑，有龙井，以石投之，作鼖镛钲铙诸音，移时乃止。盖其中空，洞多石乳，石旋触而下，若拊附也。洞中阴飚森然，盛暑令人凛凓。出岩又循而南，为新岩，亦可容数十人。洞凡六七，皆珑琭窈窱，《志》胜云视二岩尤胜。

康熙《赣州府志》卷4《山·龙南县山》第35—36页

卷6《城池》

龙南县城，宋隆兴元年知县段秀实始筑土城。高一丈，围三百五十丈。濠深五尺，阔一丈，长四百二十丈。建四门，北门后塞。明洪武壬戌，广寇破邑，城圮。成化乙酉，陈巡按选檄知县谢泽，课民陶甓为城。高一丈五尺，广一丈二尺，围四百二十丈，为雉堞七百五十。建城楼三座，旧塞北门上亦建楼，曰"望江"，后废。弘治戊申，闽寇复破城，知府李琎葺治，建警铺二十二，以居防守者，浚濠，设三石闸以潴水。己酉，知县张文增修警铺三间。正德壬申，山贼徐允富扰境，通判徐珪增筑加高五尺。甲戌，东门楼圮，知县李聪重建。戊寅春雨，城圮二十余丈。署县事推官危寿白于都御史王公守仁、知府邢珣，给官帑重修。嘉靖甲申，主簿苏珪再修。庚戌春夏，雨圮过半。辛卯，陶都御史楷，命同知伍佐鬶完。而庙学改迁于县南，城垣颇逼。万历三年，知县王继孝重加修，治近学处，移辟七十一丈。崇祯丙子，潘都御史曾纮命署县谭心学经画其地，扩城垣千丈，雉堞九百余。门六，东曰"拱翠"，南曰"昭华"，正南曰"向明"，东北曰"朝阳"，西曰"上"，西曰"镇安"。庚辰，知县卓震增高，比旧加四之一。

国朝顺治丙戌，知县吕应夏因寇警于昭华门外，浚濠深四尺，广四之。循城横过一百数十丈，直达西河。戊子，流贼破城，六门俱毁。庚寅，知县贾程谊次第修葺。丙申，朝阳门楼火。己亥，知县高光国重建。辛丑，又建护龙台于北城。康熙甲戌，大水，城圮过半，知县郑世逢修复。

康熙《赣州府志》卷6《城池·龙南县》第11—12页

卷9《祠宇》

阳明祠，在忠节祠左。

银山庙，在县治太平保，一百二十里。元末鼎建，明洪武四年重修。王都御史守仁征三浰，尝得神祐云，载轶事。

康熙《赣州府志》卷9《祠宇》第49—50页

卷32《统辖名宦》

王守仁，字伯安，浙江余姚人。生而有异禀，登弘治己未进士，忤刘瑾，杖谪贵州龙场驿丞。瑾诛，起累官至南太仆少卿。正德丙子，汀赣盗大起，兵部尚书王琼言守仁才可大用。丁丑，诏拜左佥都御史巡抚四省。至则行十家保甲法，台门设二轨曰：求通民情，愿闻己过。贼闻而易之，弗为虑也。抚镇左右麾下将校，暨郡邑与台之类多与贼通，日诇觇言笑，起居辄往报，守仁乃故为不可测，意在此则示以彼。每令形家择吉日出师，复止之，或将发不复，果多方误贼，而阴勒诸兵备募选郡邑才官之力士赴军门，使与旧兵弁而身教之击射，明赏罚以激劝之。初战破贼于长富村，追之至象湖。贼迫，溃围出，官军衄焉，诸将惧，请俟狼兵至大举。守仁怒曰："战小挫何损，且兵岂不足耶？"亲率所选士屯上杭，佯谕诸道使小息，俟秋再举。贼谍知之稍懈，即分兵三路，约以同夕衔枚进。中军夺象湖之隘，方疾战，而奇兵大发，遂大破之。闽广兵亦尽破其巢四十三，斩获大首詹师富等。捷上，因请立崇义县，隶南安，尽得贼之要害地耕种之。于是守仁谓巡抚权轻，不足以控厌诸道，上书愿得改巡抚为提督便宜行事。报可，于是立兵符申约束，且为文抚诸贼，词旨悱恻。

贼首黄金巢、卢珂、郑志高等相率归命已，遂进兵破横水贼，擒谢志珊等，使使谕桶冈贼。方狐疑未决，乘其懈袭击，复破之，擒蓝天凤等，俘斩皆数千。浰头贼池仲容，人呼为池大鬓，尤桀黠，故与卢珂等相仇杀。守仁谕之使降，答曰："某愿归死。而卢珂等将乘隙而掩我家室，今者不解甲，聊以自保耳。"守仁乃阳移檄责珂、志高，珂、志高上急变，谓仲容等实挟诈以老我王师，且列其寇钞状。守仁阳怒，杖珂等，下之狱而谕以情。复颁新历给仲容，谕来见。仲容语其腹心曰："赣州伎俩，我固欲亲觇之。"率其属最骁勇九十二人裹甲来见，守仁先宴犒，馆于祥符宫，使更衣习仪，供帐储偫甚设，仲容大喜过望。正元之次日，张乐大宴，伏士以待。引诸贼鱼贯入，即僇之庭，无一脱者出。卢珂等于狱，使之归，亟发兵为乡道。守仁师与之会，遂破浰头、石门，覆其巢三十余，余贼奔九连山。九连深险不易攻，乃使精卒七百，衣贼衣，佯若奔溃者。贼从崖上招呼，相应答，久乃觉之，则师已度险。贼狼狈失据，大军蹙之，皆就缚。于是就其地相险要，增设和平县，隶惠州。捷上，进右副都御使，予世袭锦衣卫副千户。

岁己卯，宁王宸濠反。守仁适奉诏勘事福建归，取道丰城。闻变，微服走吉安，与郡守伍文定起兵讨定之，事详诸史本传中。其大功亦在抚赣时露布奏闻，左右嬖人多弗悦，抑其功。大驾南巡，守仁至京口，上谒求见，弗得。改命巡抚江西。世宗入继大统，诏录其功，又有中沮者，遂乞归省父华于会稽。后论封新建伯，就家起之，总督两广，平积寇。议礼诸臣多方排之。归，度岭，卒于南安舟中，年五十六。隆庆初，加恤赠进为侯，赐谥文成。

文成公之学，以致良知为宗。在赣虽军旅抢攘，而讲学不废，四方从游日众。江西及门士最知名者，泰和欧阳德，安福邹守益、刘文敏，于赣则雩都何性之、黄弘纲。南康及雩都之罗岩，皆其讲学处。万历初，从祀圣庙。

何乔远曰：阳明先生以致知为致本心之良知，有宋吕氏已有是说，而朱学辟之，其旨诚不知于《大学》何如？孟子曰凡有四端于我，扩而充之，其近之欤。若其俶傥权谲，以之蹈险出危。孔子所谓作《易》者，其有忧患乎。至夫招朋讲学，虽在兵间，倥偬不废。临成败，晏然无所惧喜，可谓加齐卿相不以动心，所谓豪杰之士耶。

康熙《赣州府志》卷32《统辖名宦》第11—14页

卷62《兵寇》

正德间，三浰贼池仲容作乱。浰水在龙南、龙川之交，境崇山绝壑，啸聚之区也。仲容与弟仲安、仲宁皆虓猛善斗，负故称雄。信丰、龙南、安远、会昌累受荼毒。仲容有幻术，急则遁形水草中，名为"插青"。以故剿之不克，抚之不从，当事者无知如何。十二年丁丑，提督南赣王公守仁，庶知贼善遁，计欲生致之。将征横水，告谕三浰，籍其五百人为兵。再征桶冈，则令仲安领所部把截上新地。及二巢破，仲容惧，严为备御。守仁使人觇之，则曰："备仇非□官兵。仇者，龙川归顺民卢珂、郑志高，不为贼胁者也。"及珂、志高来告仲容胁诈不逞状。守仁阳怒，械击之，而阴谕以欲诱致仲容之意，使潜集兵以待。乃下令城中，今大征已毕，宜散兵息民，张灯高会为乐。令仲安亦率众归，助兄守御，以防卢、郑。仲安归，具言其故，贼众喜。已，又遣人颁历三浰，犒以牛酒。因说仲容曰："官府待汝厚，何不亲往谢？"仲容不虞，遂来见。守仁抚慰之，馆之祥符宫，供具整洁华赡。贼大喜过望，逾日辞归，守仁从容留之度岁观灯，贼众欣然忘返。所属官僚以次宴犒，馆伴与贼相狎者又私饭仲容于娼家。既连日夜矣，则令二三力士阑入，假使酒而与仲容争，因殴伤其目。里甲告急，守仁问故，阳怒，杖酒徒而语仲容："本留汝过元宵，今若此，当听早回矣。"明日，令医疗其目，密用药医之，毋使得插青遁也。值元旦，令有司以次日大飨仲容，潜伏甲士数百人。贼众入院，盛张鼓乐，不闻人声。凿银分历，贼受赏，两手不胜，复以花红绊系，乃劳之酒，三叩头出，甲士尽蹙之门外。既毕，日未晡也。初七日，率兵诣浰，诸哨已集，捣其巢。三月班师，奏立和平县。

康熙《赣州府志》卷 62《兵寇》第 13—14 页

卷 65《古迹》

龙南玉石岩，下向建阁，藏宋太宗赐书一百二十卷，寺曰"玉迹"。治平间赐额曰"普和"，今久废。岩后大窦通天，王文成公平龙川浰头诸贼，班师憩此，题曰"阳明小洞天"。又勒五言诗于石，又作《平南记》，刻岩壁。丰功伟绩，嵯峨山岫间，俨然铜柱矣。

康熙《赣州府志》卷 65《古迹》第 15—16 页

卷 68《奏疏》

议夹剿方略疏 正德十二年九月十五日

据江西岭北道副使杨璋呈，"奉臣案验，准兵部咨，该巡抚湖广都御史秦金题为紧急贼情事，备行计处兵粮，约会三省，将上犹县等处贼巢，克期九月中进剿等因，遵依。随将本道兵粮事宜计呈本院转达奏闻定夺外，随据南安府上犹、大庾等县申称贼势猖獗，乞要早为扑剿等因，已经呈蒙本院密授方略，行委知府季敩、县丞舒富等领兵分剿。生擒贼从、贼徒，斩获贼首级，杀死、烧死贼众，捣破贼巢，俘获贼属等情，通经呈报。又蒙本院虑贼必将乘间复出，行委知府季敩、指挥来春等统兵屯南安，指挥姚玺、县丞舒富统兵屯上犹，指挥谢昶、千户林节统兵屯南康，各于要害去处往来防剿。至七月二十五日，贼首谢志珊果复统众一千五百余徒，攻打南安府城。各官督兵迎敌，生擒贼犯杨銮等七名，斩获首级四十五颗，贼众大败而去。八月二十五日，贼首谢志珊又统领二千余徒，复来攻打南安府城。各官督兵迎敌，生擒贼犯龙正等四十二名，斩获首级一百五十七颗，贼又大败而去。即今贼势少挫，若乘此机会直捣其巢，旬月之间，可期扫荡。但闻湖广之兵既已齐集，而广东因府江班师未久，复调狼兵，未有定期。谨按地图：江西之南安有上犹、大庾、桶冈等处贼巢，与湖广桂东、桂阳接境；夹攻之举，止该江西与湖广会合，而广东止于仁化县要害把截，夹攻不与焉。赣州之龙南有浰头贼巢，与广东龙川接境；夹攻之举，止该江西与广东会合，而湖广不与焉。广东乐昌、乳源贼巢，与湖广宜章县接境，惠州贼巢，与湖广临武县接境，仁化县贼巢，与湖广桂阳县接境；夹攻之举，止该湖广、广东二省会合，而江西止于大庾县要害把截，夹攻不与焉。名虽三省大举，其实自有先后，举动次第，不相妨碍。若必待三省之兵齐集然后进剿，则劳师废财，为害匪细。合将前项事宜约会三省，以次渐举，庶兵力不竭，粮饷可省"等因，据呈到臣。

看得三省贼巢，连络千里，虽声势相因，而其间亦自有种类之分、界限之隔。利则争趋，患不相顾，乃其性习。诚使三省之兵皆已齐备，约会并进，夫岂不善？但今广东狼兵方自府江班师而归，欲复调集，恐非旬月所能。两省之兵既集，久顿而不进，劳师费财，意外之虞，乘间而起。诚使先合湖广、江西之兵，并力而举上犹诸贼，逮事之毕，广东之兵亦且集矣；则又合湖广、广东之兵，并力而举乐昌诸处，逮事之毕，江西之兵又得以少息矣；则又合广东、江西之兵，并力而举龙川。方其并力于上犹，则姑遣人佯抚乐昌诸贼，以安其心。彼见广东既未有备，而湖广之兵又不及己，苟幸旦夕之生，必不敢越界以援上犹。及夫上犹既举，而湖广移兵以合广东，则乐昌诸贼，其势已孤。二省兵力益专，其举之益易。当是之时，龙川贼巢相去辽绝，自以为风马牛不相及，彼见江西之兵又撤，意必不疑。班师之日，出其不意，回军合击，蔑有不济者矣。臣窃以为因地之宜，先后合击之便，除臣遵照兵部咨来题奉钦依，会兵征剿，亦听随宜会议施行事理。已将前项事宜移咨广东、湖广总督、巡抚等官知会。一面相机行事外，缘系地方紧急贼情事理，为此具本题知。

康熙《赣州府志》卷68《奏疏》第12—14页

卷 75《明诗》

回军龙南,小憩玉石岩,双洞奇绝,徘徊不忍去,因寓以"阳明小洞天"之号,兼留此作

甲马新从鸟道回,览奇还更陟崔嵬。寇平渐喜流移复,春暖兼欣农务开。两窦高明行日月,九关深黑闭风雷。投簪最好支筇地,恋土犹怀旧钓台。

康熙《赣州府志》卷 75《明诗》第 28 页

乾隆《赣州府志》

乾隆四十七年重修《赣州府志》,[清]朱扆等修,[清]林有席等纂,国家图书馆藏。

卷 4《山川志·山》

玉石岩,在县治五里。山岸两峰峻峙,岩洞广数十丈,旁有巨人足迹。宋太宗赐书百二十卷,依岩建阁藏之,后毁于兵。下有玉迹寺,治平间赐额"普和",久废。万历甲戌,邑令王继孝构亭建坊,匾曰"天开图画",曰"玉岩胜景"。集宋元明诗文一卷,名《玉岩志》。

王守仁平浰回军,小憩玉石岩。诗云:

甲马新从鸟道回,揽奇还更陟崔嵬。寇平渐喜流移复,春暖兼欣农务开。两窦高明行日月,九关深黑闭风雷。投簪正好支筇地,恋土犹怀旧钓台。

洞府人寰此最佳,当年空自费青鞋。麾幢旖旎悬仙仗,台殿高低接纬阶。天巧固应非斧凿,化工无乃太安排。欲将点瑟携童冠,揽就春云结小斋。

处处人缘山上巅,夜深风雨不能前。山林丛郁休瞻日,云树弥漫不见天。猿叫一声倾耳听,龙泉三尺在腰悬。此行谩说多辛苦,也得随时草上眠。

阳明山人旧有居,此地阳明景不如。但在乾坤皆逆旅,曾留信宿即吾庐。行窝已许人先号,别洞何妨我借书。他日巾车还旧隐,应怀兹土复乡闾。

春山随处款归程，古洞幽虚道意生。涧壑风泉时远近，石门萝月自分明。林僧住近炊遗火，野老忘机席罢争。习静未缘成久歇，却惭尘土逐浮名。

下岩与上岩联络，北折里许，至岩门，宽九尺余，曰"玉虚岩"。左一窦，俯平畴。知县文程筑省耕台，今废。洞左宏敞，右稍逼，两旁有石柱支撑，折而登平台，如仰，岩形似陶甓。上有巨牖，员阔二三丈许，前有石钟、云版，飞石击之，有声。大士小像悬置中壁，循半为鞠躬门，明知府邢珣开凿也。内有狻猊、巨象及惊蛇挂壁，皆极形肖。岩尽为龙井，井上有一线天。明都御史王守仁征浰旋师，憩息岩中，悬壁勒"阳明小洞天"数字，又镌《平浰记》于上。

（国朝）倪长犀《阳明小洞天》诗云：文成百战纪丰功，凿字生金此洞中。见辟云霞开户牖，亲移日月照幽蒙。清音四壁闻钟鼓，海气千寻饮蟛蛛。幸是干戈犹偃息，后时游赏与公同。

新岩与下岩连，从玉虚洞门右折而上，岩中石柱、石鼎、石台、石凳等，玲珑窈窱。玉峰山庵在玉虚岩下。

乾隆《赣州府志》卷4《山川志·山·龙南山》第30—35页

卷10《山川志·古迹》

阳明小洞天，在龙南玉石岩下，王守仁平龙川浰头，班师憩此，题曰"阳明小洞天"。勒五言诗于石，又书《平南浰碑》，刻于岩壁。

按：阳明小洞天，《省志》两载，一在赣县通天岩，一在龙南玉石岩，盖沿《名胜志》之误也。

王阳明手书《大学·圣经章》石本旧碑七，上员下方，立赣县学中，兵燹后不知所在。雍正间，府学教授赵兴鸿得其片石，归之县学，近亦亡，尚有存其搨本者。

乾隆《赣州府志》卷10《山川志·古迹·明》第6页

卷 11《建置志·城池》

龙南县城，宋隆兴元年癸未，县令段秀实始作土城。高一丈，围三百五十丈。东北滨河，西南浚濠长四百二十丈，阔一丈，深半之。建四门，北门后塞。明洪武十五年壬戌，寇圮。成化改元乙酉，巡按陈选檄知县谢泽课民陶甓为城，高一丈五尺，广一丈二尺，围四百二十丈，为雉堞七百五十有奇。建城楼三座，旧塞北门上亦建楼，曰"望江"，后废。宏治元年戊申，复圮，知府李珵葺治，建警铺二十二间以居防守者。浚濠，设三石闸以潴水。二年己酉，知县张文增建警铺三间。正德七年壬申，山贼徐元富扰境，通判徐珪增筑加高五尺。九年甲戌，东门楼圮，知县李聪重建。十三年戊寅春，城圮二十余丈，署县事推官危寿白都御史王守仁、知府邢珣，给官帑重修。嘉靖三年甲申，主簿苏珪再修。九年庚寅，城圮过半。十年辛卯，都御史陶谐命同知伍佐甃完。万历三年乙亥，知县王继孝重加修治，周四里，有两百武，高视旧加三尺，广视高城五之一，雉堞铺舍如旧。崇正九年丙子，都御史潘曾纮命署县谭心学扩城垣近千丈，周六里余，高二丈有奇，雉堞九百余。门六，东曰"拱翠"，东北曰"朝阳"，南曰"昭华"，正南曰"向明"，西曰"西成"，西北曰"镇安"。十三年庚辰，知县卓震增高四之一。

国朝顺治三年丙戌，知县吕应夏因昭华门外寇警，浚濠深四尺，广四之。循城横过一百数十丈，直达西河。五年戊子，流贼破城，六门俱毁。七年庚寅，知县贾程谊修葺。十三年丙申，朝阳门火。十六年己亥，知县高光国重建。十八年辛丑，又建"护龙台"于北城。城内外水皆汇于朝阳门左右，闸洩于渥江。康熙三十三年甲戌，城圮过半，知县郑世逢修。五十九年庚子，又圮，知县徐上修复，易护龙台曰"镇龙"。

乾隆《赣州府志》卷11《建置志·城池·龙南城池》第35—36页

卷 14《庙祀》

银山庙，在太平保，初建于元末，明洪武四年辛亥重修。水旱灾疫，祈祷即应。都御史王守仁征三浰，神颇显灵。书额曰"护国灵祠"，今犹存。

王阳明祠，在忠节祠左。

乾隆《赣州府志》卷 14《庙祀》第 33 页

卷 16《学校志·会昌至定南》

缪《记》云：学校之设，尚矣。昉于唐虞而盛于三代，至汉、唐、宋因革迭乘，而治效基之。我太祖高皇帝建国之初，首诏天下郡邑，申明学制，立庙以祀先师孔子，配以门弟子暨后儒有功斯道者，咸秩从祀。其一切僭经叛道者黜之，崇正学也。是以百五十余年，真儒效用，猗欤休哉！

龙南庙学建自宋元祐间，但近迫城南，兼以湫隘。成化辛卯，始徙于县治之西，为左庙右学之制。岁久湮汩，栋宇不支。正德丙子，铭由宜春承乏掌教事，大惧无以妥圣贤而风士习，亟会诸生议，请允执政。越二年，戊寅正月，都宪王公守仁、宪副杨公璋、郡守邢公珣，提兵征浰至邑。三月奏凯，献俘于庙。既而都宪王公顾瞻慨叹曰："庙祀弗虔，教基弗妥，郡有司之咎，典教者之责也。咨汝邪，惟财用是资。"逾日，果罚干纪者金几百锾贮县治，曰："木石工需，坐是以给。"谕缪铭总其事，稽其盈缩以告。命邑士李淳、月华曰："汝夙夜劳王事，主廪饩，务称功能，罔或不经，不经有罚。"铭等受命唯谨。而司训彭君智续至，亦协勤止。乃崇筑阙基，撤旧更新，相宜树表。唯是为大成殿，为庑，为戟门；其后也，为明伦堂，为斋；其前也，为棂星门，为儒学门；又唯是为藏书库，为馔堂，为生徒舍宇；仍其右，为学职之廨三区；仍其左，为观德亭。垣墉关键，式考其制。经始于己卯正月，越八月而功就绪。会县尹蒋侯玮来任，首塑圣像，并四配十哲，余皆以次卒工。判府文公运，主簿方君侃、苏君珪，典史沈君旋，皆相继赞理，与有力焉。

敬卜日告成，已而诸生谒曰："庙堂之新，先生作之，诸君子成之，提督学政周公广闻而喜之。是役也，不可无纪。先生为邑太史，无多让。"因敢僭言曰："二三子其知庙学之以新乎？群材杰工，以斫以削，大之为栋梁，小之为榱桷，涂而为质，绘而为文，积之累之，工用乃成。夫学，亦犹是也。孔子之道，载诸六经。仁、义、礼、知其性，恻隐、羞恶、辞让、是非其情，君臣、父子、夫妇、长幼、朋友其伦，文、行、忠、信其教，炳如也。虽先王之世，师之所以教，弟子之所以学也，以是固无甚异于人，而古今迥不相类者，岂道远乎哉？人自离之耳。今之学者，诚能由其教以书其伦，验其情以率其性，则孔子之道将不在六经，而在吾之一心。由是而质之，以古今人物之贤以按其行事，存之而为德行，发之而为文章，举而措之天下，则为正大光明之业。固无施而不准，不犹所谓'群材斫削，栋梁榱桷'之谓乎？诸生适际新庙学之会，而皆有自新新民之志，故敢以孔子之道进之庸风。汝邑之来者，使徒侈庙堂之言言，衣冠之济济，趋末学以徼功利，则非铭之所知，亦非国家建学之初意。汝诸生其图之。"

乾隆《赣州府志》卷16《学校志·会昌至定南·龙南学校》第16—18页

卷26《军政志·武事》

十二年丁丑春三月，南赣巡抚王守仁调三省兵，攻信丰、龙南流贼，连败之。贼突至信丰，守仁令乘险设伏，厚集以待之。乃潜兵往径道夹攻，贼奔溃，于象湖山拒守。又潜捣其巢穴，大败之，贼复溃，入流恩、山冈等巢，寻遁去。秋七月，守仁请提督军务，许之（《明史纪事》）。

是年二月，龙南反招贼首黄秀魁，纠合广东龙川县浰头池大鬓（即仲容）、大安、大昇（谢《志》作仲安、仲宁）等共为一阵，贼首黄金巢自为一阵，势甚猖獗。副使杨璋差义民萧承往抚，贼返原巢。又委百长王受等同已招贼首黄秀玑往安远，截捕流贼赖振禄等。行至湖江背，秀玑反招，令伊弟大满、细满等烧毁刘必甫房屋，仍与振禄连谋行劫。受督率兵快于黎坑、磜下，杀获黄秀玑、大满、细满、积瑜首级四颗。

四月，池大鬓同贼首黄秀魁、陈秀显等纠众四百余，打劫千长何甫等家。王受率兵夫于陈坑水交锋，杀获首从贼人陈秀显等一十二颗，余贼遁归巢（《王文成全书》）。

十一月，王守仁平桶冈寨。还至赣州，议讨浰头贼。初，守仁之平詹师富也，龙川贼卢珂、郑志高、陈英请降。及征横水、浰头，贼将黄金巢亦以五百人降，独池仲容未下。横水破，仲容始遣弟仲安来归，而严为战守备。守仁劳以牛酒，问故，仲容诡言珂、志高吾仇也，将袭我，故为备。守仁佯杖击珂等，阴使珂弟集兵以待，遂下令散兵。岁首，大张灯乐。十三年戊寅春正月，赐仲容以新历，诱入谢。仲容率九十三人营教场，自以数人入谒。守仁呵之曰："若皆吾民，屯于外，疑我乎？"悉引入祥符宫，厚饮食之。贼大喜过望，守仁密进兵，留仲容观灯乐。正月三日大享，伏甲士于门外，诸贼入，以次擒戮之。自将抵贼巢，连破上、中、下三浰，斩酋二千有奇，余贼奔九连山，官军进击，擒斩无遗。乃于下浰立和平县，置戍而归，自是境内大定（《明史·王守仁传》）。

龙南、龙川之交，有三浰水，渠魁池仲容巢穴也。有幻术，急则遁形水草，名为"插青"。正德丁丑，王阳明既平横水、桶冈，遂计诱之观灯，使人与之格斗，伤其目，因医翳其瞳子，捣其巢穴而尽歼之（《名胜志》）。

乾隆《赣州府志》卷26《军政志·武事》第22—23页

卷31《人物志》

月华，龙南人，郡廪生。少以经学著名，后从王守仁为良知之学。归，日坐一室，超然默悟，学者宗之。守仁平浰头回军，驻邑中，有议欲缮修庙学，嘱华经理，捐多金助之（参《龙南志》）。

乾隆《赣州府志》卷31《人物志·儒林》第7页

卷 39《艺文志·诗》

还赣 王守仁

积雨于都道，山途喜乍晴。溪流迟渡马，冈树隐前旌。野屋多移灶，穷苗尚阻兵。迎趋勤父老，无补愧巡行。

茶寮纪事

万壑风泉秋正哀，四山云雾晚初开。不因王事兼程入，安得间行向此来？登陟未妨安石兴，纵擒徒羡孔明才。乞身已拟旋师日，归扫溪边旧钓台。

平崶回军

处处山田尽入畲，可怜黎庶半无家。兴师正为民痍甚，涉险宁辞鸟道斜。胜势真如瓴水建，先声不碍岭云遮。穷巢容有遭驱胁，尚恐兵锋或滥加。

乾隆《赣州府志》卷 39《艺文志·诗·明诗》第 38—39 页

卷 41《艺文志·奏疏》

议夹剿方略疏

据江西岭北道副使杨璋呈，"奉臣案验，准兵部咨，该巡抚湖广都御史秦金题为紧急贼情事，备行计处兵粮，约会三省，将上犹县等处贼巢克期九月中进剿等因，遵依。随将本道兵粮事宜计呈本院转达奏闻定夺外，随据南安府上犹、大庾等县申称贼势猖獗，乞要早为扑剿等因，已经呈蒙本院密授方略，行委知府季敩、县丞舒富等领兵分剿。生擒首从、贼徒，斩获贼级，杀死、烧死贼众，捣破贼巢，俘获贼属等情，通经呈报。又蒙本院虑贼必将乘间复出，行委知府季敩、指挥来春等统兵屯南安，指挥姚玺、县丞舒富统兵屯上犹，指挥谢昶、千户林节统兵屯南康，各于要害去处往来防剿。至七月二十五日，贼首谢志珊果复统众一千五百余徒，攻打南安府城。各官督兵迎敌，生擒贼犯杨銮等七名，斩获首级四十五颗，贼众大败而去。八月二十五日，贼首谢志珊又统领二千余徒，复来攻打南安府城。各官督兵迎敌，生擒贼犯龙正等四十二名，斩获首级一百五十七颗，贼又大败而去。即今贼势少挫，若乘此机会直捣其巢，旬月之间，可期扫荡。但闻湖广之兵既已齐集，而广东因府江班师未久，复调狼兵，未有定期。谨按地图：江西之南安有上犹、大庾、桶冈等处贼巢，与湖广桂东、桂阳接境；夹攻之举，止该江西与湖广会合，而广东止于仁化县要害把截，夹攻不与焉。赣州之龙南有浰头贼巢，与广东龙川接境；夹攻之举，止该江西与广东会合，而湖广不与焉。广东乐昌、乳源贼巢，与湖广宜章县接境，惠州贼巢，与湖广临武县接境，仁化县贼巢，与湖广桂阳县接境；夹攻之举，止该湖广、广东二省会合，而江西止于大庾县要害把截，夹攻不与焉。名虽三省大举，其实自有先后，举动次第，不相妨碍。若必待三省之兵齐集然后进剿，则劳师废财，为害匪细。合将前项事宜约会三省，以次渐举，庶兵力不竭，粮饷可省"等因，据呈到臣。

看得三省贼巢，连络千里，虽声势相因，而其间亦自有种类之分、界限之隔。利则争趋，患不相顾，乃其性习。诚使三省之兵皆已齐备，约会并进，夫岂不善？但今广东狼兵方自府江班师而归，欲复调集，恐非旬月所能。两省之兵既集，久顿而不进，劳师费财，意外之虞，乘间而起。诚使先合湖广、江西之兵，并力而举上犹诸贼，逮事之毕，广东之兵亦且集矣；则又合湖广、广东之兵，并力而举乐昌诸处，逮事之毕，江西之兵又得以少息矣；则又合广东、江西之兵，并力而举龙川。方其并力于上犹，则姑遣人佯抚乐昌诸贼，以安其心。彼见广东既未有备，而湖广之兵又不及己，苟幸旦夕之生，必不敢越界以援上犹。及夫上犹既举，而湖广移兵以合广东，则乐昌诸贼，其势已孤。二省兵力益专，其举之益易。当是之时，龙川贼巢相去辽绝，自以为风马牛不相及，彼见江西之兵又撤，意必不疑。班师之日，出其不意，回军合击，蔑有不济者矣。臣窃以为因地之宜，先后合击之便，除臣遵照兵部咨来题奉钦依，会兵征剿，亦听随宜会议施行事理。已将前项事宜移咨广东、湖广总督、巡抚等官知会，一面相机行事外，缘系地方紧急贼情事理，为此具本题知。

乾隆《赣州府志》卷41《艺文志·奏疏》第13—15页

卷42《艺文志·记》

平浰碑

四省之寇，惟浰尤黠，拟官僭号，潜图孔亟。正德丁丑冬，崶、瑶既殄，益机险阱毒，以虞王师。我乃休士归农以缓之。戊寅正月癸卯，计擒其魁，遂进兵击其懈。丁未，破三浰，乘胜追北。大小三十余战，灭巢三十有八，俘斩三千余。三月丁未，回军，壶浆迎道，耕父遍野，父老咸欢。农器不陈，于今五年。复我常业，还我家室，伊谁之力？赫赫皇威，匪威曷凭？爰伐山石，用纪厥成。

乾隆《赣州府志》卷42《艺文志·记》第22页

平浰记 费宏

惠之龙川，北抵赣，其山谷贼巢，亡虑数百，而浰头最大。浰之贼肆恶以毒吾民者，亡虑数千，而池仲容最著。仲容之放兵四劫，亡虑数十年，而龙川、翁源、始兴、龙南、信丰、安远、会昌以迩贼巢，受毒最数。

正德丁丑之春，信丰复告急于巡抚都御史王公伯安。召诸县苦贼者数十人，问何以攻之。皆谓非多集狼兵弗济，又谓狼兵亦尝再用矣，竟以招而后定。公曰："盗以招蔓，此顷年大弊也，吾方惩之，且兵无常势，奚必狼而后济耶？若等能为吾用，独非兵乎？"乃与巡按御史屠君安卿、毛君鸣冈合疏以剿请，又请重兵权、肃军法，以一士心。诏加公提督军务，赐之旗牌，听以便宜区画，惟功之有成，不限以时。

时横水、桶冈盗亦起，而视浰为急。公议先攻二峒，乃会兵以图浰。凡军中筹画，多咨之兵备副使杨君廷宜，请汰诸县机兵，而以其佣募新民之任战者，取赎金、储谷、盐课以饷之，而兵与食足焉。

二峒之攻，虑仲容乘虚以扰我也，谋伐其交，使辨士周祥等谕其党黄金巢等，得降者五百人，籍以为兵。仲容独愤不从。冬初，闻横水破，始惧，使弟仲安率老弱三百人来，图缓兵且我觇也。公阳许之，使据上新地以遏桶冈之贼，而实迟其归图。

阅月，仲容闻桶冈破，益惧，为备益严。公使以牛酒饷之，贼度不可隐，则曰："卢珂、郑志高、陈英，吾仇也，恐其见袭而备之耳。"珂等皆龙川归顺之民，有众三千，仲容胁之不可，故深仇之。公方欲以计生致仲容，乃阳檄龙川卢珂等构兵之实，若甚怒焉。趣浰刊木，且假道以诛珂党。十二月望，珂等各来告仲容必反。公复怒其诬构，叱收之，阴谕意向，使遣人先归集众。

待兵还自桶冈，公合乐大飨，散之归农，示不复用。使仲安亦领众归。又遣指挥余恩谕仲容毋撤备以防珂党。仲容亦喜，前所遣辩士因说之亲诣公谢，且曰："往则我公信尔无他，而诛珂等必矣。"仲容然之，率四十人来见。公闻其就道也，密饬诸县勒兵分哨。又使千户孟俊伪持一檄经浰巢，宣言将拘珂党，实督集其兵也。贼导俊出境，不复疑。

闰十二月下弦，仲容既至赣，是夕释珂等驰归。縻仲容，令官属以次飨犒。明年正月癸卯朏，公度诸兵已集，引仲容入，并其党擒之。出珂等所告，讯鞫具伏，亟使人约诸兵入巢。

越四日丁未，同时并进：其军于龙川者，惠州知府陈祥率通判徐玑等从和平都入，指挥姚玺率新民梅南春等从乌龙镇入，孟俊率珂等从平地水入。军于龙南者，赣州知府邢珣率同知夏克义、知县王天与等从太平堡入，推官危寿率义民叶芳等从南平入，守备指挥郑文率义官孙舜洪等从冷水迳入，余恩率百长王受等，从高砂堡入。军于信丰者，南安知府季斅率训导蓝铎等从黄田冈入，县丞舒富率义民赵志标等从乌迳入。公自率中坚督文捣下浰大巢，副使君督余哨会于三浰。贼党自仲容至赣，备已弛矣，至是闻官兵骤入，皆惊失措。乃分投出御，而悉其精锐千余迎敌于龙子岭。我兵列为三冲，犄角而前。恩以受兵首与贼战，却之。奋追里许，贼伏四起，击受后。寿乃以芳兵鼓噪往援，俊复以珂等兵从旁冲击，呼声震山谷，贼大败而溃。遂并上、中二浰克之。各哨兵乘胜奋击，是日，遂破巢十一：曰热水，曰五花障，曰淡方，曰石门，曰上下陵，曰芳竹湖，曰白沙，曰曲潭，曰赤塘，曰古坑，曰三坑。

明日，探贼所奔，分道急击。己酉，破巢凡六：曰铁石障，曰羊角山，曰黄田坳，曰岭冈，曰塘舍冈，曰尾溪。庚戌，破巢凡二：曰大门山，曰镇里寨。辛亥，破巢凡九：曰中村，曰半迳，曰都坑，曰尺八岭，曰新迳，曰古地，曰空背，曰旗岭，曰顿冈。癸丑，破巢凡四：曰狗脚坳，曰水晶洞，曰五洞，曰蓝洲。丙辰，破巢凡二：曰风盘，曰茶山。

其奔者尚八百余徒，聚于九连山，山峻而袤广，与龙门山后诸巢接。公虑以兵进迫，其势必合，合难制矣。乃选锐士七百余人，衣所得贼衣，若溃而奔，取贼所据崖下间道乘暮而入。贼以为其党也，从崖下招呼，我兵亦佯与和应，已度险，扼其后路。明日贼始觉，并力来敌，我兵从高临下，击败之。公度其必溃也，预戒各哨设伏以待。乙丑，覆之于五花障，于中村，于北山，于风门坳。

分逃余孽尚三百余徒，各哨乃会兵追之。二月辛未，复与战于和平。甲戌，战于上坪、下坪。丁丑，战于黄田坳。辛巳，战于铁障山。癸未，战于乾村，于梨树。乙酉，战于劣竹。壬辰，战于百顺，于和洞。乙未，战于水源，于长吉，于天堂寨。谍报各巢之稔恶者盖几尽矣，惟胁从二百余徒聚九连谷山，呼号乞降。公遣珣往抚之，籍其名，处之白沙。

公率副使君乃即祥应和平，相其险易，经理立县设隘，庶几永宁，遂班师而归，盖戊寅三月丁未也。凡所捣贼巢三十八，所擒斩贼首二十九人，中酋三十八人，从贼二千六十八人，俘贼属男妇八百九十人，卤获马牛器仗称是。是役也，以力则兵仅数百，以时则旬仅六浃，遂能灭此凶狡稽诛之寇，以除三徽数十年之大患，其功伟矣。

捷闻，有诏褒赏，官公之子世锦衣百户，副使君加俸一秩。于是邢侯、夏侯、危侯偕通判文侯运、吴侯昌，谓"公兹举足以威不轨而昭文德，不可以无传也"，使人自赣来请余书其事。

嗟乎！佳兵者不祥之器，王公用儒者谟谋之概，而乃躬擐甲胄，率先将士，下上山谷，与死寇角胜争利，出于万死。而公平日岂习杀伐之事而贪取摧陷之功以为快哉？顾盗之与民，不容并育，譬则莠骄害稼，而养之弗耘，纵虎狼之狂噬而听孳牧之衰耗，此不仁者所不忍为，而公亦必不以不仁自处也。公之心，予知之，公之功则播之天下，传之后世，何俟于予之书之也。然而，人知渠魁之坐缚，凶孽之荡平，以为成功如此其易，而不知公之筹虑如此其密，建请如此其忠。上之所以委任如此其专，副使君之所赞佐如此其勤，文武将吏之所以奔走御侮如此其劳，而功之成所以如此其不易，是则不可以不书也。予故为备书之，以昭示赣人，庶其无忘，且有考焉。

乾隆《赣州府志》卷42《艺文志·记》第22—26页

卷43《艺文志·铭》《艺文志·告谕》

铭王文成公平浰碑 徐上

在明中叶，虔贼大起。浰实桀尤，峯瑶互倚。嗟我龙人，与祸为邻。不渊而溺，不燎以焚。公初命讨，横冈耀戈。三酋既殄，浰水始徂。始宣公谕，盍即我抚。不以师征，乃大宥汝。惟浰黠贼，佯诺惠来。瞰公驰备，谒公不猜。公敛神武，默运奇计。擒歼渠魁，声色不试。移师东指，往犁其巢。草雉兽狝，无俾遁逃。三浰克捷，遂吞九连。并寨三十，俘获数千。公曰已哉，予其勿杀。请吏于朝，新邑是辖。闉闍振振，于龙之郊。公行勿亟，岩石逍遥。壶浆道迎，倾我闾左。我耕我贾，公则活我。先时惮浰，门关不开。自公出师，龙无虎豺。方浰孔棘，室家不即。公凯而旋，帖然衽席。凡此征浰，功崇孰先。荆扬久厘，不宁惠虔。公本大儒，精研圣学。仁者之勇，一何卓荦。削平僭逆，反正乘与。溯公多绩，匪奠一隅。世往风微，思公未艾。公不敉宁，先民曷赖。有庙翼翼，有碑嵌入式峨峨。石可勒也，公施不磨。

乾隆《赣州府志》卷43《艺文志·书后》第32页、《艺文志·铭》第34页

谕龙南乡约一章

咨尔民，昔人有言：蓬生麻中，不扶而直；白沙在泥，不染而黑。民俗之善恶，岂不由于积习使然哉？往者新民盖尝弃其宗族，叛其乡里，四出而为暴，岂独其性之异，其人之罪哉？亦由我有司治之无道，教之无方。尔父老子弟所以训诲戒饬于家庭者不早，薰陶渐染于里闬者无素，诱掖奖劝之不行，联属协和之无具，又或愤怨相激，狡伪相残，故遂使之靡然日流于恶，则我有司与尔父老子弟皆宜分受其责。呜呼！往者不可及，来者犹可追。

故今特为乡约，以协和尔民。自今凡尔同约之民，皆宜孝尔父母，敬尔兄长，教训尔子孙，和顺尔乡里；死丧相助，患难相恤，善相劝勉，恶相告戒；息讼罢争，讲信修睦；务为良善之民，共成仁厚之俗。呜呼！人虽至愚，责人则明；虽有聪明，责己则昏。尔等父老子弟，毋念新民之旧恶而不与其善，彼一念而善，即善人矣；毋自恃为良民而不修其身，尔一念而恶，即恶人矣。人之善恶，由于一念之间。尔等慎思吾言，毋忽！

乾隆《赣州府志》卷43《艺文志·说》第33页、《艺文志·告谕》第35页

（本书编者注：分处二页，刊本错误）

告谕龙南一章

百姓风俗不美，乱所由兴。今民穷苦已甚，而又竞为奢侈，岂不重自困乏？夫民习染既久，亦难一旦尽变，吾姑就其易改者，渐次诲尔：

今后尔民居丧，不得用鼓乐、为佛事。竭赀分帛，费财于无用之地，而俭于其亲之身，投诸水火，亦独何心。病者皆宜求医药，不得听信邪术，专事巫祷。嫁娶之家，丰俭称资，不得计论聘财妆奁，不得大会宾客，酒食连朝。亲戚岁时相问，惟贵诚心实礼，不得徒饰虚文，为送节等名目，奢靡相尚。街市村坊，不得迎神赛会，百十成群。凡此皆靡费无益。有不率教者，十家牌邻互相纠察。容隐不举正者，十家均罪。

尔民之中岂无忠信循理之人？顾一齐众楚，寡不胜众，不知违弃礼法

之可耻，而惟虑市井小人之非笑。此亦岂独尔民之罪？有司者教道之不明与有责焉。至于孝亲敬长、守身奉法、讲信修睦、息讼罢争之类，已尝屡有告示，谆切开谕。尔民其听吾诲，毋怠！

乾隆《赣州府志》卷43《艺文志·告谕》第35—36页

卷44《杂志》

王文成征三浰，过龙南银山庙，神忽降言，有"我助都堂三早霜"之句。时暑月兴师，因戒军士具棉絮，抵巢而霜降，贼悉就擒。

王阳明槎至南安、赣州，士民远近拥哭，御史储良材以下凡百有位，市儿巷妇哭而送者载道，风逆，不可以舟，良材抚之。曰："先生有怀耶，越中子弟、门人待有日矣。"须臾，返风顺行。

乾隆《赣州府志》卷44《杂志》第33页

道光《赣州府志》

道光二十八年《赣州府志》，[清] 李本仁修，[清] 陈观酉等纂，台北，台湾成文出版社影印本，1989年。

卷2《舆地志·疆域》

龙南县，广一百八十里，袤一百三十五里，东界关西程岭，五十里距定南县界（《县志》云：旧《府志》东界定南关西程岭五十里。考程岭，虽与定南共之，关西则隶龙南之里仁堡。《定南志》亦云：程岭在横江堡，厅之西北界外，即龙南关西之地。如《府志》，则以关西属定南，疆域淆矣）。南界广东连平州白沙分水坳一百一十里。西界广东始兴县峡头岭一百三十里。北界信丰县青龙髻二十五里。东北界信丰县曹岭三十里。东南至上蒙堡汶龙佛子坳，六十里距定南厅界。西南界广东翁源县冬桃岭一百五十里。

西北至洒源犁鼻山，三十五里距信丰县界。自县至府三百二十里。

《县志》论曰：建县以后，虽经并入信丰，不久复置。若割地以建他邑，仅一见于隆庆初之置定南县，外此未有闻也。按：正德十三年，王文成请添设广东和平县治。其时，副使等集议，谓与江西龙南县邻界，亦析一里前来。嗣以两省地相隔窎远，未免影射差役，两无归者，势不可行，卒寝其议。而徐上《书平浰碑后》乃谓割地以建和平，误矣。至新旧《府志》更谓崇祯九年新建连平州，又割龙南县南境以益之，幅员不复如故。考龙邑之南，旧与广东河源县分水坳接壤，其割置连平州者，乃河源地，非龙南县地。既析之后，分水坳始属连平州，因与连平州壤址相错耳。《府志》所云，未可尽据。

道光《赣州府志》卷2《舆地志·疆域·龙南县》第155—156页

卷3《舆地志·城池》

龙南县城，宋隆兴元年县令段秀实始作土城。高一丈，围三百五十丈，濠深五尺，阔倍之，长四百二十丈。建四门，北门后塞（张《志》）。明洪武十五年，广寇圮。成化元年，巡按陈选檄知县谢泽课民陶甓为城，高一丈五尺，广一丈二尺，围四百二十丈，为雉堞七百五十有奇。建城楼三座，旧塞北门上亦建楼，曰"望江"，后废。宏治元年，闽寇破城，知府李珹署县郭荣华葺治，建警铺二十二间以居防守者，浚濠，设三石闸以潴水。杨拱记（《通志》）。二年，知县张文增修警铺三间。正德七年，山贼徐允富扰境，通判徐珪增高城垣五尺。九年，东门楼圮，知县李聪重建。十三年，雨，城圮二十余丈，署县事推官危寿白都御史王公守仁、知府邢珣，给官帑重修。嘉靖三年，主簿苏珪再修。九年，雨圮过半。十年，都御史陶谐命同知伍佐甃完。万历三年，知县王继孝重修，自为记（《通志》）。周四里，有二百武，加高三尺。崇祯九年，都御史潘曾纮命署县谭心学扩城垣近千丈，周六里余，高二丈有奇，雉堞九百余。门六，东"拱翠"，东北"朝阳",南"昭华",正南"向明",西"西成",西北"镇安"。十三年,知县卓震增高四之一。

国朝顺治三年,知县吕应夏因昭华门外寇警,浚濠深四尺,广四之。循城横过一百数十丈,直达西河。五年,流贼破城,六门俱毁。七年,知县贾程谊修葺。十三年,朝阳门楼火。十六年,知县高光国重建。十八年,又建"护龙台"于北城(张《志》)。城内外水皆汇流于朝阳门左右闸,洩于渥江(旧《志》)。康熙三十三年,大水,城圮过半,知县郑世逢复修(张《志》)。五十九年,大水,又圮,知县徐上复修,易护龙台曰"镇龙"(旧《志》)。嘉庆十四年,朝阳门楼火。二十一年,邑人捐金修复。二十二年,邑人捐修昭华门楼。二十五年,邑人捐修镇安门楼。

道光《赣州府志》卷3《舆地志·城池·龙南县城》第248—251页

卷5《舆地志·山》

弹子石,在县东北二里,孤峙江浒,状若弹丸,石青蒨如染黛。又二里许为玉石岩,有上岩、下岩、新岩,洞广数十丈。旧有玉迹寺,以旁有巨人迹得名。宋太宗赐书百二十卷,建阁藏之,后毁于兵。治平间,赐寺额曰"普和",久废。明万历间,知县王继孝构亭建坊,颜曰"天开图画",曰"玉岩胜景",集宋元明诗文一卷,名《玉岩志》。下岩与上岩联络,北折里许,至岩门,宽九尺余,曰"玉虚岩"。左一窦,俯平畴。知县文程筑"省耕台",今废。洞左宏敞,右稍逼,两旁有石柱支撑。折而登,平台如仰,岩形似陶甃。上有巨牖,员阔二三丈许。前有石钟、云版,飞石击之有声。有小木大士像,悬置中壁。循半为鞠躬门,明知府邢珣开凿也。游者持烛偻而入,深可百十丈,内有狻猊、巨象及惊蛇挂壁,形皆极肖。岩尽为龙井,深不可测,以石投之,音逾时不绝。王守仁征浰旋师,憩息岩中,悬壁勒"阳明小洞天"五字小篆书,又镌《平浰记》于上。玉峰山庵在岩下。从玉虚洞门右折而上,为新岩。岩中石柱、石鼎、石台、石凳等玲珑窈窕,凡六七洞，视二岩尤胜。

明王守仁回军龙南，小憩玉石岩，双洞奇绝，徘徊不忍去，因寓以"阳明小洞天"之号，兼留此作

甲马新从鸟道回，揽奇还更陟崔嵬。寇平渐喜流移复，春暖兼欣农务开。两窦高明行日月，九关深黑闭风雷。投簪正好支筇地，恋土犹怀旧钓台。

洞府人寰此最佳，当年空自费青鞋。麾幢旖旎悬仙仗，台殿高低接纬阶。天巧固应非斧凿，化工无乃太安排。欲将点瑟携童冠，揽就春云结小斋。

处处人缘山上巅，夜深风雨不能前。山林丛郁休瞻日，云树弥漫不见天。猿叫一声耸耳听，龙泉三尺在腰悬。此行漫说多辛苦，也得随时草上眠。

阳明山人旧有居，此地阳明景不如。但在乾坤皆逆旅，曾留信宿即吾庐。行窝已许人先号，别洞何妨我借书。他日巾车还旧隐，应怀兹士复乡闾。

本仁案：窦《志》《县志》载文成《玉石岩诗》五章。及检《阳明集》知"春山随处"一章，乃《再至阳明别洞和邢太守韵》二首之一，前诗实四章也，今为订正。《和邢诗》详《名迹》。

道光《赣州府志》卷5《舆地志·山·龙南县》第419—424页

卷10《舆地志·官廨》

训导署，在文庙右，文成祠后（《县志》）。

道光《赣州府志》卷10《舆地志·官廨·龙南县》第794页

卷15《舆地志·祠庙》

银山庙，在太平保。元末建，明洪武四年修。都御史王守仁征三浰，尝得神祐，文成书"护国灵祠"匾，今犹存（参张《志》、《县志》）。

王阳明祠，在忠节祠左（窦《志》）。

道光《赣州府志》卷15《舆地志·祠庙·龙南县》第1010—1011页

卷18《舆地志·名迹》

观德亭,在县学内,明正德十四年教谕缪铭修学建,王守仁记(《县志》)。

明 王守仁 观德亭记

君子之于射也,内志正,外体直,持弓矢审固,而后可以言中。故古者射以观德。德也者,得之于其心也。君子之学,求以得之于心。故君子之于射,以存其心也。是故躁于其心者,其动妄;荡于其心者,其视浮;歉于其心者,其气馁;忽于其心者,其貌惰;傲于其心者,其色矜。五者,心之不存也。不存也者,不学也。君子之学于射,以存其心也。是故心端则体正,心敬则容肃,心平则气舒,心专则视审,心通故时而理,心纯故让而恪,心宏故胜而不张、负而不驰,七者备,而君子之德成。君子无所不用其学也,于射见之矣。故曰:为人君者,以为君鹄;为人臣者,以为臣鹄;为人父者,以为父鹄;为人子者,以为子鹄。射也者,射己之鹄也。鹄也者,心也。各射己之心也,各得其心而已。故曰:可以观德矣。作《观德亭记》。

道光《赣州府志》卷18《舆地志·名迹·龙南县》第1359—1360页

龙井,在玉石岩鞠躬门内,深不可测,以石投之,音逾时不绝,邑人黄今有记(参张《志》)。

国朝 黄今 玉石岩龙井记

玉石岩龙井,太守邢公珣开凿也。明正德间,王文成平三浰,开玉石岩,颜曰"阳明小洞天"。时邢公亦回军驻龙南,开岩内石壁如小窦,俗称"鞠躬门"。门以内石径空嵌,沿径数十丈,是为龙井。游人持烛偻而入,泥石油滑,上有狻猊、巨象、惊蛇挂壁,又有如犬者,如荷花、荷叶者,皆极形肖。蹑石磴十余级而上,有石如蛙,清泉直滴蛙背。再行数武,始达龙井。井上有一线天,亭午日光射入,仰视如罅,云烟蓬勃,似井中乍起者。投之以石,逾时响犹不断。游人至此,必蹑足凝神,不敢作俯探状。定南人熊某失足入，将及数丈，为横石隔而止，四顾深黑，仿佛间有人告之曰："此仙境，何缘到此？吾掖汝以上。令蹲伏，明日有坠石声，试仰首号鸣，当引汝出。"及期果然。相传井旁有石醉仙仰卧，好事者置以美酒，间日辄尽，其灵异大都类是。邑人唐翠章者，好奇士也，尝裹粮游彤华、归美诸山，居岩侧里许，自以为龙井之胜未曾入探为憾。既而饮于岩，醉甚，诸少年语以"井中多灵迹，试入，当必有遇"，取竹缆结作履形，纳足其中，腰胠交维，数人曳持之，乃缒，执炬而下。甫驻足，石铦利如剑戟，若膝行，或手拊，形疲不可耐。数丈有石如车盖，至是必微俯其躬，辗转达之。自此而下，欹斜如螺旋，约历三曲，稍平坦可步，始解缆。步折而西下十余丈，中开一大坪，广袤约丈许，盘以巨石，疑此即井底也。坪之西，积石一堆，即游人所投者。东有骷髅一副。石底别有小洼，注水三四尺，不满不竭，以手掬之，冻冷入骨。有石罅溜下，如琴瑟声，如风吹竹梧声，变幻非一端。《志》称井通泉脉，入糠秕以验，流出龙湫。据此，则井水止而不流，旧说似讹。惟四壁多别窦，形亦空嵌，欲更觅径以入，炬尽而止。

予谓天地之奇，不容一览而尽。其间雕铲元气，锤凿幽险，而置诸混沌闭塞之中。蛰虫之所不穴，榛莽之所不宅，且旦晦之所不知，圆灵曜景之所不一到，道家所谓形与神全，知希为贵者与？然积久而见，潜隐乃彰。如斯井者，当年未遇邢公，则闭藏岩石间，虽千百年，龙井之名卒不著，即著矣，而不得好奇者身历其境，其奇亦不传。地之显晦，殆有时焉，非特武夷、九曲、天台再至为足供人间搜探也。是不可以不记。

道光《赣州府志》卷18《舆地志·名迹·龙南县》第1365—1367页

玉石岩石刻

王守仁征浰旋师，道经岩前，题诗憩止（诗详《志·山》）。勒"阳明小洞天"篆书五字，镌《平浰记》于岩壁，云："四省之寇，惟浰尤黠，拟官僭号，潜图孔炽。正德丁丑冬，犖、瑶既殄，益机险阴毒，以虞王师，我乃休士归农以绥之。戊寅正月癸卯，计擒其魁，遂进兵击其懈。丁未，破三浰，乘胜追北，大小三十余战，灭巢三十有八，俘斩三千余。三月丁未，回军，壶浆道迎，耕父遍野，父老咸欢。农器不陈，于今五年。复我常业，还我家室，伊谁之力？赫赫皇威，匪威曷凭？爰伐山石，用纪厥成（据徐上《平浰碑跋》新纂）。"

本仁案：阳明小洞天，《省志》载在赣县通天岩者，盖沿《名胜志》之误。

明 王守仁 再至阳明别洞和邢太守韵诗

春山随处款归程，古洞幽虚道意生。涧壑风泉时远近，石门萝月自分明。林僧住近炊遗火，野老忘机席罢争。习静未缘成久歇，却惭尘土逐浮名。

国朝 倪长犀 阳明小洞天诗

文成百战纪丰功，凿字生金此洞中。见辟云霞开户牖，亲移日月照幽蒙。清音四壁闻钟鼓，海气千寻饮螮蝀。幸是干戈犹偃息，后时游赏与公同。

道光《赣州府志》卷18《舆地志·名迹·龙南县》第1367—1368页

卷25《经政志·学校》

明 缪铭 重修县学记

学校之设，尚矣。昉于唐虞而盛于三代，至汉、唐、宋因革迭乘，而治效基之。我太祖高皇帝建国之初，首诏天下郡邑，申明学制，立庙以祀先师孔子，配以门弟子暨后儒有功斯道者，咸秩从祀。其一切僭经叛道者黜之，崇正学也。是以百五十余年，真儒效用，猗欤休哉！

龙南庙学建自宋元祐间，但近迫城南，兼以湫隘。成化辛卯，始徙于县治之西，为左庙右学之制。岁久湮汩，栋宇不支。正德丙子，铭由宜春承乏掌教事，大惧无以妥圣贤而风士习，亟会诸生议，请允执政。越二年，戊寅正月，都宪王公守仁、宪副杨公璋、郡守邢公珣，提兵征浰至邑。三月，奏凯，献俘于庙。既而都宪王公顾瞻慨叹曰："庙祀弗虔，教基弗妥，群有司之咎，典教者之责也。咨汝邢，惟财用是资。"逾日，果罚干纪者金几百镪贮县治，曰："木石工需，坐是以给。"谕缪铭总其事，稽其盈缩以告。命邑士李淳、月华曰："汝夙夜劳王事，主廪饩，务称功能，罔或不经，不经有罚。"铭等受命惟谨。而司训彭君智续至，亦协勤止。乃崇筑阙基，撤旧更新，相宜树表。唯是为大成殿，为庑，为戟门；其后也，为明伦堂，为斋；其前也，为棂星门，为儒学门；又唯是为藏库，为馔堂，为生徒舍宇；仍其右，为学职之廨三区；仍其左，为观德亭。垣墉关键，式考其制。经始于己卯正月，越八月而功就绪，会县尹蒋侯玮来任，首塑圣像，并四配十哲，余皆以次卒工。判府文公运，主簿方君侃、苏君珪，典史沈君旋，皆相继赞理，与有力焉。

　　敬卜日告成，已而诸生谒曰："庙堂之新，先生作之，诸君子成之，提督学政周公广闻而喜之，是役也，不可无纪。先生为邑太史，无多让。"因敢僭言曰："二三子其知庙学之以新乎？群材杰工，以斫以削，大之为栋梁，小之为榱桷。涂而为质，绘而为文，积之累之，工用乃成。夫学，亦犹是也。孔子之道，载诸六经。仁、义、礼、知其性，恻隐、羞恶、辞让、是非其情，君臣、父子、夫妇、长幼、朋友其伦，文、行、忠、信其教，炳如也。虽先王之世，师之所以教，弟子之所以学，以是故无甚异于人，而古今迥不相类者，岂道远乎哉？人自离之耳。今之学者，诚能由其教以书其伦，验其情以率其性，则孔子之道将不在六经，而在吾之一心。由是而质之，以古今人物之贤以按其行事，存之而为德行，发之而为文章，举而措之天下，则为正大光明之业。固无施而不准，不犹所谓'群材斫削，栋梁榱桷'之谓乎？诸生适际新庙学之会，而皆有自新新民之志，故敢以孔子之道进之庸风。汝邑之来者，使徒侈庙堂之言言，衣冠之济济，趋末学以邀功利，则非铭之所知，亦非国家建学之初意。汝诸生其图之。"

　　　　道光《赣州府志》卷 25《经政志·学校·龙南县》第 1629—1631 页

卷 26《经政志·书院》

龙城书院,在县城南门内。康熙二十八年,知县郑世逢捐建(《通志》),自为记。乾隆二年,知县方求义废书院正厅(旧《志》)。十八年,知县梁其光复建正厅,颜曰"崇实堂"(《县志》)。六十年,知县左方海改额曰"龙门书院"(《县志》)。祀濂溪、二程子、横渠张子、朱子、胡安定、文文山、王阳明、胡敬斋、邹东皋(同上)。

道光《赣州府志》卷 26《经政志·书院·龙南县》第 1716—1717 页

卷 32《武事》

十一年十月,以王守仁为都察院右佥都御史,巡抚南、赣、汀、漳等处(《明史纪事》)。

八月,兵部尚书王琼奇守仁才,荐擢南赣巡抚。当是时,南中盗贼蜂起,谢志珊(一作山)据横水、左溪、桶冈,池仲容据浰头,皆称王,与大庾陈曰能、乐昌高快马等攻剽府县,而福建大帽山贼詹师富等又起。前巡抚文森托疾避去。志珊合乐昌贼掠大庾,攻南康、赣州,赣县主簿吴玭战死。守仁至,知左右多贼耳目,乃呼老黠隶诘之,其隶战栗不敢隐,因贳其罪,令伺贼动静,无弗知者。于是檄福建、广东会兵先讨大帽贼(《明史·王守仁传》)。

十二年三月,南赣巡抚王守仁调三省兵攻信丰、龙南流贼,连败之。贼突至信丰,守仁令乘险设伏,厚集以待。乃潜兵往径道夹攻,贼奔溃,于象湖山拒守。又潜捣其巢穴,大败之。贼复溃入流恩、山冈等巢,寻遁去。五月,守仁平詹师富等二十余巢,又饬知府季敩擒斩陈曰能,平其巢穴。七月,守仁请提督军务,许之。左溪贼蓝天凤等与赣南下新、稳下等洞贼雷文聪、高文辉等盘踞千里。十月,守仁平横水、左溪。十一月,平桶冈,乃设崇义县于横水,控诸瑶。出师两月,平贼巢八十四处(《明史纪事》)。

是年二月,龙南反招贼首黄秀魁纠合广东龙川县浰头池大鬓(即仲容)、大安、大昇（谢《志》作仲安、仲宁）等共为一阵，贼首黄金巢自为一阵，势甚猖獗。南康县丞舒富统兵与战，杀贼二十余人，贼众拥至，手杀陈礼鲂、百长钟德昇等溃走。南康报效义士杨习举战死，经历王祚被执。富与义民萧承、千户林节收集余众，退守南营山。后贼差人告招，本道杨璋差萧承往抚，放回王祚，贼返原巢。又委百长王受等同已招贼首黄秀玑，往安远截捕流贼赖振禄等。行至湖江背，秀玑反招，令伊弟大满、细满等烧毁刘必甫房屋，仍与振禄连谋行劫。受督率兵快于黎坑、磜下，杀获黄秀玑、大满、细满、积瑜首级四颗。四月，池大鬓同反招贼首黄秀魁、陈秀显等，纠众四百余，打劫千长何甫等家。王受率兵夫于陈坑水交锋，杀获首从贼人陈秀显等首级十二颗，余贼遁归巢（《王文成全书》）。

十一月，守仁平桶冈寨，还至赣州，议讨浰头贼。初，守仁之平詹师富也，龙川贼卢珂、郑志高、陈英请降。及征横水、浰头，贼将黄金巢亦以五百人降。独池仲容未下。横水破，仲容始遣弟仲安来归，而严为战守备。守仁劳以牛酒问故，仲容诡言："珂、志高，吾仇也，将袭我，故为备。"守仁佯杖击珂等，阴使珂弟集兵以待，遂下令散兵。岁首，大张灯乐（《明史·王文成传》）。

十三年正月，赐仲容以新历，诱入谢。仲容率九十三人营教场，自以数人入谒。守仁呵之曰："若皆吾民，屯于外，疑我乎？"悉引入祥符宫，厚饮食之。贼大喜过望，守仁密进兵，留仲容观灯乐。正月三日大享，伏甲士于门外，诸贼入，以次擒戮之。自将抵贼巢，连破上、中、下三浰，斩馘二千有奇，余贼奔九连山，山横亘数百里，陡绝不可攻，乃简壮士七百人，衣贼衣奔崖下，贼招之上，遂据其险。官军进攻，内外合击，擒斩无遗。乃于下浰立和平县，置戍而还（《明史·王文成传》）。

浰水在龙南、龙川之交境，池仲容与弟仲安、仲宁皆虓猛善斗，负固称雄，信丰、龙南、安远、会昌累受荼毒。仲容有幻术，急则遁形水草中，名为"插青"，以故剿之不克，抚之不从，当事者无如之何。守仁廉知贼善遁，计欲生致之。

乃遣人颁历三浰，诱入谢，馆之祥符宫，供具整洁华赡，所属官僚以次宴犒。馆伴与贼相狎者又私饭仲容于娼家。既连日夜矣，则令二三力士阑入，假使酒而与仲容争，因殴伤其目，里甲告急。守仁问故，阳怒，杖酒徒。明日，命医疗其目，密用药医之，毋使得插青遁也。值元旦，令有司以次日大飨仲容，潜伏甲士数百人。贼众入院，盛张鼓乐，不闻人声，凿银分历，贼受赏，两手不胜，复以花红绊系，乃劳之酒，三叩头出，甲士尽殪之门外。既毕事，日未晡也。初七日，率兵诣浰，诸哨已集，遂捣其巢，三月班师，奏立和平县（参张《志》、谢《志》）。

正月癸卯朏，王公度诸兵已集，引仲容入，并其党戮之。亟使人约诸兵入巢。越四日丁未，同时并进。其军于龙川者，惠州知府陈祥率通判徐玑等从和平都入，指挥姚玺率新民梅南春等从乌龙镇入，孟俊率珂等从平地水入。军于龙南者，赣州知府邢珣率同知夏克义、知县王天与等从太平保入，推官危寿率义民叶芳等从南平入，守备指挥郑文率义民孙舜洪等从冷水迳入，指挥余恩率百长王受等从高砂保入。军于信丰者，南安知府季敩率训导蓝铎等从黄田冈入，县丞舒富率义民赵志标等从乌迳入。公自率中坚捣下浰大巢。副使杨廷宜督余哨会于三浰。贼党自仲容至赣，备已弛，闻官兵骤入，皆惊失措，分投出御，悉精锐千余迎敌于龙子岭。我兵列为三冲，犄角而前。恩以王受兵首与贼战，却之。奋追里许，贼伏四起，击受，危寿乃以芳兵鼓噪往援，俊复以珂等兵从旁冲击，呼声震山谷，贼大败而溃。遂并上、中二浰克之。各哨兵乘胜奋击，是日，遂破巢十一，曰热水、五花嶂、淡方、石门、上下陵、芳竹湖、白沙、曲潭、赤塘、古坑、三坑。明日分道击贼，己酉，破巢凡六，曰铁石嶂、羊角山、黄田坳、岭冈、塘含冈、尾溪。庚戌，破巢二，曰大门山、镇里寨。辛亥，破巢九，曰中村、半迳、都坑、尺八岭、新迳、古地、空背、旗岭、顿冈。癸丑，破巢四，曰狗脚坳、水晶洞、五洞、蓝洲。丙辰，破巢二，曰风盘、茶山。

其奔者尚八百余徒，聚于九连山，山峻而袤广，与龙门山后诸巢接。

虑其势合难制，乃选锐士七百余人，衣所得贼衣，乘暮而入。贼以为其党也，从崖下招呼，我兵亦佯与和应，已度险，扼其后路。明日贼始觉，并力来敌，我兵从高临下，击败之。公度其必溃，豫戒各哨设伏以待。乙丑，覆之于五花阵，于中村，于北山，于风门坳。

分逃余孽尚三百余，各哨会兵追之。二月辛未，复与战于和平。甲戌，战于上、下坪。丁丑，战于黄田坳。辛巳，战于铁障山。癸未，战于乾村，于梨树。乙酉，战于劣竹。壬辰，战于百顺，于和洞。乙未，战于水源、于长吉，于天堂寨。谍报各巢桀恶者已尽，惟胁从二百余聚九连山谷，呼号乞降。遣珣往抚之，籍其名，处之白沙。乃经理立县设隘，班师而归，时戊寅三月丁未也（费宏《平浰记》）。

龙川上、中、下三浰等巢，共三十八寨。贼首池仲容等三十余人盘踞流劫。都御史王守仁以次荡平其巢，因得其"金龙霸王"印及僭逾袍服旗帜以献捷（谢《志》）。

道光《赣州府志》卷32《经政志·武事》第1888—1897页

卷43《官师志·县名宦传》

吴诚，字明卿，广东琼山人。正德己卯举人。嘉靖乙未，知龙南事。厘宿弊四十余条，申禁令，绝苞苴，治声赫然。沙头贼徐守沐僭号倡乱，官司不能制。谢钺、李鉴者，巡抚王守仁剿三浰时用之以抚辑坑峒者也，积久，多龅法事。诚廉得其状，召至，出军门檄示之曰："将逮戮汝，能擒沙头自效者，贳罪且论功。"钺、鉴即诱守沐，擒捕之，支党尽灭。邑巨滑党贼者，衔恨于令，贿通泰和奸民饰词控诚。诚直之上僚，事得白。复视事，喟然曰："吾不可以一朝居矣。"遂乞休。著有《鹰峰诗集》（海瑞《吴诚墓志》）。

本仁按：张尚瑗《志》云：诚司教柳城。督府唐胄，其乡人也，素知诚博赡，有编摩才，聘至赣修《都台志》，诸谏草诗文，皆出其手。

道光《赣州府志》卷43《官师志·县名宦传·明》第2709—2710页

卷 51《人物志·武勋》

余恩，其先世有名龙者，南直滁州人。从军升千户，六传至恩，袭赣州卫指挥佥事。素有谋勇，为督府王守仁所任。守仁平横水、桶冈、三浰等巢，恩常冠军，屡列功状，升指挥同知。守仁讨宸濠，恩领黄乡保叶芳兵会于樟树，分布亟进，伍文定当其前，恩继其后。贼逼王家渡，势锐甚。文定佯北以致之。贼趋利，前后不相顾，恩督兵乘之，袁、临兵夹攻，贼溃走十余里。明日复战，风不便。文定躬施炮石，火爇其须，兵少却。恩率叶芳兵突驰策应，各兵并进，斩二千余级，溺死者无算。逆濠退保八字脑。又明日，四面火攻俱集，濠就擒。以功升江西都指挥同知，荐改广西，终参将（谢《志》）。

姚玺，世为赣州卫指挥使。正德间，从赣抚王守仁征三浰，率民兵梅南春等从龙川乌龙镇入，与诸军合力，屡有战功，尽平之。嘉靖五年，赣抚潘希曾出兵讨浰头贼失利，乃命玺与同知伍佐等统兵继之。战于龙南太平堡、中浰等处，擒其贼首，余党逃窜，夺回被掳官民（张《志》）。

道光《赣州府志》卷 51《人物志·武勋·明》第 3190—3192 页

卷 32《人物志·忠义》

陈仲昂，定南人。少从军安远太平营，以勇力拔把总。正德十二年，浰贼池仲容劫安远、龙南，昂统乡勇杀贼弟仲宾、仲宝及黄天爵等数十级，贼狼狈去。军门王公守仁奖劳之。嘉靖三十年，逆贼李鉴复炽。鉴，仲容余孽也，仇杀安远龙泉、小石诸堡，焚掠甚于仲容。昂奋激誓灭贼。贼知昂勇悍，设伏林莽，诈败。昂果夜追至，环起丛刺，乡众奔溃，昂力战而死。贼遂转掠其家，杀男妇三十余口。乡人立庙祀焉，曰陈把总庙（据《定南志》增）。

道光《赣州府志》卷 32《人物志·忠义·明》第 3229—3230 页

卷 54《人物志·儒林》

月华，龙南人，郡廪生。少以经学著名，后从王守仁为良知之学。归，日坐一室，超然默悟，学者宗之。守仁平浰头，回军驻邑中，有议欲迁明伦堂，属华经理，华捐金助之（《龙南志》）。

道光《赣州府志》卷 54《人物志·儒林·明》第 3336 页

卷 66《艺文志·明文》

参失事官员疏

据江西按察司整饬兵备带管分巡岭北道副使杨璋呈，"据赣州府信丰县及信丰守御千户所各报称，正德十二年二月初七日，有龙南强贼突来地名崇仙屯扎，已经差委兴国县义民萧承会同信丰、龙南官兵相机剿捕。续据申报，强贼突来本县小河住扎，离县约有四十余里，乞要发兵策应。又据申报，本月初九日，有龙南流贼六百余人，突至城下，除严督军兵固守城池，缘本所县无兵御敌，诚恐前贼攻城，卒难止遏，乞调峰山弩手并该县兵夫救护。又经差委南安府经历王祚、南康县县丞舒富统领弩手、杀手，前去约会二县掌印官并领兵官相机攻围。去后，续据县丞舒富呈，本月初十日，蒙委统领杀手陈礼鲂、打手吴尚能等共五百名，经历王祚、义民萧承统领峰山、加善、双秀弩手各三百名，先后到于信丰县会剿。至十一日，止有该所管屯千户林节带兵四十余名出城。据乡导、马客等报称，止有强贼六百余人在地名花园屯扎。当同各官将兵分布扎定，只见前贼一阵，止有百十余徒先出。有前哨义民萧承领兵就与敌杀，斩获贼级四颗，夺获白旗一面。顷刻，众贼出营，分三哨，约有两千余徒。瞰知龙南反招贼首黄秀魁，纠合广东龙川县浰头贼首池大鬓、贼首池大安、新总并池大昇，共为一阵，贼首杨金巢自为一阵，势甚猖獗。卑职督统本哨兵快，奋勇交锋，杀死贼徒二十余人。不意贼众一涌前冲，杀手陈礼鲂、百长钟德昇等见势难当，俱各不听约束，先行漫散。有南康县报效义士杨习举等仍与前贼死敌不退，俱被戮伤身死。及有经历王祚上马不便，亦被执去。贼势得胜，仍要攻城。随与萧承、林节等收集众兵，退至南营山把截，遇蒙本道亲临该县督剿，各贼闻知，退至牛州，离城少远。至十二日，前贼差人告招。十三日，蒙本道差萧承前去招抚，就将经历王祚放回，贼往原巢去讫"等因到道，备呈到臣。随据龙南县知县卢凤呈称，本县捕盗主簿周政，会同镇抚刘锃、千户洪恩，统领机兵旗军，于本月十八日前去信丰县截捕，探得强贼池大鬓、黄秀魁等，从鸦鹊隘越过安远县住扎，本职督兵追截，前贼已往广东龙川县，复回原巢浰头去讫，据安远县知县刘瑀禀称，于本月十九日，统领水元、大石等保民兵弩手，前去龙泉等保截剿，各贼遁回原巢去讫，难以穷追，以此掣兵回县缘由。

查得先据该道及信丰县所各禀报前事，已经批仰该道兵备等官急调招抚义官叶芳，协同石背兵夫，断贼归路。及调峰山弩手与南康打手人等，责委县丞舒富统领前后夹击。又看得此贼既离巢穴，利在速战，仍仰该府急行所属邻近官司，俱要乘险设伏，厚集以待。及于各乡村往来路径多张疑兵，使贼不敢轻易奔突。仍调安远县知县刘瑀星夜起集水元、大石等保民兵一千，横接龙南，邀其不备。若贼犹屯信丰，急自龙南直趋浰头，捣其巢穴。贼进无所获，退无所处，不过旬日，可以坐擒。仰各遵照施行去后，今据前因，参看得县丞舒富承委督剿，不能相度机宜，轻率骤进，以致杀伤兵快。原其心虽出奋勇，责以师律，均为败事。经历王祚，临阵溃奔，为贼所执，后虽幸免，终系失机。信丰所、县知县黄天爵、千户郑铎、巡捕副千户朱诚，惟知固城自守，不肯发兵应援。龙南知县卢凤、捕盗主簿周政、提备镇抚刘堂、千户洪恩，地当关隘，正可防遏，坐视前贼往来，略不出兵邀击。千户林节，即其兵力之寡，似难全责，究其失律之罪，亦宜分受。安远县知县刘瑀，承调追袭缓不及事，俱属违法。南康县百长钟德升等，临阵不前，故违约束，先行溃散，失误军机，应合处以军法。该道兵备副使杨璋、守备都指挥同知王泰，俱属提督欠严，但杨璋往来调度，卒能招抚前贼，计其功劳，可以赎罪。及招广东龙川县掌印、捕盗等官，明知首贼池大鬓等在彼地方为巢，却亦不行时尝巡逻，纵其过境劫掠，又各不行乘机追捕，俱属故违。

所据前项失事官员，俱合遵奉敕谕事理，即行提问。但前项贼徒，拥众数千，变诈百出，今虽阳受招抚，其实阴怀异图。况其党与根连三省，万一乘间复出，为患必大。正系紧关用人堤备之际，除将百长钟德升等查勘的确，处以军法，及方面军职另行参究外，其余前项各官，且量加督责，姑令待罪堤备，各自相机行事，勉图后功，以赎前罪。仍一面委官前去信丰县地方，查勘前项杀死兵快数目，及有无隐匿别项事情，另行参奏。缘系地方紧急贼情及参失事官员事理，未敢擅便，为此具本请旨。

道光《赣州府志》卷66《艺文志·明文》第3914—3921页

议夹剿方略疏

据江西岭北道副使杨璋呈，"奉臣案验，准兵部咨，该巡抚湖广都御史秦金题为紧急贼情事，备行计处兵粮，约会三省，将上犹等处贼巢，克期九月中进剿等因，遵依。随将本道兵粮事宜计呈本院转达奏闻定夺外，随据南安府上犹、大庾等县申称贼势猖獗，乞要早为扑剿等因，已经呈蒙本院密授方略，行委知府季敩、县丞舒富等领兵分剿。生擒首从贼徒，斩获贼级，杀死、烧死贼众，捣破贼巢，俘获贼属等情，通经呈报。又蒙本院虑贼必将乘间复出，行委知府季敩、指挥来春等统兵屯南安，指挥姚玺、县丞舒富统兵屯上犹，指挥谢昶、千户林节统兵屯南康，各于要害去处往来防剿。至七月二十五日，贼首谢志珊果复统众一千五百余徒，攻打南安府城。各官督兵迎敌，生擒贼犯杨銮等七名，斩获首级四十五颗，贼众大败而去。八月二十五日，贼首谢志珊又统领二千余徒，复来攻打南安府城。各官督兵迎敌，生擒贼犯龙正等四十二名，斩获首级一百五十七颗，贼又大败而去。即今贼势少挫，若乘此机会直捣其巢，旬月之间，可期扫荡。

但闻湖广之兵既已齐集，而广东因府江班师未久，复调狼兵，未有定期。谨按地图：江西之南安有上犹、大庾、桶冈等处贼巢，与湖广桂东、桂阳接境；夹攻之举，止该江西与湖广会合，而广东止于仁化县要害把截，夹攻不与焉。赣州之龙南有浰头贼巢，与广东龙川接境；夹攻之举，止该江西与广东会合，而湖广不与焉。广东乐昌、乳源贼巢，与湖广宜章县接境，惠州贼巢，与湖广临武县接境，仁化县贼巢，与湖广桂阳县接境；夹攻之举，止该湖广、广东二省会合，而江西止于大庾县要害处把截，夹攻不与焉。名虽三省大举，其实自有先后，举动次第，不相妨碍。若必待三省之兵齐集然后进剿，则劳师废财，为害匪细。合将前项事宜约会三省，以次渐举，庶兵力不竭，粮饷可省"等因，据呈到臣。

　　看得三省贼巢，连络千里，虽声势相因，而其间亦自有种类之分、界限之隔。利则争趋，患不相顾，乃其性习。诚使三省之兵皆已齐备，约会并进，夫岂不善？但今广东狼兵方自府江班师而归，欲复调集，恐非旬月所能。两省之兵既集，久顿而不进，老师费财，意外之虞，乘间而起。诚使先合湖广、江西之兵，并力而举上犹诸贼，逮事之毕，广东之兵亦且集矣；则又合湖广、广东之兵，并力而举乐昌诸处，逮事之毕，江西之兵又得以少息矣；则又合广东、江西之兵，并力而举龙川。方其并力于上犹，则姑遣人佯抚乐昌诸贼，以安其心。彼见广东既未有备，而湖广之兵又不及己，苟幸旦夕之生，必不敢越界以援上犹。及夫上犹既举，而湖广移兵以合广东，则乐昌诸贼，其势已孤。二省兵力益专，其举之益易。当是之时，龙川贼巢相去辽绝，自以为风马牛不相及，彼见江西之兵又撤，意必不疑。班师之日，出其不意，回军合击，蔑有不济者矣。臣窃以为因地之宜，先后合击之便，除臣遵照兵部咨来题奉钦依，会兵征剿，亦听随宜会议施行事理。已将前项事宜移咨广东、湖广总督、巡抚等官知会，一面相机行事外，缘系地方紧急贼情事理，为此具本题知。

　　　　　道光《赣州府志》卷66《艺文志·明文》第3945—3950页

浰头捷音疏 略

据江西按察司分巡岭北道兵备副使杨璋呈，"据各哨统兵官呈称，攻破贼巢上、中、下三浰大巢，擒斩大贼首从，俘获贼属男妇，烧毁贼巢房屋禾仓，及夺获器械等物等因，各呈报到道。查得先为地方紧急贼情事，据信丰县所呈称，正德十二年二月初七日，龙南县贼首黄秀魁纠合广东贼首池仲容等，突来本县杀人放火。见今攻城不退，乞要发兵救援等因，该本道议，委经历王祚、县丞舒富领兵剿捕。斩获贼级四颗，被贼杀死报效义士杨习举等十名，执去经历王祚。随该本道亲诣该县，暂将各贼招安，拨回原巢，经历王祚送出。参将失事知县王天爵、卢凤，千户郑铎、朱诚、洪恩，主簿周镇，镇抚刘铠等，俱各有罪。及将前贼应剿缘由，呈详转达具奏外，正德十三年正月十三日，奉提督军门纸牌，议照广东龙川县浰头等处贼巢，奉有成命，应该会剿。其大贼首池仲容等，本院已行计诱擒获。见今军势颇振，若不趁此机会，出其不意，捣其不备，坐视以待广兵之来，未免有失事机之会。本院除自行量调官军设法剿捕事理，部勒兵众，分布哨道，行仰守备指挥并知府等官郏文、陈祥等统领，各授进止方略外，备行本职，前去军前纪验功次，及催各哨官兵上紧依期进剿，仍行巡按衙门前来核实施行等因。今据前因，除前项功次俱汇巡按衙门会审纪核明白，生擒贼犯解赴提督军门斩首枭示，贼属男妇变卖银两，器械、赃仗、赃银俱贮库外，参照浰头大贼首池仲容、池仲宁、池仲安、高允贤、李全等，盘踞一方，历有岁年，僭称王号，伪设官职，广东翁源、龙川、始兴，江西龙南、信丰、安远、会昌等县，屡被攻围城池，杀害官军，焚烧村寨，虏杀男妇，岁无虚日。曾经狼兵夹攻数次，俱被漏网。是乃众贼奸雄之巨擘，三省群盗之根源也。今幸天夺其魄，仲容束手就擒，仲宁、仲安等一时授首，各巢贼从擒斩殆尽。此皆仰仗朝廷德威远播，庙堂成算无遗，提督军门赏罚以信而号令严明，师出以律而机宜慎密，身先士卒而艰险之不辞，洞见敌情而抚剿之有道。以是数十年之巨寇，一旦削平；连四省之编氓，永期安辑。呈乞照详转达"

等因，据呈到臣。

该臣看得南赣盗贼，其在南安之横水、桶冈诸巢，则接境于湖郴；在赣州之浰头、桶冈诸巢，则连界于闽广。接境于湖郴者，贼众而势散，恃山溪之险以为固；连界于闽广者，贼狡而势聚，结党与之助以相援。臣等遵奉敕谕，自正德十二年九月进兵横水，十月十二日破之。十一月，复破桶冈。十二月望，臣兵回至南康，诱致仲容诸贼。密遣人先行属县勒兵，分哨道候报而发。闰十二月二十三日，仲容等至赣。正月三日，度所遣属县勒兵当已大集，臣乃设犒于庭，先伏甲士，引仲容入，并其党悉擒之。而是夜使人趋发属县兵，期以初七日同时入巢。于是，知府陈祥兵从龙川县和平都入，指挥姚玺兵从龙川县乌虎镇入，千户孟俊兵从龙川县平地水入，指挥余恩兵从龙南县高砂堡入，推官危寿兵从龙南县南平入，知府邢珣兵从龙南县太平堡入，守备指挥郏文兵从龙南县冷水迳入，知府季敩兵从信丰县黄田冈入，县丞舒富兵从信丰县乌径入。臣自率帐下官兵从龙南县冷水迳直捣下浰大巢，而使各哨分路同时并进，会于三浰。贼大败奔溃，呼声震山谷。我兵乘胜逐北，遂克上、中、下三浰。各哨官兵遥闻三浰大巢已破，皆奋勇齐进，各贼皆溃败。其精悍者尚八百余徒，复啸聚九连大山，扼险自固。于是乃选精锐七百余人，度险扼断其后路。次日，贼并势冲敌，我兵已据险，从上下击，贼不能支，乃退败。臣度其必溃，预令各哨官兵四路设伏以待。贼果分队潜遁，连日擒斩首从贼人、贼级数多。三月初三日，据乡导人等四路爪探，皆以为各巢积恶凶狡之贼，皆已擒斩略尽，惟余党张仲全等二百余徒，其间多系老弱及远近村寨一时为贼所驱胁、从恶未久之人，今皆势穷计迫，聚于九连谷口，呼号痛哭，诚心投招。臣遣报效生员黄表往验虚实，果如所探，因引其甲首张仲全等数人前来投见，诉其被胁不得已之情。臣量加责治，随遣知府邢珣往抚其众，籍其名数，遂安插于白沙。

臣因亲行相视险易，督同副使杨璋、知府陈祥等经理立县设隘、可以久安长治之策，留兵防守而归。

盖自本年正月初七日起，至三月初八日止，不逾两月，而破奸雄不制之虏，以除三省数十年之患，此非朝廷威德，庙堂成算，何以及此？

道光《赣州府志》卷66《艺文志·明文》 第3954—3961页

添设和平县治疏

会勘龙川和平峒羊子铺村民两千余家，因贼首池大鬓等作耗，内有八百余家投城居住，尚存一千余家。本峒羊子铺一处，地方宽平，山环水抱，水陆俱通，可以筑城立县于此，招回投城之人复业居住。分割龙川县和平都、仁义都，并广三图，共三里，及割附近河源县惠化都，与接近江西龙南县邻界，亦拆一里前来，共凑一县。

据龙南县太平等堡里老赖本立等呈，"本县东南与广东龙川、河源二县，西南与广东始兴县连界，多深山穷谷。向因各处流贼过境劫掠，太平堡设有横冈、角崃二隘，上蒙、高砂二堡设有牛冈、羊陂二隘，就于各堡佥点隘夫、乡兵守把。后因池大鬓等不时出劫，各隘烧毁一空。今征剿既平，宜将前项隘所修筑把守，可保四境无虞。及照本县止有四里半，邑小民寡，递年逋负追并，况与龙川县又系隔省窵远，岂免分割，以苏民困"等因。各职并行会议得：贼平之后，经久良图，诚无逾于添设县治者。今龙川县里老人等愿于和平峒羊子铺添设县治，及分割都图，清卖贼田，移置巡司，量佥隘关等情，俱相应俯顺。惟称又要分析江西赣州府龙南县附近都图，缘系两省地方，相隔愈遥，未免射影差役，两无归着，难以准行。止该于龙南县该管图堡，修筑旧隘；其新兴地方系通始兴县要路，宜添设一隘；各于邻近地方多佥乡夫守把。其移置浰头巡检司，应隶新县管辖。该司弓兵四十名，额数寡少，合于龙川县和平、仁义三图，量编四百名，龙南县量编两百名，俱令该县掌印官编佥造册，分为二班，半年一易。俱各委官管领，兼同该司官巡逻，遇有盗贼生发，即随扑获。隘夫限满，亦需该班者交代方还。各府州县巡捕官，俱要不时往来巡点。其清卖贼田，修筑城池等项，俱各委官分头干办，方得集事。

道光《赣州府志》卷 66《艺文志·明文》　第 3961—3963 页

卷 67《艺文志·明文》

费宏 铅山人大学士 平浰记

惠之龙川，北抵赣，其山谷贼巢，亡虑数百，而浰头最大。浰之贼肆恶以毒吾民者，亡虑数千，而池仲容最著。仲容之放兵四劫，亡虑数十年，而龙川、翁源、始兴、龙南、信丰、安远、会昌以迩贼巢，受毒最数。

正德丁丑之春，信丰复告急于巡抚都御史王公伯安。召诸县苦贼者数十人，问何以攻之。皆谓非多集狼兵不济，又谓狼兵亦尝再用矣，竟以招而后定。公曰："盗以招蔓，此顷年大弊也，吾方惩之，且兵无常势，奚必狼而后济耶？若等能为吾用，独非兵乎？"乃与巡按御史屠君安卿、毛君鸣冈合疏以剿请，又请重兵权、肃军法，以一士心。诏加公提督军务，赐之旗牌，听以便宜区画，惟功之有成，不限以时。

时横水、桶冈盗亦起，而视浰为急。公议先攻二峒，乃会兵以图浰。凡军中筹画，多咨之兵备副使杨君廷宜，请汰诸县机兵，而以其佣募新民之任战者，取赎金、储谷、盐课以饷之，而兵与食足焉。

二峒之攻，虑仲容乘虚以扰我也，谋伐其交，使辨士周祥等谕其党黄金巢等，得降者五百人，籍以为兵，仲容独愤不从。冬初，闻横水破，始惧，使弟仲安率老弱三百人来，图缓兵且我觇也。公阳许之，使据上新地以遏桶冈之贼，而实迟其归图。

阅月，仲容闻桶冈破，益惧，为备益严。公使以牛酒饷之，贼度不可隐，则曰："卢珂、郑志高、陈英，吾仇也，恐其见袭而备之耳。"珂等皆龙川归顺之民，有众三千，仲容胁之不可，故深仇之。公方欲以计生致仲容，乃阳檄龙川卢珂等构兵之实，若甚怒焉。趣浰刊木，且假道以诛珂党。十二月望，珂等各来告仲容必反。公复怒其诬构，叱收之。阴谕意向，使遣人先归集众。

待兵还自桶冈，公合乐大飨，散之归农，示不复用。使仲安亦领众归。又遣指挥余恩谕仲容毋撤备以防珂党。仲容亦喜，前所遣辩士因说之亲诣公谢，且曰："往则我公信尔无他，而诛珂等必矣。"仲容然之，率四十人来见。公闻其就道也，密饬诸县勒兵分哨。又使千户孟俊伪持一檄经浰巢，宣言将拘珂党，实督集其兵也。贼导俊出境，不复疑。

闰十二月下弦，仲容既至赣，是夕释珂等驰归。縻仲容，令官属以次飨犒。明年正月癸卯朏，公度诸兵已集，引仲容入，并其党擒之。出珂等所告，讯鞫具伏，亟使人约诸兵入巢。

越四日丁未，同时并进：其军于龙川者，惠州知府陈祥率通判徐玑等从和平都入，指挥姚玺率新民梅南春等从乌龙镇入，孟俊率珂等从平地水入。军于龙南者，赣州知府邢珣率同知夏克义、知县王天与等从太平保入，推官危寿率义民叶芳等从南平入，守备指挥郑文率义民孙舜洪等从冷水迳入，余恩率百长王受等从高砂保入。军于信丰者，南安知府季敩率训导蓝铎等从黄田冈入，县丞舒富率义民赵志标等从乌迳入。公自率中坚督文捣下浰大巢，副使君督余哨会于三浰。贼党自仲容至赣，备已弛矣，至是闻官兵骤入，皆惊失措。方分投出御，而悉其精锐千余迎敌于龙子岭。我兵列为三冲，犄角而前。恩以受兵首与贼战，却之。奋追里许，贼伏四起，击受。俊、寿乃以芳兵鼓噪往援，俊复以珂等兵从旁冲击，呼声震山谷，贼大败而溃。遂并上、中二浰克之。各哨兵乘胜奋击，是日，遂破巢十一：曰热水，曰五花障，曰淡方，曰石门，曰上下陵，曰芳竹湖，曰白沙，曰曲潭，曰赤塘，曰古坑，曰三坑。

明日，探贼所奔，分道急击。己酉，破巢凡六：曰铁石障，曰羊角山，曰黄田坳，曰岭冈，曰塘舍冈，曰尾溪。庚戌，破巢凡二：曰大门山，曰镇里寨。辛亥，破巢凡九：曰中村，曰半迳，曰都坑，曰尺八岭，曰新迳，曰古地，曰空背，曰旗岭，曰顿冈。癸丑，破巢凡四：曰狗脚坳，曰水晶洞，曰五洞，曰蓝洲。丙辰，破巢凡二：曰风盘，曰茶山。

其奔者尚八百余徒，聚于九连山，山峻而袤广，与龙门山后诸巢接。公虑以兵进迫，其势必合，合难制矣。乃选锐士七百余人，衣所得贼衣，若溃而奔，取贼所据崖下间道乘暮而入。贼以为其党也，从崖下招呼，我兵亦佯与和应，已度险，扼其后路。明日贼始觉，并力求敌，我兵从高临下，击败之。公度其必溃也，预贼各哨设伏以待。乙丑，覆之于五花障，于中村，于北山，于风门坳。

分逃余孽尚三百余徒，各哨乃会兵追之。二月辛未，复与战于和平。甲戌，战于上坪、下坪。丁丑，战于黄田坳。辛巳，战于铁障山。癸未，战于乾村，于梨树。乙酉，战于劣竹。壬辰，战于百顺，于和洞。乙未，战于水源，于长吉，于天堂寨。谍报各巢之稔恶者盖几尽矣，惟胁从二百余徒聚九连谷山，呼号乞降。公遣珣往抚之，籍其名，处之白沙。

公率副使君乃即祥应和平，相其险易，经理立县设隘，庶几永宁。遂班师而归，盖戊寅三月丁未也。凡所捣贼巢三十八，所擒斩贼首二十九人，中酋三十八人，从贼二千六十八人，俘贼属男妇八百九十人，卤获马、牛、器仗称是。是役也，以力则兵仅数百，以时则旬仅六浃，遂能灭此凶狡稽诛之寇，以除三徼数十年之大患，其功伟矣。

捷闻，有诏褒赏，官公之子世锦衣百户，副使君加俸一秩。于是邢侯、夏侯、危侯偕通判文侯运、吴侯昌，谓"公兹举足以威不轨而昭文德，不可以无传也"，使人自赣来请余书其事。

嗟乎！佳矣者不祥之器，王公用儒者谟谋之概，而乃躬擐甲胄，率先将士，下上山谷，与死寇角胜争利，出于万死。而公平日岂习为杀伐之事而贪取摧陷之功以为快哉？顾盗之与民，不容并育，仇则莠骄害苗，而养之弗挚，纵虎狼之狂噬而听孳牧之衰耗，此不仁者所不忍为，而公亦必不以不仁自处也。公之心，予知之，公之功则播之天下，传之后世，何俟于予之书之也。然而，人知渠魁之坐缚，凶孽之荡平，以为成功如此其易，而不知公之筹虑如此其密，建请如此其忠。上之所以委任如此其专，副使君之所以赞佐如此其勤，文武将吏之所以奔走御侮如此其劳，而功之成所以如此其不易，是则不可以不书也。予故为备书之，以昭示赣人，庶其无忘，且有考焉。

道光《赣州府志》卷67《艺文志·明文》第3985—3994页

卷68《艺文志·明文》

殷从俭 字汝中 号克斋 桂林卫人 户部尚书 新建定南县记

赣治以南，信丰、安远、龙南三邑之间，高砂、下历二堡与岭东岑冈接壤，皆重峦复岭，盘谷邃峒，顽犷之徒，多负险裂据，自相犄角，为三巢。宏治以来，累剿累叛、反侧不定者，非其地去诸邑遥远，政教有不能及欤。嘉靖末年，督抚吴尧山公深为此虑，一日集议勘定诸峒之策，将官曰剿，有司曰抚，乃并用其谋。檄参将蔡汝兰剿灭下历，知府黄扆抚定高砂、岑冈。三巢以靖，随议建县，为善后图而垂永安。公时以迁去未遑也。

隆庆改元之明年，张鹤楼公继总镇守，以此事谋之监司。余与董君右坡牒下有司议，有司遍召诸父老询之。佥曰："三巢向与下浰、横水为声倚，下浰、横水之土，非建崇义、和平二县，民可得至今安乎？若循二县又何足虞焉！"有司采所言以陈，张公甚是之，移会抚台应礼刘公、巡台直斋顾公，疏其事以请。制曰："可。"赐县名定南县，即龙南高砂、下历、横江三堡，安远割大小石、伯洪三堡，信丰割南方上里圆鱼、迳脑及潭庆上堡龙头岭、内坑诸乡，共分为里凡四，丁凡六百二十有奇，粮凡六百七十石有零。适地里之中，莲塘之区，创立县治，缮修城垣，凡四百三十余丈，公廨、学宫、铺舍，以次举建，约费工料七千八百余银。设知县、典史、教谕各一员，凡官吏俸薪、马丁门皂，取诸赣、兴等邑之裁减冗员。生儒廪粮、斋膳及祭祀、乡饮之费，取诸没官田税。一切徭役取诸龙南、信丰二县之裁革机兵。其残民散之四方者，招复其故土，余孽仍旧窟者，则休息之，不尽其力，首率其徒听抚者，悉令徙居于郭内。凡子弟之俊秀者，抡而群之于学。又疏浚溪河，以通惠、潮之商贾往来。越三年春夏，诸务底绪，新民稍辑，而余亦以转秩行，迄今仅岁余，余复承简命，叨总此镇，新民父老率诸子弟稽首辕门，具言邑里无复有鸡犬盗，其俊秀群之入学者恂恂然若素习经业之儒生，余讶而叹曰："朝廷政教能化导人之速有若是哉！"监司大参施君率有司请为之记。

余思建县设官，得非为弭盗安民乎？然汉时渤海下里之盗，一刺史治之，盗息且化，率为善乡，何俟分邑分民而专辖之，以一令耶？况近日郡县往往盗发，城市又可委之，政教之所不能及耶？然则民之理乱，亦视有司何如人耳。使有司非其人，县固徒设也。此镇旧多盗窟，自阳明公议建崇义、和平，鹤楼公议建定南，则盗窟尽民廛矣。余今日与监司、守令岂复有他议哉！惟原二公所以建县之意，抚新民而生养之，使自厌为渤海之民可也，不尔建县之议将为民厉者也。余故记之，与司民牧者共勖焉！

道光《赣州府志》卷68《艺文志·明文》第4154—4157页

同治《赣州府志》

同治十二年《赣州府志》，[清] 魏瀛等修，[清] 钟音鸿等纂，台北，台湾成文出版社影印本，1970年。

卷2《舆地志·疆域》

龙南县，广一百八十里，袤一百三十五里，东界关西程岭，五十里距定南县界（《县志》云：旧《府志》东界定南关西程岭五十里。考程岭，虽与定南共之，关西则隶龙南之里仁堡。《定南志》亦云：程岭在横江堡，厅之西北界外，即龙南关西之地。如《府志》，则以关西属定南，疆域淆矣）。

南界广东连平州白沙分水圳一百一十里。西界广东始兴县峡头岭一百三十里。北界信丰县青龙髻二十五里。东北界信丰县曹岭三十里。东南至上蒙堡汶龙佛子圳，六十里距定南厅界。西南界广东翁源县冬桃岭一百五十里。西北至洒源犁鼻山，三十五里距信丰县界。自县至府三百二十里。

《县志》论曰：建县以后，虽经并入信丰，不久复置。若割地以建他邑，仅一见于隆庆初之置定南县，外此未有闻也。按：正德十三年，王文成请添设广东和平县治。其时，副使等集议，谓与江西龙南县邻界，亦析一里前来。嗣以两省地相隔窎远，未免影射差役，两无归着，势不可行，卒寝其议。而徐尚《书平浰碑后》乃谓割地以建和平，误矣。至新旧《府志》更谓崇祯九年新建连平州，又割龙南县南境以益之，幅员不复如故。考龙邑之南，旧与广东河源县分水圳接壤，其割置连平州者，乃河源地，非龙南县地。既析之后，分水圳始属连平州，因与连平州壤址相错耳。《府志》所云，未可尽据。

同治《赣州府志》卷2《舆地志·疆域·龙南县》第54页

卷3《舆地志·城池》

龙南县城，宋隆兴元年，县令段秀实始作土城。高一丈，围三百五十丈。濠深五尺，阔倍之，长四百二十丈。建四门，北门后塞（张《志》）。明洪武十五年，广寇毁。成化元年，巡按陈选檄知县谢泽，课民陶甓为城，高一丈五尺，广一丈二尺，围四百二十丈，为雉堞七百五十有奇。建城楼三座，旧设北门上亦建楼，曰"望江"，后废。宏治元年，闽寇破城，知府李琎、署县郭荣华葺治，建警铺二十二间，以居防守者，浚濠，设三石闸以潴水。杨拱记（《通志》）。二年，知县张文增修警铺三间。正德七年，山贼徐允富扰境，通判徐珪增高城垣五尺。九年，东门楼圮，知县李聪重建。十三年雨，城圮二十余丈。署县事推官危寿白都御史王守仁、知府邢珣，给官帑重修。嘉靖三年，主簿苏珪再修。九年雨，圮过半。十年，都御史陶谐命同知伍佐鬠完。万历三年，知县王继孝重修，自为记（《通志》）。周四里有二百武，加高三尺。崇祯九年，都御史潘曾纮命署县谭心学扩城垣近千丈，周六里余，高二丈有奇，雉堞九百余，门六：东"拱翠"、东北"朝阳"、南"昭华"、正南"向明"、西"西成"、西北"镇安"。十三年，知县卓震增高四之一。

国朝顺治三年，知县吕应夏因昭华门外寇警，浚濠深四尺，广四之。循城横过一百数十丈，直达西河。五年，流贼破城，六门俱毁。七年，知县贾程谊修葺。十三年，朝阳门楼火。十六年，知县高光国重建。十八年，又建"护龙台"于北城（张《志》）。城内外水皆汇流于朝阳门左右闸，泄于渥江（旧《志》）。康熙三十三年，大水，城圮过半，知县郑世逢复修（张《志》）。五十九年，大水，又圮，知县徐上复修，易护龙台曰"镇龙"（旧《志》）。嘉庆十四年，朝阳门楼火。二十一年，邑人捐金修复。二十二年，邑人捐修昭华门楼。二十五年，邑人捐修镇安门楼（李《志》）。道光二十八年，巡道周玉衡檄知县杨豫成修城，周倡捐三千金，邑人捐赀如数，城楼、雉堞焕然一新。咸丰六年，知县马修良加高城垣三尺，增筑炮台于六门，各门一座。九年，知县苏霈芬建筑月城，广一里，袤二里半有奇，高一丈五尺，厚六尺。门七，陴堞三百三十七，炮台五（《县志》新增）。

同治《赣州府志》卷3《舆地志·城池·龙南县》第79—80页

卷5《舆地志·山》

弹子石，在县东北二里，孤峙江浒，状若弹丸，石青茜如染黛。又二里许为玉石岩，有上岩、下岩、新岩，洞广数十丈。旧有玉迹寺，以旁有巨人迹得名。宋太宗赐书百二十卷，建阁藏之，后毁于兵。治平间，赐寺额曰"普和"，久废。明万历间，知县王继孝构亭建坊，颜曰"天开图画"，曰"玉岩胜景"，集宋元明诗文一卷，名《玉岩志》。下岩与上岩联络，北折里许，至岩门，宽九尺余，曰"玉虚岩"。左一窦，俯平畴，知县文程筑省耕台，今废。洞左宏敞，右稍逼，两旁有石柱支撑，折而登，平台如仰，岩形似陶瓮。上有巨牖，员阔二三丈许。前有石钟、云版，飞石击之有声。有小木大士像，悬置中壁。循半为鞠躬门，明知府邢珣开凿也。游者持烛偻而入，深可百十丈，内有狻猊、巨象及惊蛇挂壁，形皆极肖。岩尽为龙井，深不可测，以石投之，音逾时不绝。王守仁征浰旋师，憩息岩中，悬壁勒"阳明小洞天"五字小篆书，又镌《平浰记》于上。玉峰山庵在岩下。从玉虚洞门右折而上，为新岩。岩中石柱、石鼎、石台、石凳等玲珑窈窕，凡六七洞，视二岩尤胜。

明王守仁平寇回驻龙南，憩玉石岩，双洞奇绝，徘徊不忍去，因寓以"阳明小洞天"之号，兼留此作

甲马新从鸟道回，揽奇还更陟崔嵬。寇平渐喜流移复，春暖兼欣农务开。两窦高明行日月，九关深黑闭风雷。投簪正好支筇地，恋土犹怀旧钓台。

洞府人寰此最佳，当年空自费青鞋。麾幢旖旎悬仙仗，台殿高低接纬阶。天巧固应非斧凿，化工无乃太安排。欲将点瑟携童冠，揽就春云结小斋。

处处人缘山上巅，夜深风雨不能前。山灵丛郁休瞻日，云树弥漫不见天。猿叫一声耸耳听，龙泉三尺在腰悬。此行漫说多辛苦，也得随时草上眠。

阳明山人旧有居，此地阳明景不如。但在乾坤皆逆旅，曾留信宿即吾庐。行窝已许人先号，别洞何妨我借书。他日巾车归旧隐，应怀兹士复乡闾。

李《志》云：窦《志》《县志》载文成《玉石岩诗》五章。及检《阳明集》知"春山随处"一章，乃《再至阳明别洞和邢太守韵》二首之一，前诗实四章也，今为订正。《和邢诗》详《名迹》。

同治《赣州府志》卷5《舆地志·山·龙南县》第124—125页

卷18《舆地志·名迹》

龙井，在玉石岩鞠躬门内，深不可测，以石投之，音逾时不绝。邑人黄今有记（参张《志》）。

国朝 黄今 玉石岩龙井记

玉石岩龙井,太守邢公珣开凿也。明正德间,王文成平三浰,开玉石岩,颜曰"阳明小洞天"。时邢公亦回军驻龙南,开岩内石壁如小窦,俗称"鞠躬门"。门以内石径空嵌,沿径数十丈,是为龙井。游人持烛偻而入,泥石油滑,上有狻猊、巨象、惊蛇挂壁,又有如犬者,如荷花、荷叶者,皆极形肖。蹑石磴十余级而上,有石如蛙,清泉直滴蛙背。再行数武,始达龙井。井上有一线天,亭午日光射入,仰视如罅,云烟蓬勃,似井中午起者。投之以石,逾时响犹不断。游人至此,必蹑足凝神,不敢作俯探状。定南人熊某失足入,将及数丈,为横石隔而止,四顾深黑,仿佛间有人告之曰:"此仙境,何缘到此?吾掖汝以上。令蹲伏,明日有坠石声,试仰首号鸣,当引汝出。"及期果然。相传井旁有石醉仙仰卧,好事者置以美酒,间日辄尽,其灵异大都类是。邑人唐翠章者,好奇士也,尝裹粮游彤华、归美诸山,居岩侧里许,自以龙井之胜未曾入探为憾。既而饮于岩,醉甚,诸少年语以"井中多灵迹,试入,当必有遇",取竹缆结作履形,纳足其中,腰胁交维,数人曳持之,乃缒,执炬而下。甫驻足,石铦利如剑戟,或膝行,或手扪,形疲不可耐。数丈有石如车盖,至是必微俯其躬,辗转达之。自此而下,欹斜如螺旋,约历三曲,稍平坦可步,始解缆。步折而西下十余丈,中间一大坪,广袤约丈许,盘以巨石,疑此即井底也。坪之西,积石一堆,即游人所投者。东有骷髅一副。石底别有小洼,注水三四尺,不满不竭,以手掬之,冻冷入骨。有石罅溜下,如琴瑟声,如风吹竹梧声,变幻非一端。《志》称井通泉脉,入糠秕以验,流出龙湫。据此,则井水止而不留,旧说似讹。惟四壁多别窦,形亦空嵌,欲更觅径以入,炬尽而止。

予谓天地之奇,不容一览而尽,其间雕铲元气,锤凿幽险,而置诸混沌闭塞之中,蛰虫之所不穴,榛莽之所不宅,旦旦晦之所不知,圆灵曜景之所不一到,道家所谓形与神全,知希为贵者与?然积久而见,潜隐乃彰。如斯井者,当年未遇邢公,则闭藏岩石间,虽千百年,龙井之名卒不著,即著矣，而不得好奇者身历其境，其奇亦不传。地之显晦，殆有时焉，非特武夷、九曲、天台再至为足供人间搜探也，是不可以不记。

玉石岩石刻

王守仁征浰旋师，道经岩前，题诗憩止（诗详《志·山》）。勒"阳明小洞天"篆书五字，镌《平浰记》于岩壁，云"四省之寇，惟浰尤黠，拟官僭号，潜图孔炽。正德丁丑冬，犖、瑶既殄，益机险阱毒，以虞王师。我乃休士归农以绥之。戊寅正月癸卯，讨擒其魁，遂进兵击其懈。丁未，破三浰，乘胜追北。大小三十余战，灭巢三十有八，俘斩三千余。三月丁未，回军，壶浆道迎，耕父遍野，父老咸欢。农器不陈，于今五年。复我常业，还我家室，伊谁之力？赫赫皇威，匪威曷凭？爰伐山石，用纪厥成"（据徐上《平浰碑跋》、李《志》）。

李《志》云：阳明小洞天，《省志》载在赣县通天岩者，盖沿《名胜志》之误。

明　王守仁　再至阳明别洞和邢太守韵诗

春山随处款归程，古洞幽虚道意生。涧壑风泉时远近，石门萝月自分明。林僧住近炊遗火，野老忘机席罢争。习静未缘成久歇，却惭尘土逐浮名。

国朝　倪长犀　阳明小洞天诗

文成百战纪丰功，凿字生金此洞中。手辟云霞开户牖，亲移日月照幽蒙。清音四壁闻钟鼓，海气千寻饮蜃蛛。幸是干戈犹偃息，后时游赏与公同。

同治《赣州府志》卷 18《舆地志·名迹·龙南县》第 402—403 页

卷 25《经政志·学校》

明　缪铭　重修县学记

学校之设，尚矣。昉于唐虞而盛于三代，至汉、唐、宋因革迭乘，而治效基之。我太祖高皇帝建国之初，首诏天下郡邑，申明学制，立庙以祀先师孔子，配以门弟子暨后儒有功斯道者，咸秩从祀。其一切僭经叛道者黜之，崇正学也。是以百五十余年，真儒效用，猗欤休哉！

龙南庙学建自宋元祐间，但近迫城南，兼以湫隘。成化辛卯，始徙于县治之西，为左庙右学之制。岁久湮汩，栋宇不支。正德丙子，铭由宜春承乏掌教事，大惧无以妥圣贤而风士习，亟会诸生议，请允执政。越二年，戊寅正月，都宪王公守仁、宪副杨公璋、郡守邢公珣，提兵征浰至邑。三月奏凯，献俘于庙。既而都宪王公顾瞻慨叹曰："庙祀弗虔，教基弗妥，群有司之咎，典教者之责也，咨汝邢，惟财用是资。"逾日，果罚干纪者金几百锾贮县治，曰："木石工需，坐是以给。"谕缪铭总其事，稽其盈缩以告。命邑士李淳、月华曰："汝夙夜劳王事，主廪饩，务称功能，罔或不经，不经有罚。"铭等受命惟谨。而司训彭君智续至，亦协勤止，乃崇筑厥基，撤旧更新，相宜树表。唯是为大成殿，为庑，为戟门；其后也，为明伦堂，为斋；其前也，为棂星门，为儒学门；又唯是为藏书库，为馔堂，为生徒舍宇；仍其右，为学职之廨三区；仍其左，为观德亭。垣墉关键，式考其制。经始于己卯正月，越八月而功就绪。会县尹蒋侯玮来任，首塑圣像并四配十哲，余皆以次卒工。判府文公运，主簿方君侃、苏君珪，典史沈君旋，皆相继赞理，与有力焉。

敬卜日告成，已而诸生谒曰："庙堂之新，先生作之，诸君子成之，提督学政周公广闻而喜之。大役也，不可无纪。先生为邑太史，无多让。"因敢僭言曰："二三子其知庙学之所以新乎？群材杰工，以斫以削，大之为栋梁，下之为榱桷。涂而为质，绘而为文，积之累之，工用乃成。夫学，亦犹是也。孔子之道，载诸六经。仁、义、礼、知其性，恻隐、羞恶、辞让、是非其情，君臣、父子、夫妇、长幼、朋友其伦，文、行、忠、信其教，炳如也。虽先王之世，师之所以教，弟子之所以学，以是固无甚异于人，而古今迥不相类者，岂道远乎哉？人自离之耳。今之学者，诚能由其教以尽其伦，验其情以率其性，则孔子之道将不在六经，而在吾之一心。由是而质之，以古今人物之贤以按其行事，存之而为德行，发之而为文章，举而措之天下，则为正大光明之业。固无施而不准,不犹所谓'群材斫削,栋梁榱桷'之谓乎?诸生适际新庙学之会,而皆有自新新民之志,故敢以孔子之道进之庸风。汝邑之来者,使徒侈庙堂之言言,衣冠之济济,趋末学以邀功利,则非铭之所知,亦非国家建学之初意。汝诸生其图之。"

同治《赣州府志》卷 25《经政志·学校·龙南县》第 494 页

卷 26《经政志·书院》

龙城书院,在县城南门内。康熙二十八年,知县郑世逢捐建(《通志》),自为记。乾隆二年,知县方求义废书院正厅(旧《志》)。十八年,知县梁其光复建正厅,颜曰"崇实堂"(《县志》)。六十年,知县左方海改额曰"龙门书院"(《县志》)。祀濂溪、二程子、横渠张子、朱子、胡安定、文文山、王阳明、胡敬斋、邹东皋(同上)。

同治《赣州府志》卷 26《经政志·书院·龙南县》第 521—522 页

卷 32《经政志·武事》

十二年三月,南赣巡抚王守仁调三省兵,攻信丰、龙南流贼,连败之。贼突至信丰,守仁令乘险设伏,厚集以待之。乃潜兵往径道夹攻,贼奔溃,于象湖山拒守。又潜捣其巢穴,大败之。贼复溃,入流恩、山冈等巢,寻遁去。五月,守仁平詹师富等二十余巢,又饬知府季敩擒斩陈日能,平其巢穴。七月,守仁请提督军务,许之。左溪贼蓝天凤等,与赣南下新、稳下等洞贼雷文聪、高文辉等,盘踞千里。十月,守仁平横水、左溪。十一月,平桶冈,乃设崇义县于横水,控诸瑶。出师两月,平贼巢八十四处(《明史纪事》)。

是年二月,龙南反招贼首黄秀魁,纠合广东龙川县浰头池大鬓(即仲容)、大安、大昇(谢《志》作仲安、仲宁)等共为一阵,贼首黄金巢自为一阵,势甚猖獗。南康县丞舒富统兵与战,杀贼二十余人,贼众拥至,手杀陈礼魴、百长钟德昇等,溃走。南康报效义士杨习举战死,经历王祚被执。富与义民萧承、千户林节,收集余众,退守南营山。后贼差人告招,本道杨璋差萧承往抚,放回王祚,贼返原巢。又委百长王受等同已招贼首黄秀玑往安远,截捕流贼赖振禄等。行至湖江背,秀玑反招,令伊弟大满、细满等烧毁刘必甫房屋,仍与振禄连谋行劫。受督率兵快于黎坑、磜下,杀获黄秀玑、大满、细满、积瑜首级四颗。

四月,池大鬓同反招贼首黄秀魁、陈秀显等,纠众四百余,打劫千长何甫等家。王受率兵夫于陈坑水交锋,杀获首从贼人陈秀显等首级十二颗,余贼遁归巢(《王文成全书》)。

十一月,守仁平桶冈寨,还至赣州,议讨浰头贼。初,守仁之平詹师富也,龙川贼卢珂、郑志高、陈英请降。及征横水、浰头,贼将黄金巢亦以五百人降,独池仲容未下。横水破,仲容始遣弟仲安来归,而严为战守备。守仁劳以牛酒,问故,仲容诡言:"珂、志高,吾仇也,将袭我,故为备。"守仁佯杖系珂等,阴使珂弟集兵以待。遂下令散兵。岁首,大张灯乐(《明史·王文成传》)。

十三年正月,赐仲容以新历,诱入谢。仲容率九十三人营教场,自以数人入谒。守仁呵之曰:"若皆吾民,屯于外,疑我乎?"悉引入祥符宫,厚饮食之。贼大喜过望,守仁密进兵,留仲容观灯乐。正月三日大享,伏甲士于门外,诸贼入,以次擒戮之。自将抵贼巢,连破上、中、下三浰,斩馘二千有奇。余贼奔九连山,山横亘数百里,陡绝不可攻,乃简壮士七百人,衣贼衣奔崖下,贼招之上,遂据其险。官军进攻,内外合击,擒斩无遗。乃于下浰立和平县,置戍而还(《明史·王文成传》)。

浰水在龙南、龙川交境,池仲容与弟仲安、仲宁,皆虓猛善斗,负固称雄,信丰、龙南、安远、会昌累受荼毒。仲容有幻术,急则遁形水草中,名为"插青",以故剿之不克,抚之不从,当事者无如之何。守仁廉知贼善遁,计欲生致之,乃遣人颁历三浰,诱令入谢,馆之祥符宫,供具整洁华赡,所属官僚以次宴犒。馆伴与贼相狎者又私饭仲容于娼家。既连日夜矣,则令二三力士阑入，假使酒而与仲容争，因殴伤其目，里甲告急。守仁问故，阳怒，杖酒徒。明日，命医疗其目，密用药翳之，毋使得插青遁也。值元旦，令有司以次日大飨仲容，潜伏甲士数百人。贼众入院，盛张鼓乐，不闻人声，凿银分厉，贼受赏，两手不胜，复以花红绊系，乃劳之酒，三叩头出，甲士尽殪之门外。既毕事，日未晡也。初七日，率兵诣浰，诸哨已集，遂捣其巢，三月班师，奏立和平县（参张《志》、谢《志》）。

正月癸卯朏，王公度诸兵已集，引仲容入，并其党戮之。亟使人约诸兵入巢。越四日丁未，同时并进。其军于龙川者，惠州知府陈祥率通判徐玑等从和平都入，指挥姚玺率新民梅南春等从乌龙镇入，孟俊率珂等从平地水入。军于龙南者，赣州知府邢珣率同知夏克义、知县王天与等从太平保入，推官危寿率义民叶芳等从南平入，守备指挥郑文率义官孙舜洪等从冷水迳入，指挥余恩率百长王受等从高沙保入。军于信丰者，南安知府季敩率训导蓝铎等从黄田冈入，县丞舒富率义民赵志标等从乌迳入。公自率中坚捣下浰大巢。副使杨廷宜督余哨会于三浰。贼党自仲容至赣，备已弛，闻官兵骤入，皆惊失措，分投出御，悉精锐千余迎敌于龙子岭。我兵列为三冲，犄角而前。恩以王受兵首与贼战，却之。奋追里许，贼伏四起，击受，危寿乃以芳兵鼓噪往援，俊复以珂等兵从旁冲击，呼声震山谷，贼大败而溃。遂并上、中二浰克之。各哨兵乘胜奋击，是日，破巢十一，曰热水、五花嶂、淡方、石门、上下陵、芳竹湖、白沙、曲潭、赤塘、古坑、三坑。明日分道击贼，己酉，破巢凡六，曰铁石嶂、羊角山、黄田坳、岭冈、塘含冈、尾溪。庚戌，破巢二，曰大门山、镇里寨。辛亥，破巢九，曰中村、半迳、都坑、尺八岭、新迳、古地、空背、旗岭、顿冈。癸丑，破巢四，曰狗脚坳、水晶洞、五洞、蓝洲。丙辰，破巢二，曰风盘、茶山。

其奔者尚八百余徒，聚于九连山，山峻而袤广，与龙门山后诸巢接。虑其势合难制，乃选锐士七百余人，衣所得贼衣，乘暮而入。贼以为其党也，从崖下招呼，我兵亦佯与和应，已度险，扼其后路。明日贼始觉，并力来敌，我兵从高临下，击败之。公度其必溃，豫戒各哨设伏以待。乙丑，覆之于五花阵，于中村，于北山，于风门坳。

分逃余孽尚三百余，各哨会兵追之。二月辛未，复与战于和平。甲戌，战于上、下坪。丁丑，战于黄田坳。辛巳，战于铁障山。癸未，战于乾村，于梨树。乙酉，战于劣竹。壬辰，战于百顺，于和洞。己未，战于水源，于长吉，于天堂寨。谍报各巢桀恶者已尽，惟胁从二百余聚九连山谷，呼号乞降。遣珣往抚之，籍其名，处之白沙。乃经理立县设隘，班师而归，时戊寅三月丁未也（费宏《平浰记》）。

龙川上、中、下三浰等巢，共三十八寨。贼首池仲容等三十余人盘踞流劫。都御史王守仁以次荡平其巢，因得其"金龙霸王"印及僭逾袍服旗帜以献捷（谢《志》）。

同治《赣州府志》卷32《经政志·武事》第587—589页

卷52《人物志·忠义》

陈仲昂，定南人。少从军安远太平营，以勇力拔把总。正德十二年，浰贼池仲容劫安远、龙南，昂统乡勇杀贼弟仲宾、仲宝及黄天爵等数十级，贼狼狈去。军门王公守仁奖劳之。嘉靖三十年，逆贼李鉴复炽。鉴，仲容余孽也，仇杀安远龙泉、小石诸堡，焚掠甚于仲容。昂奋激誓灭贼。贼知昂勇悍，设伏林莽，诈败。昂果夜追至，环起丛刺，乡众奔溃，昂力战而死。贼遂转掠其家，杀男妇三十余口。乡人立庙祀焉，曰陈把总庙（据《定南志》增）。

同治《赣州府志》卷52《人物志·忠义·明》第954页

卷54《人物志·儒林》

月华，龙南人，郡廪生。少以经学著名，后从王守仁为良知之学。归，日坐一室，超然默悟，学者宗之。守仁平浰头，回军驻邑中，有议欲迁明伦堂，属华经理，华捐金助之（《龙南志》）。

同治《赣州府志》卷54《人物志·儒林·明》第994页

卷67《艺文志·明文》

费宏 铅山人 大学士 平浰记

惠之龙川，北抵赣，其山谷贼巢，亡虑数百，而浰头最大。浰之贼肆恶以毒吾民者，亡虑数千，而池仲容最著。仲容之放兵四劫，亡虑数十年，而龙川、翁源、始兴、龙南、信丰、安远、会昌以迩巢，受毒最数。

正德丁丑之春，信丰复告急于巡抚都御史王公伯安。召诸县苦贼者数十人，问何以攻之。皆谓非多集狼兵不济，又谓狼兵亦尝再用矣，竟以招而后定。公曰："盗以招蔓，此顷年大弊也，吾方惩之，且兵无常势，奚必狼而后济耶？若等能为吾用，独非兵乎？"乃与巡按御史屠君安卿、毛君鸣冈合疏以剿请，又请重兵权、肃军法，以一士心。诏加公提督军务，赐之旗牌，听以便宜区画，惟功之有成，不限以时。

时横水、桶冈盗亦起，而视浰为急。公议先攻二峒，乃会兵以图浰。凡军中筹画，多谘之兵备副使杨君廷宜，请汰诸县机兵，而以其佣募新民之任战者，取赎金、储谷、盐课以饷之，而兵与食足焉。

二峒之攻，虑仲容乘虚以扰我也，谋伐其交，使辩士周祥等谕其党黄金巢等，得降者五百人，藉以为兵，仲容独愤不从。冬初，闻横水破，始惧，使弟仲安率老弱三百人来，图缓兵且我觇也。公阳许之，使据上新地以遏桶冈之贼，而实迟其归图。

阅月，仲容闻桶冈破，益惧，为备益严。公使以牛酒饷之，贼度不可隐，则曰："卢珂、郑志高、陈英，吾仇也，恐其见袭而备之耳。"珂等皆龙川归顺之民，有众三千，仲容胁之不可，故深仇之。公方欲以计生致仲容，乃阳檄龙川卢珂等构兵之实，若甚怒焉。趣浰刊木，且假道以诛珂党。十二月望，珂等各来告仲容必反。公复怒其诬构，叱收之。阴谕意向，使遣人先归集众。

待兵还自桶冈，公合乐大飨，散之归农，示不复用。使仲安亦领众归。又遣指挥俞恩谕仲容毋撤备以防珂党。仲容亦喜，前所遣辩士因说之亲诣公谢，且曰："往则我公信尔无他，而诛珂等必矣。"仲容然之，率四十人来见。公闻其就道也，密饬诸县勒兵分哨。又使千户孟俊伪持一檄经浰巢，宣言将拘珂党，实督集其兵也。贼导俊出境，不复疑。

闰十二月下弦，仲容既至赣，是夕释珂等驰归。縻仲容，令官属以次飨犒。明年正月癸卯朏，公度诸兵已集，引仲容入，并其党擒之。出珂等所告，讯鞫具伏，亟使人约诸兵入巢。

越四日丁未，同时并进。其军于龙川者，惠州知府陈祥率通判徐玑等从和平都入，指挥姚玺率新民梅南春等从乌龙镇入，孟俊率珂等从平地水入。军于龙南者，赣州知府邢珣率同知夏克义、知县王天与等从太平堡入，推官危寿率义民叶芳等从南平入，守备指挥郑文率义官孙舜洪等从冷水迳入。余恩率百长王受等从高砂堡入。军于信丰者，南安知府季敩率训导蓝铎等从黄田冈入。县丞舒富率义民赵志标等从乌迳入。公自率中坚督文捣下浰大巢，副使君督余哨会于三浰。贼党自仲容至赣，备已弛矣，至是闻官军骤入，皆惊失措。方分头出御，而悉其精锐千余迎敌于龙子岭。我兵列为三冲，犄角而前。恩以受兵首与贼战，却之。奋追里许，贼伏四起，击受。俊、寿乃以芳兵鼓噪往援，俊复以珂等兵从旁冲击，呼声震山谷，贼大败而溃。遂并上、中二浰克之。各哨兵乘胜奋击，是日，遂破巢十一：曰热水，曰五花障，曰淡方，曰石门，曰上下陵，曰芳竹湖，曰白沙，曰曲潭，曰赤塘，曰古坑，曰三坑。

明日，探贼所奔，分道急击。己酉，破巢凡六：曰铁石障，曰羊角山，曰黄田坳，曰岭冈，曰塘含冈，曰尾溪。庚戌，破巢凡二：曰大门山，曰镇里寨。辛亥，破巢凡九：曰中村，曰半迳，曰都坑，曰尺八岭，曰新迳，曰古地，曰空背，曰旗岭，曰顿冈。癸丑，破巢凡四：曰狗脚坳，曰水晶洞，曰五洞，曰蓝洲。丙辰，破巢凡二：曰风盘，曰茶山。

其奔者尚八百余徒，聚于九连山，山峻而袤广，与龙门山后诸巢接。公虑以兵进迫，其势必合，合难制矣。乃选锐士七百余人，衣所得贼衣，若溃而奔，取贼所据崖下间道乘暮而入。贼以为其党也，从崖下招呼，我兵亦佯与和应，已度险，扼其后路。明日贼始觉，并力来敌，我兵从高临下，击败之。公度其必溃也，预饬各哨设伏以待。乙丑，覆之于五花障，于中村，于北山，于风门坳。

分逃余孽尚三百余徒，各哨乃会兵追之。二月辛未，复与战于和平。甲戌，战于上坪、下坪。丁丑，战于黄田坳。辛巳，战于铁障山。癸未，战于乾村，于梨树。乙酉，战于劣竹。壬辰，战于百顺，于和洞。乙未，战于水源，于长吉，于天堂寨。谍报各巢之稔恶者盖几尽矣，惟胁从二百余徒聚九连谷山，呼号乞降。公遣珣往抚之，籍其名，处之白沙。

公率副使君乃即祥应、和平，相其险易，经理立县设隘，庶几永宁。遂班师而归，盖戊寅三月丁未也。凡所捣贼巢三十八，擒斩贼首二十九人，中酋三十八人，从贼二千六十八人，俘贼属男妇八百九十人，卤获马牛器仗称是。是役也，以力则兵仅数百，以时则旬仅六浃，遂能灭此凶狡稽诛之寇，以除三徼数十年之大患，其功伟矣。

捷闻，有诏褒赏，官公之子世锦衣百户，副使君加俸一秩。于是邢侯、夏侯、危侯偕通判文侯运、吴侯昌，谓"公兹举足以戒不轨而昭文德，不可以无传也"，使人自赣来请余书其事。

嗟乎！佳兵者不祥之器，王公用儒者谟谋之概，而乃躬擐甲胄，率先将士，下上山谷，与死寇角胜争利，出于万死。而公平日岂习为杀伐之事而贪取摧陷之功以为快哉？顾盗之与民不容并育，仇则莠骄害苗而养之弗孳，纵虎狼之狂噬而听挈牧之衰耗，此不仁者所不忍为，而公亦必不以不仁自处也。公之心，予知之，公之功则播之天下，传之后世，何俟于予之书之也。然而，人知渠魁之坐缚，凶孽之荡平，以为成功如此其易，而不知公之筹虑如此其密,建请如此其忠。上之所以委任如此其专,副使君之所以赞佐如此其勤,文武将吏之所以奔走御侮如此其劳,而功之所以成如此其不易,是则不可以不书也。予故为备书之,以昭示赣人,庶其无忘,且有考焉。

同治《赣州府志》卷 67《艺文志·明文》第 1211—1213 页

五、龙南县志

康熙十二年《龙南县志》

康熙十二年《龙南县志》，[清]马镇纂修，《国家图书馆藏地方志珍本丛刊》第458—459册，天津，天津古籍出版社，2016年。

卷1《舆地志》

玉石上岩，在县北五里，有石莹如白玉。山半有洞，中广数十丈，旁有巨人迹。宋太宗赐书百二十卷，邑人依岩建阁藏之，后厄于兵燹。下有玉迹寺，治平间，赐寺额"普和"，久废。万历甲戌，知县王公继孝构亭建坊，匾曰"天开图画"，曰"玉虚胜景"。招道人典祀香火，且以候士大夫之游观者。其宋元明诗文别为集一卷，名曰《玉岩志》。

玉石下岩，在玉石上岩右。门左一窦，俯平畴，临田文公程筑台其上，题曰"省耕"。重重深入，旁有石钟鼓、石田圳之类。进登高台，大窦通天，明浃空洞，可列卓款客百人坐立。正德戊寅，都宪王公守仁征浰，凯还憩息其中，题曰"阳明小洞天"，并留诗记。又一洞，罄折而入，郡守邢公题曰"鞠躬门"。有小窍，微光尽处一井，旋回下穿，不可以底，投之以石，则硿硿有声，久而后止。居人谓其下通龙湫。详见《岩志》。

玉石新岩，即玉石下岩后，路僻径深，中石如玉，多为水痕。诸石柱、石门扇之类，虽刻画不及，空洞旷邈，视二岩大胜。内凡六七洞，或下而深入，或升而上穿，余谓杭州飞来峰不是过也，第须火入为少让耳。且意即与通天岩中龙井处相接彼此，洞窄，人不能通耳。乡人以新得，故曰新岩。余谓不当另呼也。详见《岩志》。

康熙十二年《龙南县志》卷 1《舆地志·山川》第 458 册第 568—571 页

县初无守备官兵，成化改元，因寇攻劫县治，始发赣州卫指挥千、百户各一员，领旗军三百名。后平，止留官一员，旗军五十名。又发信丰守卫千户所官一员，领旗军一百名，各轮班操守。至成化二十三年，都御史李公昂奏奉于民户内编金机兵两百名。正德间，都御史王公守仁加编为六百，每岁定期同守备军演习武艺。后守备官罢，民兵亦减作三百名。今裁，只留五十名，改为民壮。

康熙十二年《龙南县志》卷 1《舆地志·险隘兵防附》第 458 册第 599—600 页

阳明王公谕俗六章，载在旧《志》，公之遗教不可泯也，今仍附焉。

阳明王公谕俗文四首

见人之为善，我必爱之。我能为善，人其有不爱我者乎？见人之为不善，我必恶之，我苟为不善，人其有不恶我者乎？故凶人为不善，至于杀身亡家而不悟者，由其不能自反也。

今人为子孙计，或至谋人之业，夺人之产。日夜营营，无所不至。昔人谓为子孙作马牛，然身死未寒，而业已属之他人。仇家群起而报复，子孙反受其殃，是殆为子孙作蛇蝎也。吁，可戒哉！

为善之人，非独其宗族亲戚爱之，朋友乡党敬之，虽鬼神亦阴相之。为恶之人，非独其宗族亲戚叛之，朋友乡党怨之，虽鬼神亦阴殛之。故积善之家，必有余庆，积不善之家，必有余殃。

今人不忍一言之忿，或争铢两之利，遂相构讼。夫我欲求胜于彼，则彼欲求胜于我。仇仇相报，遂至破家荡产，祸贻子孙。岂若含忍退让，使乡里称为善人，子孙亦蒙其庇乎！

康熙十二年《龙南县志》卷 1《舆地志·风俗》第 458 册第 619—621 页

又谕告乡约一首

咨尔民,昔人有言:蓬生麻中,不扶而直;白沙在泥,不染而黑。民之善恶,岂不由于积习使然哉?往者新民盖常弃其宗族,畔其乡里,四出而为暴,岂独其性之异,其人之罪哉?亦由我有司治之无道,教之无方。尔父老子弟所以训诲戒饬于家庭者不早,薰陶渐染于里闬者无素,诱掖奖劝之不行,连属协和之无具,又或愤怨相激,狡伪相残,故遂使之靡然日流于恶,则我有司与尔父老子弟皆宜分受其责。呜呼!往者不可及,来者犹可追。

故今特为乡约,以协和尔民。自今凡尔同约之民,皆宜孝尔父母,敬尔兄长,教训尔子孙,和顺尔乡里;死丧相助,患难相恤,善相劝勉,恶相告戒;息讼罢争,讲信修睦;务为良善之民,共成仁厚之俗。呜呼!人虽至愚,责人则明;虽有聪明,责己则昏。尔等父老子弟,毋念新民之旧恶而不与其善,彼一念而善,即善人矣;毋自恃为良民而不修其身,尔一念而恶,即恶人矣。人之善恶,由于一念之间。尔等慎思吾言,毋忽!

又告谕一首

百姓风俗不美,乱所由兴。今民穷苦已甚,而又竞为淫侈,岂不重自困乏?夫民习染既久,亦难一旦尽变,吾姑就其易见易改者,渐次诲尔:

今后尔民居丧,不得用鼓乐、为佛事。竭赀分帛,费财于无用之地,而俭于其亲之身,投诸水火,亦独何心。病者皆宜求医药,不得听信邪术,专事巫祷。嫁娶之家,丰俭称赀,不得计论聘财妆奁,不得大会宾客,酒食连朝。亲戚岁时相问,惟贵诚心实礼,不得徒饰虚文,为送节等名目,奢靡相尚。街市村坊,不得迎神赛会,百千成群。凡此皆靡费无益。有不率教者,十家牌邻互相纠察。容隐不举正者,十家均罪。

尔民之中岂无忠信循理之人?顾一齐众楚,寡不胜众,不知违弃礼法之可耻,而惟虑市井小人之非笑。此亦岂独尔民之罪?有司者教导之不明与有责焉。至于孝亲敬长、守身奉法、讲信修睦、息讼罢争之类,已尝屡有告示,谆切开谕。尔民其听吾诲尔,毋怠!

右公谕俗六章，切而不俚，辨而不肆，详而不繁，人人行之，即君子在是矣，岂但谕俗云哉。

明《志》俞琳曰：凡言俗必曰风者何？风，物之善入者也。是故取象于巽，巽者顺也，顺斯入矣。君子之德似焉，故曰君子之德风，是故齐以太公而其后尚功利，鲁以周公而其后崇信义。武城得子游而作弦歌，颍川得延寿而兴礼俗，则庶民之趋向恒于君子攸赖，可镜矣。昔人谓风俗之美恶由于习尚，而世道之升降系焉。为政君子，安得不慎所以感之者！

论曰：古者天子适诸侯，必命太史陈诗以观民风。《礼》又云"入国而问俗"。良以风俗，既已周知，而后可以徐施其政教。视民所群趋者何在，则为之防其流；视民所群忽者何端，则为之导其机。孰宜急而先之？孰宜缓而后之？故风俗一书，诚为治之先资也。昔宣圣录十五国风，美刺并存，良谓观其美可以令人慕，观其刺可以令人沮。余于风俗之编，不矜瑜，不匿瑕，非曰故如是，悯时病俗为也。盖有隐忧，不能不有所厚望焉。备志于斯，俾留心教化者，相俗为理，善其补救，美则益勉其未至，蔽则谨杜其方来，去俚而雅，挽浇而淳，宁无跂于居高而呼者哉！

康熙十二年《龙南县志》卷1《舆地志·风俗》第458册第619—629页

卷3《营建志》

正德戊寅春，城圮。都御史王公守仁、郡守邢公珣檄属县推官危公寿葺复。

康熙十二年《龙南县志》卷3《营建志·城池》第459册第14—15页

卷6《名宦志》

王守仁，字阳明，余姚人，由进士任赣州都御史。正德间十三年平浰，驻龙数阅月。时游玉石岩，伐石纪功，又亲书"阳明小洞天"五字于石壁，俱存。

康熙十二年《龙南县志》卷6《名宦志·使节》第459册第157页

杨璋，字廷仪，孝感人。由进士正德十三年任岭北副使，随王文成公剿浰有功，尝同游玉石岩，留诗刻石。

> 康熙十二年《龙南县志》卷6《名宦志·使节》第459册第158页

卷7《祠祀志》

阳明祠，在学宫忠节祠左，祀明王文成公守仁，祭日与文庙同。

> 康熙十二年《龙南县志》卷7《祠祀志》第459册第165—166页

银山庙，在太平堡，初建于元末，洪武四年重修。神有灵感，乡人祀以御寇捍患，无不应者。

> 康熙十二年《龙南县志》卷7《祠祀志》第459册第169页

卷9《乡贤志》

乡贤崇祀

赖时雍，上蒙保人。岁贡生。立志刚毅，心尤仁孝。置祭田、建义学，皆捐己资为之。正德三浰之役时，雍亦与谋焉。未仕，卒，乡族痛惜至今。

> 康熙十二年《龙南县志》卷9《乡贤志·贤达》第459册第227页

月华，坊内保人，少以经学著，郡廪庠。事二亲，曲为承顺，邑人难之。及从阳明为良知之学，遂去而归，日坐一室，超然默悟。阳明平征浰回驻邑中，有迁明伦堂之役，举以属君，即捐奉百金为助云。

> 康熙十二年《龙南县志》卷9《乡贤志·逸士》第459册第233页

卷11《纪事志》

明正德十二年丁丑，龙川上、中、下三浰等巢共三十八寨，大贼首池仲容、仲安、仲宁、谢振禄等三十余人盘据一方，密迩邑境，不时流劫，屡经狼兵夹攻，芟除不尽。都御史王公守仁以次荡平其巢，因得其"金龙霸王"

印及僭逾袍服以献捷。有平浰等碑,并大学士费宏《平浰记》,俱附载《艺文》。

康熙十二年《龙南县志》卷 11《纪事志》第 459 册第 258—259 页

康熙四十八年《龙南县志》

康熙四十八年《龙南县志》,[清]闫士杰等修,[清]王元骥等撰,台北,台湾成文出版社影印本,1989 年。

卷首《序》

重修龙南县志序

天下之事,史乘载之。郡国之事,邑乘载之。天下之大,一邑之积也。邑乘成,则郡国之事可考而知矣。合邑而归之郡,合郡邑之志而归之史,天下之事可考而知矣。《周礼》小史与外史掌邦国四方之志,凡列国山川、风土、物产之详,咸登记注。古王者深居禁御,不下堂知天下,恃此具尔。今天子武功告成,申命同文,敕天下郡邑纂修旧志,以时上太史。余监治虔南,适董其事。而龙南则虔岩邑也,邑令邓子元贞受事数月,先以志成告,将付汗青,请余题其首简。余惟今之龙南非旧矣,自高砂、下历之割,而龙之疆索隘矣,自细徕阎寇之乱,而龙之户口耗矣。问志于龙,得无赋犹悬而畛已草窃乎!版犹登而民已兽散乎!然而胶庠秀士犹殷弦诵,登贤书者未阙于乡也。井里细民犹勤稼织,业珥笔者渐革其俗也。文成过化之风尚有存焉,得贤宰沐浴而咻噢之,变其巫诅之风,嘘以仁俭之泽,犹足起凋劼于既赢,剔朽蠹于将腐也。参之于志,大略可睹矣。夫志者,识也。识其沿革以备损益,识其贞衺以备法戒,订核失详,褒讥易位,即不能无憾于后之君子。范石湖非不稿志,吴郡竟以妄议而不得刊,非其明验耶?龙之旧志成于俞君琳,万历以后事实阙如也。兵燹之余,版付烟烬。邓子掇采旧闻,敦礼邑故,相与续成是编。其纪事也，核而不诡于实；其持论也，正而不病于激；其著宦绩而定乡评也，宁缺而无滥，宁质而不阿。览其载笔，犹有古良史遗意。以是隶之郡乘，可以上贡辀轩矣。抑余闻之，为治之道，相其萌而先杜之，乃可久安而不困。龙界九连三浰之间，祸害之兴皆起于外寇蹂躏，而清规首难则肇于署者之墨，莅斯土者可以知所戒矣。余不敏，惟是正本清源之道，愿与诸君子共勉焉，且乐观其政之成也。志云乎哉！

康熙二十二年岁次癸亥仲冬上浣，钦差分巡赣南道江西提刑按察使司佥事加二级、前兵部职方武选清吏司郎中、户部山东清吏司员外郎主事丁炜撰。

康熙四十八年《龙南县志》卷首《序》第1—11页

续修龙南县志序

予倅虔月余，龙令缺，当事檄予承事，不获辞。时际隆冬，乘舸沂流，旬日乃得抵所谓龙头者。因登高纵眺，见山峦如万戟攒簇，人终日于熊馆鸟道中盘旋。一水自西北奔来，悬挂丈许，舟上下真若入地登天，必尽空所载方得越。窃叹曰："此亦可以为治耶！"过此则安澜澄碧，直抱城隈，山色周遭，俨列雉堞，然各离城十数里，或数十里而远。田野平旷，黎庶朴勤，士大夫之接见者率皆雅雅鱼鱼，无儇巧佻浮之习，觉文成过化后，流风余韵犹有存者。间历玉石岩、清修山诸胜，清幽秀拔，真是别有洞天，乃知天下事殊未可以意测也。公余之闲，与二三友人翻阅邑乘，见有山水之穷渺奇奥者若而地，《艺文志》标奇纪胜琅琅可诵者若而编，节烈笃行以及奋起科名、栖隐岩谷者若而人，乃更窃叹曰："天下事真未可以意测也！"第考所修之志已经二十四载，虽山川如故，疆井依然，其间人物、文章、祥异、沿革之类，与时俱变者亦不一矣，及今不录，后将奚征？爰谋诸司铎徐君元曼、邓君旭章捐俸增修，礼聘邑之知名士孝廉王君之骥、钟君宏扬、陈君余芳、明经萧君之俊、赖君期会，文学王子大受、徐子之璘、廖子运晦、谢子上琨，互相采辑，慎别去取，凡阅月而告成。无滥收，无遗美，事同琢玉，巧若掇裘，彬彬乎洵可谓踵事而增华，核实以征信也已。或曰：官如传舍，况君特暂摄邦，还有日矣，何计事之长也？予曰：否否，昔之人有偶憩一室，必焚香扫地，如久居然者。今予一日在治，即一日之有司，修补阙遗，振起风教，诚有司责也，又何靳此区区，而不为一邑勷斯盛举，以继休于曩哲，而昭信于来兹哉。既授梓人，爰弁数语于端，以当岁月之纪。

康熙四十五年仲秋之朔，奉直大夫广西柳州府象州知州改判赣州府摄龙南县事横海闫士杰撰于桃署之嘉树轩。

康熙四十八年《龙南县志》卷首《序》第 31—43 页

卷 1《舆地志》

玉石上岩，在县北五里。有石莹如白玉，山半有洞，中广数十丈，旁有巨人迹。宋太宗赐书百二十卷，邑人依岩建阁藏之。后厄于兵燹。下有玉迹寺，治平间，赐寺额"普和"，久废。万历甲戌，知县王公继孝构亭建坊，匾曰"天开图画"，曰"玉虚胜景"。招道人典祀香火，且以候士大夫之游观者。其宋元明诗文别为集一卷，名曰《玉岩志》。

玉石下岩，在玉石上岩右。门左一窦，俯平畴，临田文公程筑台其上，题曰"省耕"。重重深入，旁有石钟鼓、石田圳之类。进登高台，大窦通天，明浃空洞，可列卓凝客百人坐立。正德戊寅，都宪王公守仁征浰，凯还憩息其中，题曰"阳明小洞天"，并留诗记。又一洞，磬折而入，郡守邢公题曰"鞠躬门"。有小窍，微光尽处一井，旋回下穿，不可以底，投之以石，则硁硁有声，久而后止。居人谓其下通龙湫。详见《岩志》。

玉石新岩，即玉石下岩后，路僻径深，中石如玉，多为水痕。诸石柱、石门扇之类，虽刻画不及，空洞旷邈，视二岩大胜。内凡六七洞，或下而深入，或升而上穿，余谓杭州飞来峰不是过也，第须火入为少让耳。且意即与通天岩中龙井处相接彼此，洞窄，人不能通耳。乡人以新得，故曰新岩。

余谓不当另呼也。详见《岩志》。

康熙四十八年《龙南县志》卷1《舆地志·山川》第114—115页

县初无守备官兵，成化改元，因寇攻劫县治，始发赣州卫指挥千、百户各一员，领旗军三百名。后平，止留官一员，旗军五十名。又发信丰守卫千户所官一员，领旗军一百名，各轮班操守。至成化二十三年，都御史李公昂奏奉于民户内编金机兵两百名。正德间，都御史王公守仁加编为六百，每岁定期同守备军演习武艺。后守备官罢，民兵亦减作三百名。今裁，止留五十名，改为民壮。

康熙四十八年《龙南县志》卷1《舆地志·险隘兵防附》第153—154页

阳明王公谕俗六章，载在旧《志》，公之遗教不可泯也，今仍附焉。

阳明王公谕俗文四首

见人之为善，我必爱之。我能为善，人其有不爱我者乎？见人之为不善，我必恶之；我苟为不善，人其有不恶我者乎？故凶人为不善，至于杀身亡家而不悟者，由其不能自反也。

今人为子孙计，或至谋人之业，夺人之产。日夜营营，无所不至。昔人谓为子孙作马牛，然身死未寒，而业已属之他人。仇家群起而报复，子孙反受其殃，是殆为子孙作蛇蝎也。吁，可戒哉！

为善之人，非独其宗族亲戚爱之，朋友乡党敬之，虽鬼神亦阴相之。为恶之人，非独其宗族亲戚叛之，朋友乡党怨之，虽鬼神亦阴殛之。故积善之家，必有余庆，积不善之家，必有余殃。

今人不忍一言之忿，或争铢两之利，遂相构讼。夫我欲求胜于彼，则彼欲求胜于我。仇仇相报，遂至破家荡产，祸贻子孙。岂若含忍退让，使乡里称为善人，子孙亦蒙其庇乎！

谕告乡约一首

咨尔民，昔人有言：蓬生麻中，不扶而直；白沙在泥，不染而黑。民之善恶，岂不由于积习使然哉？往者新民盖常弃其宗族，畔其乡里，四出而为暴，岂独其性之异，其人之罪哉？亦由我有司治之无道，教之无方。尔父老子弟所以训诲戒饬于家庭者不早，薰陶渐染于里闬者无素，诱掖奖劝之不行，连属协和之无具，又或愤怨相激，狡伪相残，故遂使之靡然日流于恶，则我有司与尔父老子弟皆宜分受其责。呜呼！往者不可及，来者犹可追。

故今特为乡约，以协和尔民。自今凡尔同约之民，皆宜孝尔父母，敬尔兄长，教训尔子孙，和顺尔乡里；死丧相助，患难相恤，善相劝勉，恶相告戒；息讼罢争，讲信修睦；务为良善之民，共成仁厚之俗。呜呼！人虽至愚，责人则明；虽有聪明，责己则昏。尔等父老子弟，毋念新民之旧恶而不与其善，彼一念而善，即善人矣；毋自恃为良民而不修其身，尔一念而恶，即恶人矣。人之善恶，由于一念之间。尔等慎思吾言，毋忽！

又告谕一首

百姓风俗不美，乱所由兴。今民穷苦已甚，而又竞为淫侈，岂不重自困乏？夫民习染既久，亦难一旦尽变，吾姑就其易改者，渐次诲尔：

今后尔民居丧，不得用鼓乐、为佛事。竭赀分帛，费财于无用之地，而俭于其亲之身，投之水火，亦独何心。病者皆宜求医药，不得听信邪术，专事巫祷。嫁娶之家，丰俭称赀，不得计论聘财妆奁，不得大会宾客，酒食连朝。亲戚岁时相问，惟贵诚心实礼，不得徒饰虚文，为送节等名目，奢靡相尚。街市村坊，不得迎神赛会，百千成群。凡此皆靡费无益。有不率教者，十家牌邻互相纠察。容隐不举正者，十家均罪。

尔民之中岂无忠信循理之人？顾一齐众楚，寡不胜众，不知违弃礼法之可耻，而惟虑市井小人之非笑。此亦岂独尔民之罪？有司者教导之不明，与有责焉。至于孝亲敬长、守身奉法、讲信修睦、息讼罢争之类，已尝屡有告示，谆切开谕。尔民其听吾诲尔，毋怠！

右公谕俗六章，切而不俚，辨而不肆，详而不繁，人人行之，即君子在是矣，岂但谕俗云哉。

旧《志》俞琳曰：凡言俗必曰风者何？风，物之善入者也。是故取象于巽，巽者顺也，顺斯入矣。君子之德似焉，故曰"君子之德风"，是故齐以太公而其后尚功利，鲁以周公而其后崇信义。武城得子游而作弦歌，颍川得延寿而兴礼俗，则庶民之趋向恒于君子攸赖，可镜矣。昔人谓风俗之美恶由于习尚，而世道之升降系焉。为政君子，安得不慎所以感之者！

论曰：古者天子适诸侯，必命太史陈诗以观民风。《礼》又云"入国而问俗"。良以风俗，既已周知，而后可以徐施其政教。视民所群趋者何在，则为之防其流；视民所群忽者何端，则为之导其机。孰宜急而先之？孰宜缓而后之？故风俗一书，诚为治之先资也。昔宣圣录十五国风，美刺并存，良谓观其美可以令人慕，观其刺可以令人沮。余于风俗之编，不矜瑜，不匿瑕，非曰故如是，悯时病俗为也。盖有隐忧，不能不有所厚望焉。备志于斯，俾留心教化者，相俗为理，善其补救，美则益勉其未至，蔽则谨杜其方来，去俚而雅，挽浇而淳，宁无跂于居高而呼者哉！

康熙四十八年《龙南县志》卷 1《舆地志·风俗》第 173—181 页

卷 3《营建志》

附崇祀理学先儒姓氏：……阳明王先生讳守仁，敬斋胡先生讳居仁，东皋邹先生讳元标。

康熙四十八年《龙南县志》卷 3《营建志·社学》第 234 页

卷 6《名宦志》

王守仁，字伯安，别号阳明，余姚人，由进士任赣州都御史。正德十三年平浰，驻龙数阅月。时游玉石岩，伐石纪功，亲书"阳明小洞天"五字于石壁，俱存。

康熙四十八年《龙南县志》卷 6《名宦志·使节》第 381 页

杨璋，字廷仪，孝感人。由进士正德十三年任岭北副使，随王文成公征浰有功，时同游玉石岩，留诗刻石。

康熙四十八年《龙南县志》卷6《名宦志·使节》第382页

卷7《祠祀志》

阳明祠，忠节祠左，祀明王文成公王守仁，祭日与文庙同。

康熙四十八年《龙南县志》卷7《祠祀志》第391页

卷9《乡贤志》

乡贤崇祀

赖时雍，上蒙保人。岁贡生。立志刚毅，心尤仁孝。置祭田、建义学，皆捐己资为之。正德三浰之役时，雍亦与谋焉。未仕，卒，乡族痛惜至今。

康熙四十八年《龙南县志》卷9《乡贤志·贤达》第474页

月华，坊内保人，少以经学著，郡廪庠。事二亲，曲为承顺，邑人难之。及从阳明为良知之学，遂去而归，日坐一室，超然默悟。阳明平征浰回驻邑中，有迁明伦堂之役，举以属君，即捐奉百金为助云。

康熙四十八年《龙南县志》卷9《乡贤志·逸士》第497页

卷11《纪事志》

明正德十二年丁丑，龙川上、中、下三浰等巢共三十八寨，大贼首池仲容、仲安、仲宁、谢振禄等三十余人盘据一方，密迩邑境，不时流劫，屡经狼兵夹攻，芟除不尽。都御史王公守仁以次荡平其巢，因得其"金龙霸王"印，及僭逾袍服以献捷。有平浰等碑，并大学士费宏《平浰记》，俱载《艺文》。

康熙四十八年《龙南县志》卷11《纪事志》第544页

卷12《艺文志》

重建庙学记 平阳缪铭 教谕

学校之设，尚矣。昉于唐虞而盛于三代，至汉、唐、宋因革迭乘，而治效基之。我太祖高皇帝建国之初，首诏天下郡邑，申明学制，立庙以祀先师孔子，配以门弟暨后儒有功斯道者，咸秩从祀。其一切僭经叛道者黜之，崇正学也。是以百五十余年，真儒效用，猗欤休哉！

龙南庙学建自宋元祐间，但近迫城南，兼以湫隘。成化辛卯，始徙于县治之西，为左庙右学之制。岁久湮汩，栋宇不支。正德丙子，铭由宜春承乏掌教事，大惧无以妥圣贤而风士习，亟会诸生议，请允执政。越二年，戊寅正月，都宪王公守仁、宪副杨公璋、郡守邢公珣，提兵征浰至邑，三月奏凯，献俘于庙。既而都宪王公顾瞻慨叹曰："庙祀弗虔，教基弗妥，郡有司之咎，典教者之责也。咨汝邢，惟财用是资。"逾日，果罚干纪者金几百锾贮县治，曰："木石工需，坐是以给。"谕缪铭总其事，稽其盈缩以告。命邑士李淳、月华曰："汝夙夜劳王事，主廪饩，务称功能，罔或不经，不经有罚。"铭等受命惟谨。而司训彭君智续至，亦协勤止。乃崇筑厥基，撤旧更新，相宜树表。唯是为大成殿，为庑，为戟门；其后也，为明伦堂，为斋；其前也，为棂星门，为儒学门；又唯是为藏库，为馔堂，为生徒舍宇；仍其右，为学职之廨三区；仍其左，为观德亭。垣墉关键，式考其制。经始于己卯正月，越八月而功就绪。会县尹蒋侯玮来任，首塑圣像，并四配十哲，余皆以次卒工。判府文公运，主簿方君侃、苏君珪，典史沈君璇皆相继赞理，与有力焉。

敬卜日告成，已而诸生谒曰："庙堂之新，先生作之，诸君子成之，提督学政周公广闻而喜之。大役也，不可无纪。先生为邑太史，无多让。"因敢僭言曰："二三子其知庙学之所以新乎？群材杰工，以斫以削，大之为栋梁，小之为榱桷，涂而为质，绘而为文，积之累之，工用乃成。夫学，亦犹是也。孔子之道，载诸六经。仁、义、礼、知其性，恻隐、羞恶、辞让、是非其情，君臣、父子、夫妇、长幼、朋友其伦，文、行、忠、信其教，炳如也。虽先王之世，师之所以教，弟子之所以学，以是固无甚异于人，而古今迥不相类者，岂道远乎哉？人自离之耳。今之学者，诚能由其教以尽其伦，验其情以率其性，则孔子之道将不在六经，而在吾之一心。由是而质之，以古今人物之贤以按其行事，存之而为德行，发之而为文章，举而措之天下，则为正大光明之业。固无施而不准，不犹所谓'群材斫削，栋梁榱桷'之谓乎？诸生适际新庙学之会，而皆有自新新民之志，故敢以孔子之道进之庸风。汝邑之来者，使徒侈庙堂之言言，衣冠之济济，趋末学以徼功利，则非铭之所知，亦非国家建学造士之初意。汝诸生其图之。"

康熙四十八年《龙南县志》卷12《艺文志》第594—599页

平浰记 铅山费宏 大学士

惠之龙川，北抵赣，其山谷贼巢，亡虑数百，而浰头最大。浰之贼肆恶以毒吾民者，亡虑数千，而池仲容最著。仲容之放兵四劫，亡虑数十年，而龙川、翁源、始兴、龙南、信丰、安远、会昌以迩贼巢，受毒最数。

正德丁丑之春，信丰复告急于巡抚都御史王公伯安。召诸县苦贼者数十人，问何以攻之。皆谓非多集狼兵弗济，又谓狼兵亦尝再用矣，竟以招而后定。公曰："盗以招蔓，此顷年大弊也，吾方惩之，且兵无常势，奚必狼而后济耶？若等能为吾用，独非兵乎？"乃与巡按御史屠君安卿、毛君鸣冈合疏以剿请，又请重兵权、肃军法，以一士心。诏加公提督军务，赐之旗牌，听以便宜区画，惟功之有成，不限以时。

又横水、桶冈盗亦起，而视浰为急。公议先攻二峒，乃会兵以图浰。凡军中筹画，多咨之兵备副使杨君廷宜，请汰诸县机兵，而以其佣募新民之任战者，取赎金、储谷、盐课以饷之，而兵与食足焉。

二峒之攻，虑仲容乘虚以扰我也，谋伐其交，使辨士周祥等谕其党黄金巢等，得降者五百人，籍以为兵，仲容独愤不从。冬初，闻横水破，始惧，使弟仲安率老弱三百人来，图缓兵且我觇也。公阳许之，使据上新地以遏桶冈之贼，而实迟其归图。

阅月，仲容闻桶冈破，益惧，为备益严。公使以牛酒饷之，贼度不可隐，则曰："卢珂、郑志高、陈英，吾仇也，恐其见袭而备之耳。"珂等皆龙川归顺之民，有众三千，仲容胁之不可，故深仇之。公方欲以计生致仲容，乃阳檄龙川卢珂等构兵之实，若甚怒焉。趣浰刊木，且假道以诛珂党。十二月望，珂等各来告仲容必反。公复怒其诬构，叱收之。阴谕意向，使遣人先归集众。

时兵还自桶冈，公合乐大飨，散之归农，示不复用，使仲安亦领众归。又遣指挥余恩谕仲容毋撤备以防珂党。仲容亦喜，前所辨士因说之亲诣公谢，且曰："往则我公信尔无他，而诛珂等必矣。"仲容然之，率四十人来见。公闻其就道也，密饬诸县勒兵分哨。又使千户孟俊伪持一檄经浰巢，宣言将拘珂党，实督集其兵也。贼导俊出境，不复疑。

闰十二月下弦，仲容既至赣，是夕释珂等驰归。縻仲容，令官属以次飨犒。明年正月癸卯朏，公度诸兵已集，引仲容入，并其党擒之。出珂等所告，讯鞫具伏，亟使人约诸兵入巢。越四日丁未，同时并进：其军于龙川者，惠州知府陈祥率通判徐玑等从和平都入，指挥姚玺率新民梅南春等从乌龙镇入，孟俊率珂等从平地水入。军于龙南者，赣州知府邢珣率同知夏克义、知县王天与等从太平保入，推官危寿率义民叶芳等从南平入，守备指挥郑文率义官孙舜洪等从冷水迳入，余恩率百长王受等从高砂保入。军于信丰者，南安知府季教率训导蓝铎等从黄田冈入，县丞舒富率义民赵志标等从乌迳入。公自率中坚督文捣下浰大巢，副使君督余哨会于三浰。贼党自仲容至赣，备已弛矣，至是闻官兵骤入，皆惊失措。方分投出御，而悉其精锐千余迎敌于龙子岭。我兵列为三冲，犄角而前。恩以受兵首与贼战，却之。奋追里许，贼伏四起，击受，俊、寿乃以芳兵鼓噪往援，俊复以珂等兵从旁冲击，呼声震山谷，贼大败而溃。遂并上、中二浰克之。各哨兵乘胜奋击，是日，遂破巢十一：曰热水，曰五花障，曰淡方，曰石门，曰上下陵，曰芳竹湖，曰白沙，曰曲潭，曰赤塘，曰古坑，曰三坑。明日，探贼所奔，分道急击。己酉，破巢凡六：曰铁石障，曰羊角山，曰黄田坳，曰岭冈，曰塘舍冈，曰尾溪。庚戌，破巢凡二：曰大门山，曰镇里寨。辛亥，破巢凡九：曰中村，曰半迳，曰都坑，曰尺八岭，曰新迳，曰古地，曰空背，曰旗岭，曰顿冈。癸丑，破巢凡四：曰狗脚坳，曰水晶洞，曰五洞，曰蓝州。丙辰，破巢凡二：曰风盘，曰茶山。

其奔者尚八百余徒，聚于九连山，山峻而衺广，与龙门山后诸巢接。公虑以兵进逼，其势必合，合难制矣。乃选锐士七百余人，衣所得贼衣，若溃而奔，取贼所据崖下间道乘暮而入。贼以为其党也，迳崖下招呼，我兵亦佯与和应，已度险，扼其后路。明日贼始觉，并力求敌，我兵迳高临下，击败之。公度其必溃也，预戒各哨设伏以待。乙丑，覆之于五花障，于白沙，于银坑水。丁卯，覆之乌龙镇，于中村，于北山，于风门坳。

分逃余孽尚三百余徒，各哨乃会兵追之。二月辛未，复与战于和平。甲戌，战于上坪、下坪。丁丑，战于黄田坳。辛巳，战于铁障山。癸未，战于乾村，于梨树。乙酉，战于劣竹。壬辰，战于百顺，于和洞。乙未，战于水源，于长吉，于天堂寨。谍报各巢之稔恶者盖几尽矣，惟胁从二百余徒聚九连谷山，呼号乞降。公遣珣往抚之，籍其名，处之白沙。

公率副使君乃即祥应和平，相其险易，经理立县设隘，庶几永宁。遂班师而归，盖戊寅三月丁未也。凡所捣贼巢三十八，所擒斩贼首二十九人，中酋三十八人，从贼二千六十八人，俘贼属男妇八百九十人，卤获马牛器仗称是。又役也，以力则兵仅数千，以时则旬仅六浃，遂能灭此凶狡稽诛之寇，以除三徼数十年之大患，其功伟矣。

捷闻，有诏褒赏，官公之子世锦衣百户，副使君加俸一秩。于是邢侯、夏侯、危侯偕通判文侯运、吴侯昌，谓"公兹举足以威不轨而昭文德，不可以无传也"，使人自赣来请余书其事。

嗟乎！佳兵者不祥之器，王公用儒者谟谋之概，而乃躬擐甲胄，率先将士，下上山谷，与死寇角胜争利，出于万死。而公平日岂习杀伐之事，而贪取摧陷之功以为快哉？顾盗之与民不容并育，譬则莠骄害稼而养之弗芟，纵虎狼之狂噬而听孳牧之衰耗，此不仁者所不忍为，而公亦必不以不仁自处也。公之心，予知之，公之功则播之天下，传之后世，何俟于予之书也。然而，人知渠魁之坐缚，凶孽之荡平，以为成功如此其易，而不知公之筹虑如此其密，建请如此其忠。上之所以委任如此其专，副使君之所赞佐如此其勤，文武将吏之所以奔走御侮如此其劳，而功之成所以如此其不易，是则不可以不书也。予故为备书之，以昭示赣人。庶其无忘，且有考焉。

康熙四十八年《龙南县志》卷12《艺文志》第655—666页

平浰碑 阳明王守仁 都御史

四省之寇，惟浰尤黠。拟官僭号，潜图孔炽。正德丁丑冬，峯、瑶既殄，益机险阱毒，以虞王师。我乃休士归农以缓之。戊寅正月癸卯，计擒其魁，遂进兵击其懈。丁未，破三浰，乘胜追北。大小三十余战，灭巢三十有八，俘斩三千余。三月丁未，回军，壶浆迎道，耕夫遍野，父老咸欢。农器不陈，于今五年。复我常业，还我家室，伊谁之力？赫赫皇威，匪威曷凭？爰伐山石，用纪厥成。

康熙四十八年《龙南县志》卷12《艺文志》第666页

观德亭记 阳明王守仁

君子之于射也，内志正，外体直，持弓矢审固，而后可以言中。故古者射以观德。德也者，得之于其心也。君子之学，求以得之于其心。故君子之于射，以存其心也。是故躁于其心者，其动妄；荡于其心者，其视浮；歉于其心者，其气馁；忽于其心者，其貌惰；傲于其心者，其色矜。五者，心之不存也。不存也者，不学也。君子之学于射，以存其心也。是故心端则体正，心敬则容肃，心平则气舒，心专则视审，心通故时而理，心纯故让而恪，心宏故胜而不张、负而不驰，七者备而君子之德成。君子无所不用其学也，于射见之矣。故曰：为人君者，以为君鹄；为人臣者，以为臣鹄；为人父者，以为父鹄；为人子者，以为子鹄。射也者，射己之鹄也。鹄也者，心也。各射己之心也，各得其心而已。故曰：可以观德矣。作《观德亭记》。

康熙四十八年《龙南县志》卷 12《艺文志》第 667—669 页

茶寮纪事

万壑风前秋正哀，四山云雾晓初开。不因王事兼程入，安得闲行向此来。登陟未妨安石兴，纵擒徒羡孔明才。乞身已拟全师日，归扫溪边旧钓台。

驻军龙南，小憩玉石岩，双洞奇绝，缱绻不能去，因扁以"阳明小洞天"之号，兼留此作

甲马新从鸟道回，览奇还更陟崔嵬。寇平渐喜流移复，春暖兼欣农务开。两窦高明行日月，九关深黑闭风雷。投簪最好支筇地，恋土犹怀旧钓台。

又 洞府人寰此最佳，当年空自费青鞋。麾幢旖旎悬仙仗，台殿高低接纬阶。天巧固应非斧凿，化工无乃太安排。欲将点瑟携童冠，就揽春云结小斋。

又 处处人绿山上颠，夜深风雨不能前。山林丛郁休瞻日，云树弥漫不见天。猿叫一声耸耳听，龙泉三尺在腰悬。此行漫说多辛苦，也得随时草上眠。

又 阳明山人旧有居，此地阳明景不如。但在乾坤俱是乐，曾留信宿即吾庐。行窝已许人先号，别洞何如我借书。他日巾车归旧隐，应怀兹土复乡间。

康熙四十八年《龙南县志》卷 12《艺文志》第 711—713 页

阳明小洞天 赣榆倪长犀 定南知县

文成百战纪丰功，凿字生金此洞中。见辟云霞开户牖，亲移日月照幽蒙。清音四壁闻钟鼓，海气千寻饮螮蝀。幸是干戈犹偃息，后时游赏与公同。

康熙四十八年《龙南县志》卷 12《艺文志》第 714 页

乾隆《龙南县志》

乾隆十五年《龙南县志》，[清]永禄修，[清]廖运芳纂，《故宫珍本丛刊》第118册，海口，海南出版社，2001年。

卷1《旧志序》

天下之事，史乘载之。郡国之事，邑乘载之。天下之大，一邑之积也。邑乘成，则郡国之事可考而知矣。合邑而归之郡，合郡邑而归之史，天下之事可考而知矣。《周礼》小史与外史掌邦国四方之志，凡列国山川、风土、物产之详，咸登记注。古王者深居禁御，不下堂知天下，恃此具尔。今天子武功告成，申命同文，敕天下郡邑纂修旧志，以时上太史。余监治虔南，适董其事。而龙南则虔岩邑也，邑令邓子元贞受事数月，先以志成告，将付汗青，请余题其首简。余惟今之龙南非旧矣，自高沙、下历之割，而龙之疆索隘矣，自细徕阎寇之乱，而龙之户口耗矣。问志于龙，得无赋犹悬而畛已草窃乎！版犹登而民已兽散乎！然而胶庠秀士犹殷弦诵，登贤书者未缺于乡也。井里细民犹勤稼织，业珥笔者渐革其俗也。文成过化之风尚有存焉者，得贤宰牧沐浴而咻嚘之，变其巫诅之风，嘘以仁俭之泽，犹足起凋敝于既羸，剔朽蠹于将腐也。参之于志，大略可睹矣。夫志者，识也。识其沿革以备损益，识其贞衷以备法戒，订核失详，褒讥易位，即不能无憾于后之君子。范石湖非不稿志，吴郡竟以妄议而不得刊，非其明验耶？龙之旧志成于俞君琳，万历以后事实阙如也。兵燹之余，版付烟烬。邓子掇采旧闻，敦礼邑故，相与续成是编。其纪事也，核而不诡于实；其持论也，正而不病于激；其著宦绩而定乡评也，宁缺而无滥，宁质而不阿。览其载笔，犹有古良史遗意。以是隶之郡乘，可以上贡辎轩矣。抑余闻之，为治之道，相其萌而先杜之，乃可久安而不困。龙界九连三浰之间，祸害之兴皆起于外寇蹂躏，而清规首难则肇于署者之墨，莅斯土者可以知所戒矣。余不敏，惟是拔本塞源之道，愿与诸君子共勉焉，且乐观其政之成也。志云乎哉！

康熙二十二年岁次癸亥仲冬上浣，钦差分巡赣南道江西提刑按察使司佥事加二级丁炜撰。

乾隆《龙南县志》卷1《旧志序·龙南县旧志序》第11—12页

予倅虔月余，龙令缺，当事檄予承事，不获辞。时际隆冬，乘舸沂流，旬日乃得抵所谓龙头者。因登高纵眺，见山峦如万戟攒簇，人终日于熊馆鸟道中盘旋。一水自西北奔来，悬挂丈许，舟上下真若入地登天，必尽空所载方得越。窃叹曰："此亦可以为治耶！"过此则安澜澄碧，直抱城隈，山色俨列雉堞，然各离城十数里，或数十里而远。田野平旷，黎庶朴勤，士大夫之接见者率皆雅雅鱼鱼，无儇巧佻浮之习，觉文成过化后，流风余韵犹有存者。间历玉石岩、清修山诸胜，清幽秀拔，真是别有洞天，乃知天下事殊未可以意测也。公余之闲，与二三友人翻阅邑乘，见有山水之窈渺奇奥者若而地，《艺文》之标奇纪胜琅琅可诵者若而编，节烈笃行以及奋起科名、栖隐岩谷者若而人，乃更窃叹曰："天下事真未可以意测也！"第考所修之志已经廿四载，虽山川如故，疆井依然，其间人物、文章、祥异、沿革之类与时俱变者亦不一矣，及今不录，后将奚征？爰谋诸司铎徐君元曼、邓君旭章捐俸增修，礼聘邑之知名士孝廉王君之骥、钟君宏扬、陈君余芳、明经萧君之俊、赖君期会，文学王子大受、徐子之璘、廖子运晦、谢子上琨，互相采辑，慎别去取，凡阅月而告成。无滥收，无遗美，事同琢玉，巧若缀裘，彬彬乎洵可谓踵事而增华，核实以征信也已。或曰：官如传舍，况君特暂摄是邦，还有日矣，何计事之长也？予曰：否否，昔之人有偶憩一室，必焚香扫地，如久居然者。今予一日在治，即一日之有司，修补阙遗，振起风教，诚有司责也，又何靳此区区，而不为一邑勷斯盛举，以继休于曩哲，而昭信于来兹哉。既授梓人，爰弁数语于端，以当岁月之纪。

康熙四十五年仲秋月，奉直大夫广西柳州府象州知州改知赣州府通判横海闫士杰撰。

乾隆《龙南县志》卷1《旧志序·龙南县旧志序》第14—15页

卷 5《学校》

国朝乾隆年间，邑人廖际通泮思、庠生廖念庭遵祖廷碧遗命，送出田租三担零一斗，秋粮四升，又田租五担，秋粮五升，每岁收银二两二钱，供王文成公及尊经阁油灯之资。

乾隆《龙南县志》卷 5《学校·学田附》第 31 页

龙城书院，在城南门内。康熙己巳年，知县郑公世逢捐俸买地鼎建。中构讲堂二楹，崇祀理学，旁列书舍二十四间，延师课士。中深十二丈，广十二丈，池塘一口，右厨房，上下五间。复于院东建小斋，颜曰"会心处不在远"。垣外隙地杂菽蔬果。士民感公德教，设牌祀之，记见《艺文》。乾隆□年，知县方公求义即书院，正厅更改之，以为上谕亭，而书室仍存附于后厅，并两翼左右。龙城书院旧额悬置东室小斋上。附崇祀理学先儒姓氏：濂溪周子讳惇颐、明道程子讳颢、伊川程子讳颐、横渠张子讳载、晦庵朱子讳熹、象山陆子讳九渊、定安胡先生讳瑗、文山文先生讳天祥、阳明王先生讳守仁、敬斋胡先生讳居仁、东皋邹先生讳元标。

乾隆《龙南县志》卷 5《学校·龙城书院附》第 31—32 页

卷 8《险隘》

成化元年，因寇攻劫县治，拨赣州卫指挥千、百户各一员，领旗军三百名防守龙南。后平，止留官一员，旗军五十名。又拨信丰守御千户所官一员，领旗军一百名，各轮班操练，以资弹压。至成化二十三年，都御史李公昂奏准于民户内编佥机兵二百名。正德间，都御史王公守仁加编为六百名，每岁定期同守备官军演习武艺。后守备官罢，民兵亦减三百名。今裁，止留五十名，改为民壮。

乾隆《龙南县志》卷 8《险隘·兵防附》第 41 页

卷 9《山川》

银山，在太平堡，距县治一百二十里。山下有古庙，未知所祀何神，土人祈祷，无不立应。相传王阳明征浰时，神颇显异，阴助王师。

乾隆《龙南县志》卷 9《山川·县西南诸山》第 45 页

玉石岩，在坊内堡，距县治五里。两峰峻峙于平林淡霭间，岩洞广数十丈，旁有巨人迹。宋太宗赐书百二十卷，依岩建阁藏之，后毁于兵燹。下有玉迹寺，治平间赐额"普和"，寺久废。万历甲戌，邑令王公继孝构亭建坊，匾曰"天开图画"，曰"玉岩胜景"，招道人主持，又集宋元明诗文，别为一卷，名《玉岩志》，此为上岩。

下岩岩址与上岩联络，自北折里许，乃至岩门，宽九尺余，颜曰"玉虚岩"。左一窦，俯平畴。邑令文公程筑台其上，名"省耕台"，今废。乍入洞，深黑，寒气肃人，停片响，稍有光。见洞左宏敞，右稍逼，两旁有石柱支撑。秉烛谛视，壁间如龙拏虎踞，波涌云飞，奇怪百端，不可名状。好事者又为石圳、芝田、丹炉等以增奇胜。从此地稍陂陀，折而登，平台如仰，可容百余人。岩形似陶瓮，上有巨牖，员阔可二三丈许。天光沉入，如玉镜悬空。前有石钟、云板，飞石击之铿然，如磬、如呗，游人语言謦欬，都作雷鸣虎啸。有小木大士像，悬置中壁，壁玲珑万窍，循半为鞠躬门，前明知府邢公珣开凿也。游人持烛偻而入，苔石泞滑不能正武，深可百十丈，内有狻猊、巨象及惊蛇挂壁，皆极形肖。岩尽为龙井，井上有一线天。亭午，日光射入，仰视岩顶如罅，恍有神龙飞掣，云烟蓬勃，似从井中乍起者，真奇观也。井深不可测，游人以石投之，确落捛击，逾时响犹不断。人疑井通别窦，恒入糠秕以验，后乃见糠秕出龙湫，离岩已十余里矣。都御史王公阳明征浰旋师，憩息岩中，吟咏歌啸，竟日忘疲。悬壁勒"阳明小洞天"数字，又镌《平浰记》于上。字大如掌，笔力遒劲，阳明亲书也。所云石鼓者，乃游人掇石撞地，响震岩根，阗然如伐鼓云。

新岩者与下岩连，从玉虚洞门右折，攀藤缘磴，乃抵其境。岩中石柱、石鼎、石台、石凳等玲珑窈窱，颇有可观，终逊下岩奇辟。玉峰山庵在玉虚岩下，邑人唐瑞施庵土建造，并捐租田四十七石、木梓山二块，为香火之资。

乾隆《龙南县志》卷9《山川·县东北诸山》第46—47页

卷11《田赋》

正德九年，题奉钦依，广盐止于南、赣，袁、临、吉仍行淮盐。正德十二年，都御史王公守仁疏请通盐法，暂行袁、临、吉三府，事宁停止。嘉靖五年，都御史潘公希曾复题广盐行袁、临、吉地方，经南雄太平桥，税过者每十引抽一引半，未税者每十引抽二引，每引折银八钱，贮府库以备军饷及南赣卫所官军月粮、各县提备官军口粮之用。嘉靖十三年，巡盐御史执奏，覆议仍旧。嘉靖十五年，都御史王公浚奏，除袁、临二府仍行淮盐，南、赣、吉三府行广盐，抽税如前，以十分为率，量存其二以备军饷，支用八分解部济边。

万历十三年，巡盐御史力请改吉入淮，虔台疏争之，户部从中持不决，下两藩议。广东屯盐佥事陈公性学议得："广之盐引每岁一十二万有奇，其行于江西五府者强半。自袁、临之路不通，盐多壅滞，民困渐滋，众商方纷纷求复袁、临旧额，乃今复有改吉入淮之议，不益商民之困乎？夫江、广地方，控带群蛮，襟会百粤，桴鼓之警，岁常有之，兵馈多取给于商税，以南、赣、吉三府之民，岁且消盐二十余万，计税银之所入，大约吉安十之八，南、赣十之二，若以吉安复食淮盐，是十去其八矣，饷将焉赖哉？况保昌县虚粮数多，先经两院具奏以盐税抵补五千五百余石，数十年来，民获苏息，此行盐之利也。又南雄原有黄田江、南大坊等处抚民，强者驴载，弱者肩挑，或借通盐以资衣食，东海之新民、良民撑驾艚船以供日用，若吉改入淮之议成，闭塞西关，货积而税减，不惟两省兵需无出，保昌浮粮何以抵补？新抚负贩之徒何以倚赖？二十七场之灶丁家口，必束手坐困而百万舡夫生理无依，奈之何不穷且盗也。夫盐法之行固以利国，亦以便民，南雄地方界连南、赣二府，而南、赣又接壤于袁、临、吉安，其盐顺流而下，计日可至，势易而费省，故其价也贱。若淮盐数千里逆水而上，江湖浩荡，滩石险峻，舟行累月不能至，而又有覆溺之患，势难而费倍，故其价也贵。以民情度之，未有不苦贵且难而乐贱且易者。禁其所乐而投之以所苦，其谁与之？今天下一家，或淮或广，孰非王民？矧广盐久行，何必过为更张，瘠广而益淮哉？吉安之人闻此议而淮商又鼓簧其间，以故贾贩不敢承买广盐，而广盐集于南雄境者日壅，商人不告引者数月矣。此非特两广之忧，亦南赣诸郡之忧也。倘轸念兵饷重务，会同江西抚按酌覆将广盐照旧行南、赣、吉三府，庶国计生民两得之矣。"于是户部复以吉还广，先是司榷之官每季委属府佐贰官管理，季终更代。

万历十年，南赣督抚张都御史焕奏改本府捕盗通判专理榷务，捕事改属清军同知，专官自此始。万历二十七年，税盐潘相到赣，将创立衙门，坐收两关之课，赖李督府坚恃不阿，止以解部八分额数割以与之，即各边每岁亏二万之饷，而两关则免重税之苦矣（《府志》）。

乾隆《龙南县志》卷 11《田赋·盐课》第 59—61 页

卷 13《风俗》

旧《志》论曰：建邑之初，风气未辟，时民任侠好斗，互不相能。盖密迩百粤，渐靡使然也。历宋、元、明，教化沦浃，子衿皆颖敏向学，人文迭起，遂渐次有声于天下。国朝文教覃敷，中州贾公程谊、剑江龚公选，咸惓惓以道德文章相董率，一时人士皆卓然自命，惟力学饬行为务。即穷陬僻壤，时耳弦诵之声。督学使赵公函乙，午未两行考校，每有才束于额之叹，遂慨然题升为大学。嗣是凡学宪试士章台，率邀击节，虽其间或延声誉而工奔竞者未云全无，要之亭亭岳立、古处为期者叠相望也。农自早晚二稻外，无他树艺，往往以其隙趋末利，种未播即息谷饷耕，虽曰愚而少算乎？良亦棘而无策也。明时凡攻金攻木攻皮，与夫设色刮摩，抟埴诸工，皆来自别郡。今本地类能为之，然所制仅寻常适用，无甚精巧。商之巨者，顺流而往，仅杉木清油及靛与铁，沂流而来，惟苎与绵，此外并无奇赢之可居，且皆懋迁自异境。今和平、龙川数县，铁炉久停，业此者亦寥寥矣。是龙南四民之大概也，乃若地薄产稀又越在山僻，四方奇邪之物罕至。惟是男勤于耕，女勤于织；宫室服器，多从质素；冠婚丧祭，杂用习便；亲友为欢，数品而止。庶几犹有唐魏之遗风焉。所可虑者，轻生习讼，常有怨非莫释辄以命殉，情非不得已动赴上诉。近奉宪院屡行申谕，犹未遽革。夫陵弱暴寡，大家巨族固间有之，而无赖细民犷讦尤甚。彼其狡然思逞，非徒以争是非角胜负也，以为一身而外，既无可恋之资，与其循理而人将我轻，何如冒法而人反我惮乎？往昔凭依之徒，习以尾为蚕，即青其衿者，相与过从间亦尔汝称之，受之者莫之敢忤。今虽渐知谨抑，余风尚未尽殄也。至于构疾则信巫祷，临丧惟尚浮屠，素冠素绋，宁独桧风致叹乎？佹堂佹著，不第齐俗为然矣。诱浪子作奇货、投雉呼卢、工含沙为快心、流言飞帖，种种陋习，所当亟为维挽者也。阳明王公谕俗六章载在旧《志》，今仍载于《艺文》，公之遗教不可泯也。

俞琳论曰：凡言俗必言风者何？风，物之善入者也。是故取象于巽，巽者顺也，顺斯入矣。君子之德似焉，是故齐以太公后尚功利，鲁以周公后崇信义，武城得子游而弦歌作，颍川得延寿而礼俗兴，庶民之趋向恒于君子攸赖。昔人谓风俗之美恶由于习尚，而世道之升降系焉。为政君子，安得不慎所以感之者！

乾隆《龙南县志》卷13《风俗》第64—65页

卷15《职官》

吴诚，字明卿，广东琼山人。嘉靖十四年，由举人为龙南令。抵任初，即厘夙弊四十余条，治声赫然。沙头贼徐守沐僭号倡乱，官司不能制。谢钺、李鉴者，王文成剿三浰时用之以抚辑坑洞顽嚣者也，积久，多龇法。诚廉得其状，召至，出军门檄示之曰："将逮戮汝。"皆叩首请命，诚曰："能擒沙头自效者贳罪。"钺、鉴敬诺，即诱守沐，擒捕之，境内晏然。所著有《雁峰诗集》（诚旧《志·名宦》失载，今以《府志》补入）。

乾隆《龙南县志》卷15《职官·名宦附·明》第 79 页

王守仁，字伯安，浙江余姚人。正德间以左佥都御史抚赣州，平浰回军，驻龙数月，镌石纪功于玉虚岩。万历初建庙，崇祀学宫。

乾隆《龙南县志》卷15《职官·宪节》第 80 页

邢珣，字子用，南直当涂人。宏治进士。历户部郎中，坐忤刘瑾，罢。瑾败，复官。正德己亥，擢赣州府知府。丁丑，都御史王守仁征三浰，以珣率同知夏克义、知县王天与等督兵由太平堡入。贼平，回军驻龙数月，遍游玉石岩诸名胜。在郡著有《章贡杂稿》（《府志》）。

杨璋，字廷仪，湖广孝感人。由进士正德十三年任岭北副使，随都御史王公守仁征浰有功，回军驻龙，留诗刻石于玉虚岩。

乾隆《龙南县志》卷15《职官·宪节》第 80 页

卷17《人物》

赖时雍，上蒙堡人。岁贡。为人慷慨重义，置祭田、建义学，皆捐己赀为之。正德时，王文成平三浰，雍常参谋其间。未仕，卒，时共惜之（祀乡贤祠）。

乾隆《龙南县志》卷17《人物·贤达·明》第 99 页

月华，坊内堡人，郡廪生，性至孝。少以经学著名，后从阳明为良知之学。归，日坐一室，超然默悟，学者宗之。阳明平浰回军驻邑中，有迁伦堂之举，以事属之，华即捐百金为助云。

乾隆《龙南县志》卷17《人物·文儒》第 102 页

卷 19《兵寇》

宏治八年乙卯，以广、闽连界，盗贼时发，添设江西巡抚一员，特敕副都御史金公泽驻扎南赣，剿捕群盗。公任七年，始得代去，寻以事宁议革。正德元年，巡按御史张公凤上言四事，一谓假兼制以安地方。南赣二府接连三省，流贼出没，东西北方不知统摄，文移约会，动淹旬月，以致贼多散逸，事难就绪。宜命都御史兼制四省，接境府州随宜调度，则盗可息，奏可施行。

正德七年，山贼黄秀琦、谢越、赖禄聚众劫掠乡邑，督府蒋公昇抚之。

正德十二年丁丑，龙川上、中、下三浰等巢共三十八寨，大贼首池仲容、仲安、仲宁、谢振禄等三十余人盘据一方。密通邑境，不时流劫，屡经狼兵夹攻，芟除不尽。都御史王公守仁以次荡平其巢，因得其"金龙霸王"印及僭逾袍服以献捷。有平浰等碑并大学士费宏《平浰记》，俱载《艺文》。

乾隆《龙南县志》卷 19《兵寇》第 121 页

卷 20《祠庙》

王文成公祠，在教谕衙左，祀巡抚都御史王公守仁。

乾隆《龙南县志》卷 20《祠庙》第 126 页

孝友忠义祠在王公祠左，祀本邑孝友徐仲真、李袯、钟宁、廖榜、徐养识、许永寿、徐之璜、钟元识、徐士舒、王褒、曾懋达、谢君隽、赖修位、徐养豫、王国靖、欧阳向十六位；忠义钟克俊、杨伯顒、廖杰、廖思润、陈受、陈文九、李大伦、徐棠、许苑、郑崇德、刘兴、廖仁体、赵伯奎、谢赐亨、王承语、徐养茂、李时我、廖元耀、徐龙、郭满儿二十位。雍正六年，奉朝廷特恩，设忠义，知县吕应夏、典史戴光升、乡官谢朝宾牌位入祠。乾隆元年，又奉增入生员廖乾彝、曾汝宫、曾世迪、曾汝璋、谢赐廪、许兰吉、叶茂然、陈巍崑、谢竑共九人牌位。

乾隆《龙南县志》卷 20《祠庙》第 127 页

银山庙，在太平堡。初建于元末，明洪武四年重修。神有灵感，值水旱灾疫，乡人祈祷，无不应者。都御史王公守仁征三浰，神颇显灵，因书额曰"护国灵祠"，匾今尤存。

乾隆《龙南县志》卷 20《祠庙》第 128 页

卷 22《艺文》

吴百朋 字惟锡 义乌人 刑部尚书 议夹剿方略疏 正德十二年

据江西岭北道副使杨璋呈，"奉臣案验，准兵部咨，该巡抚湖广都御史秦金题为紧急贼情事，备行计处兵粮，约会三省，将上犹等处贼巢克期九月中进剿等因，遵依。随将本道兵粮事宜计呈本院转达奏闻定夺外，随据南安府上犹、大庾等县申称贼势猖獗，乞要早为扑剿等因，已经呈蒙本院密授方略，行委知府季敩、县丞舒富等领兵分剿，生擒首从贼徒，斩获贼级，杀死、烧死贼众，捣破贼巢，俘获贼属等情，通经呈报。又蒙本院虑贼必将乘间复出，行委知府季敩、指挥来春等统兵屯南安，指挥姚玺、县丞舒富统兵屯上犹，指挥谢昶、千户林薛统兵屯南康，各于要害去处往来防剿。至七月二十五日，贼首谢志珊果复统众一千五百余徒，攻打南安府城。各官督兵迎敌，生擒贼犯杨銮等七名，斩获首级四十五颗，贼众大败而去。八月二十五日，贼首谢志珊又统兵二千余徒，复来攻打南安府城。各官督兵迎敌，生擒贼犯龙正等四十二名，斩获首级一百五十七颗，贼又大败而去。即今贼势少挫，若乘此机会直捣其巢，旬月之间，可期扫荡。但闻湖广之兵既已齐集，而广东因府江班师未久，复调狼兵，未有定期。谨按地图：江西之南安有上犹、大庾、桐冈等处贼巢，与湖广桂东、桂阳接境；夹攻之举，止该江西与湖广会合，而广东止于仁化县要害把截，夹攻不与焉。赣州之龙南有浰头贼巢，与广东龙川接境；夹攻之举，止该江西与广东会合，而湖广不与焉。广东乐昌、乳源贼巢，与湖广宜章县接境，惠州贼巢，与湖广临武县接境，仁化县贼巢，与湖广桂阳县接境，夹攻之举，止该湖广、广东二省会合，而江西止于大庾县要害把截，夹攻不与焉。名虽三省大举，其实自有先后，举动次第，不相妨碍。若必待三省之兵齐集然后进剿，则老师费财，为害匪细。合将前项事宜约会三省，以次渐举，庶兵力不竭，粮饷可省"等因，据呈到臣。

看得三省贼巢，连络千里，虽声势相因，而其间亦自有种类之分、界限之隔，利则争趋，患不相顾，乃其性习。诚使三省之兵皆已齐备，约会并进，夫岂不善？但今广东狼兵方自府江班师而归，欲复调集，恐非旬月所能。两省之兵既集，久顿而不进，老师费财，意外之虞，乘间而起。诚使先合湖广、江西之兵，并力而举上犹诸贼，逮事之毕，广东之兵亦且集矣；则又合湖广、广东之兵，并力而举乐昌诸处，逮事之毕，江西之兵又得以少息矣；则又合广东、江西之兵，并力而举龙川。方其并力于上犹，则姑遣人佯抚乐昌诸贼，以安其心。彼见广东既未有备，而湖广之兵又不及己，苟幸旦夕之生，必不敢越界以援上犹。及夫上犹既举，而湖广移兵以合广东，则乐昌诸贼，其势已孤。二省兵力益专，其举之益易。当是之时，龙川贼巢相去辽绝，自以为风马牛不相及，彼见江西之兵又撤，意必不疑。班师之日，出其不意，回军合击，蔑有不济者矣。臣窃以为因地之宜，先后合击之便，除臣遵照兵部咨来题奏钦依，会兵征剿，亦听随宜会议施行事理。已将前项事宜咨移广东、湖广总督、巡抚等官知会，一面相机行事外，缘系地方紧急贼情事理，为此具本题知。

乾隆《龙南县志》卷22《艺文》第134—135页

卷23《艺文》

王守仁 观德亭记

君子之于射也，内志正，外体直，持弓矢审固，而后可以言中。故古者射以观德。德也者，得之于其心也。君子之学，求以得之于心，故君子之于射，以存其心也。是故躁于其心者，其动妄；荡于其心者，其视浮；

歉于其心者，其气馁；忽于其心者，其貌惰；傲于其心者，其色矜。五者，心之不存也。不存也者，不学也。君子之学于射，以存其心也。是故心端则体正，心敬则容肃，心平则气舒，心专则视审，心通故时而理，心纯故让而恪，心宏故胜而不张、负而不弛，七者备而君子之德成。君子无所不用其学也，于射见之矣。故曰：为人君者，以为君鹄；为人臣者，以为臣鹄；为人父者，以为父鹄；为人子者，以为子鹄。射也者，射己之鹄也。鹄也者，心也。各射己之心也，各得其心而已。故曰：可以观德矣。作《观德亭记》。

乾隆《龙南县志》卷 23《艺文》第 142 页

费宏 大学士 铅山人 平浰记

惠之龙川，北抵赣，其山谷贼巢，亡虑数百，而浰头最大。浰之贼肆恶以毒吾民者，亡虑数千，而池仲容最著。仲容之放兵四劫，亡虑数十年，而龙川、翁源、始兴、龙南、信丰、安远、会昌以迩巢受毒最数。

正德丁丑之春，信丰复告急于巡抚都御使王公伯安。召诸县苦贼者数十人，问何以攻之。皆谓非多集狼兵不济，又谓狼兵亦尝再用矣，竟以招而后定。公曰："盗以招蔓，此顷年大弊也，吾方惩之，且兵无常势，奚必狼而后济耶？若等能为吾用，独非兵乎？"乃与巡按御史屠君安卿、毛君鸣冈合疏以剿请，又请重兵权、肃军法，以一士心。诏加公提督军务，赐之旗牌，听以便宜区画，惟功之有成，不限以时。

时横水、桶冈盗亦起，而视浰为急。公议先攻二峒，乃会兵以图浰。凡军中筹画，多谘之兵备副使杨君廷宜，请汰诸县机兵，而以其佣募新民之任战者，取赎金、储谷、盐课以饷之，而兵与食足焉。

二峒之攻，虑仲容乘虚以扰我也，谋伐其交，使辨士周祥等谕其党黄金巢等，得降者五百人，籍以为兵，仲容独愤不从。冬初，闻横水破，始惧，使弟仲安率老弱三百人来，图缓兵且我觇也。公阳许之，使据上新地以遏桶冈之贼，而实迟其归图。

阅月，仲容闻桶冈破，益惧，为备益严。公使以牛酒饷之，贼度不可隐，则曰："卢珂、郑志高、陈英，吾仇也，恐其见袭而备之耳。"珂等皆龙川归顺之民，有众三千，仲容胁之不可，故深仇之。公方欲以计生致仲容，乃阳檄龙川卢珂等构兵之实，若甚怒焉。趣浰刊木，且假道以诛珂党。十二月望，珂等各来告仲容必反。公复怒其诬构，叱收之。阴谕意向，使遣人先归集众。

时兵还自桶冈，公合乐大飨，散之归农，示不复用，使仲安亦领众归。又遣指挥余恩谕仲容毋撤备以防珂党。仲容亦喜，前所辨土因说之亲诣公谢，且曰："往则我公信尔无他，而诛珂等必矣。"仲容然之，率四十人来见。公闻其就道也，密饬诸县勒兵分哨。又使千户孟俊伪持一檄经浰巢，宣言将拘珂党，实督集其兵也。贼导俊出境，不复疑。

闰十二月下弦，仲容既至赣，是夕释珂等驰归。縻仲容，令官属以次飨犒。明年正月癸卯朏，公度诸兵已集，引仲容入，并其党擒之。出珂等所告，讯鞫具伏，亟使人约诸兵入巢。

越四日丁未，同时并进：其军于龙川者，惠州知府陈祥率通判徐玑等从和平都入，指挥姚玺率新民梅南春等从乌龙镇入，孟俊率珂等从平地水入。军于龙南者，赣州知府邢珣率同知夏克义、知县王天与等从太平保入，推官危寿率义民叶芳等从南平入，守备指挥郑文率义官孙舜洪等从冷水迳入，余恩率百长王受等从高沙保入。军于信丰者，南安知府季敩率训导蓝铎等从黄田冈入，县丞舒富率义民赵志标等从乌迳入。公自率中坚督文捣下浰大巢，副使君督余哨会于三浰。贼党自仲容至赣，备已弛矣，至是闻官兵骤入，皆惊失措。方分投出御，而悉其精锐千余迎敌于龙子岭。我兵列为三冲，掎角而前。恩以受兵首与贼战，却之。奋追里许，贼伏四起，击受。俊、寿乃以芳兵鼓噪往援，俊复以珂等兵从旁冲击，呼声震山谷，贼大败而溃，遂并上、中二浰克之。各哨兵乘胜奋击，是日，遂破巢十一：曰热水，曰五花障，曰淡方，曰石门，曰上下陵，曰芳竹湖，曰白沙，曰曲潭，曰赤塘，曰古坑，曰三坑。

明日，探贼所奔，分道急击。己酉，破巢凡六：曰铁石障，曰羊角山，曰黄田坳，曰岭冈，曰塘含冈，曰尾溪。庚戌，破巢凡二：曰大门山，曰镇里寨。辛亥，破巢凡九：曰中村，曰半迳，曰都坑，曰尺八岭，曰新迳，曰古地，曰空背，曰旗岭，曰顿冈。癸丑，破巢凡四：曰狗脚坳，曰水晶洞，曰五洞，曰蓝洲。丙辰，破巢凡二：曰风盘，曰茶山。

其奔者尚八百余徒，聚于九连山，山峻而袤广，与龙门山后诸巢接。公虑以兵进迫，其势必合，合难制矣。乃选锐士七百余人，衣所得贼衣，若溃而奔，取贼所据崖下间道，乘暮而入。贼以为其党也，从崖下招呼，我兵亦佯与和应，已度险，扼其后路。明日贼始觉，并力来敌，我兵从高临下，击败之。公度其必溃也，预戒各哨设伏以待。乙丑，覆之于五花障，于中村，于北山，于风门坳。

分逃余孽尚三百余徒，各哨乃会兵追之。二月辛未，复与战于和平。甲戌，战于上坪、下坪。丁丑，战于黄田坳。辛巳，战于铁障山。癸未，战于乾村，于梨树。乙酉，战于劣竹。壬辰，战于百顺，于和洞。乙未，战于水源，于长吉，于天堂寨。谍报各巢之稔恶者盖几尽矣，惟胁从二百余徒聚九连谷山，呼号乞降。公遣珣往抚之，籍其名，处之白沙。

公率副使君乃即祥应和平，相其险易，经理立县设隘，庶几永宁。遂班师而归，盖戊寅三月丁未也。凡所捣贼巢三十八，擒斩贼首二十九人，中酋三十八人，从贼二千六十八人，俘贼属男妇八百九十人，卤获马牛器仗称是。是役也，以力则兵仅数百，以时则旬仅六浃，遂能灭此凶狡稽诛之寇，以除三徽数十年之大患，其功伟矣。

捷闻，有诏褒赏，官公之子世锦衣百户，副使君加俸一秩。于是邢侯、夏侯、危侯偕通判文侯运、吴侯昌，谓"公兹举足以威不轨而昭文德，不可以无传也"，使人自赣来请余书其事。

嗟乎！佳兵者不祥之器，王公用儒者谟谋之概，而乃躬擐甲胄，率先将士，下上山谷，与死寇角胜争利，出于万死。而公平日岂习为杀伐之事而贪取摧陷之功以为快哉？顾盗之与民，不容并育，譬则莠骄害苗，而养之弗挈，纵虎狼之狂噬而听孳牧之衰耗，此不仁者所不忍为，而公亦必不以不仁自处也。公之心，予知之，公之功则播之天下，传之后世，何俟于予之书之也。然而人知渠魁之坐缚，凶孽之荡平，以为成功如此其易，而不知公之筹虑如此其密，建请如此其忠。上之所以委任如此其专，副使君之所赞佐如此其勤，文武将吏之所以奔走御侮如此其劳，而功之所以成如此其不易，是则不可以不书也。予故为备书之，以昭示赣人，庶其无忘，且有考焉。

乾隆《龙南县志》卷 23《艺文》第 143—145 页

缪铭 重建庙学记

学校之设，尚矣。昉于唐虞而盛于三代，至汉、唐、宋因革迭乘，而治效基之。我太祖高皇帝建国之初，首诏天下郡邑，申明学制，立庙以祀先师孔子，配以门弟暨后儒有功斯道者，咸秩从祀。其一切僭经叛道者黜之，崇正学也。是以百五十余年，真儒效用，猗欤休哉！

龙南庙学建自宋元祐间，但近迫城南，兼以湫隘。成化辛卯，始徙于县治之西，为左庙右学之制。岁久湮汨，栋宇不支。正德丙子，铭由宜春承乏掌教事，大惧无以妥圣贤而风士习，亟会诸生议，请允执政。越二年，戊寅正月，都宪王公守仁、宪副杨公璋、郡守邢公珣，提兵征浰至邑，三月奏凯，献俘于庙。既而都宪王公顾瞻慨叹曰："庙祀弗虔，教基弗妥，群有司之咎，典教者之责也。咨汝邪，惟财用是资。"逾日，果罚干纪者金几百锾贮县治，曰："木石工需，坐是以给。"谕缪铭总其事，稽其盈缩以告。命邑士李淳、月华曰："汝夙夜劳王事，主廪饩，务称功能，罔或不经，不经有罚。"铭等受命唯谨，而司训彭君智续至，亦协勤止。乃崇筑厥基，撤旧更新，相宜树表。唯是为大成殿，为庑，为戟门；其后也，为明伦堂，为斋；其前也，为棂星门，为儒学门；又唯是为藏库，为馔堂，为生徒舍宇；仍其右，为学职之廨三区；

仍其左，为观德亭。垣墉关键，式考其制。经始于己卯正月，越八月而功就绪。会县尹蒋侯玮来任，首塑圣像，并四配十哲，余皆以次卒工。判府文公运，主簿方君侃、苏君珪，典史沈君旋，皆相继赞理，与有力焉。

敬卜日告成，已而诸生谒曰："庙堂之新，先生作之，诸君子成之。提督学政周公广闻而喜之。夫役也，不可无纪。先生为邑太史，无多让。"因敢僭言曰："二三子其知庙学之所以新乎？群才杰工，以斫以削，大之为栋梁，小之为榱桷，涂而为质，绘而为文，积之累之，工用乃成。夫学，亦犹是也。孔子之道，载诸六经。仁、义、礼、知其性，恻隐、羞恶、辞让、是非其情，君臣、父子、夫妇、长幼、朋友其伦，文、行、忠、信其教，炳如也。虽先王之世，师之所以教，弟子之所以学，以是固无甚异于人，而古今迥不相类者，岂道远乎哉？人自离之耳。今之学者，诚能由其教以尽其伦，验其情以率其性，则孔子之道将不在六经，而在吾之一心。由是而质之，以古今人物之贤以按其行事，存之而为德行，发之而为文章，举而措之天下，则为正大光明之业。固无施而不准，不犹所谓'群材斫削，栋梁榱桷'之谓乎？诸生适际新庙学之会，而皆有自新新民之志，故敢以孔子之道进之庸风。汝邑之来者，使徒侈庙堂之言言，衣冠之济济，趋末学以徼功利，则非铭之所知，亦非国家建学造士之初意。汝诸生其图之。"

乾隆《龙南县志》卷 23《艺文》第 149 页

卷 25《艺文》

王继孝 刻玉石岩志序

万历甲戌秋，余奉檄治龙。三月，政暇，进父老问民风桑麻及山川形胜，咸以玉石岩称首。余谓岩本块然物也，以玉称名，顾名而绎之，其景之美当无俟纵观而可以知其概者。越数日，天气清澄，簿书无累，勃勃焉有登临兴，乃屏从役，策一骑出郊，直往觅之。见两山高耸，岩骨崚嶒，如连珥，如合璧，如冰壶并耀。景与目遇，神与景游，飘然若尘寰外，昔称桃源、蓬瀛者非欤？因怃然叹曰："天之生人与生景，均也。人之遇不遇，与景之遇不遇，亦均也。"

余起吴中，吴中佳山秀水，如虎阜、灵岩，皆啧啧称奇胜。凡乡大夫贤士骚人，每过必停舟问之，题咏成帙，广于四方，而四方士人未出户庭，亦莫不知有某山胜某岩胜者。龙之二岩，天然形胜，不假雕琢，又超迈诸景。顾混落烟莽重冈叠阜中，俨然虎豹狐兔巢窟，不其惜哉！是岩也，开于有宋元祐甲戌，一遇矣；阳明先生平浰回兵，徙倚其间，勒文于石，再遇矣；但穷山荒坞，辙迹罕经，至今汶汶闷闷，山林抱郁，似遇而实不遇也。余为龙中主人，润色而阐扬之责将谁让？遂捐金给木人石人，筑坛洞口，结庵坛上，树门建额以壮观美。每士大夫道龙者，余辄携觞佐游，又辄留其咏，并相传诸名公旧稿，授俞子辑订成志，锓诸梨枣。庶因志以见词，玩词以得景，龙中二岩不与古兰亭、赤壁、琅琊媲美争烈哉！噫嘻！景落万山，秘沉千载，迨今载诸简篇，昭人耳目久矣，而始遇如此。士君子抱经济才，怀廊庙忧，而穷厄于退荒者，如珠玑玉蕴，亦不患知遇之无日矣。余于岩而重有感焉。

乾隆《龙南县志》卷25《艺文》第175—176页

王守仁 字伯安 都御史 平浰碑

四省之寇，惟浰尤黠。拟官僣号，潜图孔烝。正德丁丑冬，畲、瑶既殄，益机险阱毒，以虞王师，我乃休士归农以缓之。戊寅正月癸卯，计擒其魁，遂进兵击其懈。丁未，破三浰，乘胜追北。大小三十余战，灭巢三十有八，俘斩三千余。三月丁未，回军，壶浆道迎，耕夫遍野，父老咸欢。农器不陈，于今五年。复我常业，还我家室，伊谁之力？赫赫皇威，匪威曷凭？爰伐山石，用纪厥成。

谕俗文四章

见人之为善，我必爱之。我能为善，人其有不爱我者乎？见人之为不善，我必恶之；我苟为不善，人岂有不恶我者乎？故凶人之为不善，至于杀身亡家而不悟者，由其不能自反也！

今人为子孙计，或至谋人之业，夺人之产。日日营营，无所不至。昔人谓为子孙作马牛，然身死未寒，而业已属之他人，仇家群起而报复，子孙反受其殃，是殆为子孙作蛇蝎也。吁，可戒哉！

为善之人，非独其宗族亲戚爱之，朋友乡党敬之，虽鬼神亦阴相之。为恶之人，非独其宗族亲戚叛之，朋友乡党怨之，虽鬼神亦阴殛之。故积善之家，必有余庆，积不善之家，必有余殃。

今人不忍一言之忿，或争铢两之利，遂相构讼。夫我欲求胜于彼，则彼欲求胜于我。仇仇相报，遂至破家荡产，祸贻子孙。岂若含忍退让，使乡里称为善人，子孙亦蒙其庇乎！

谕乡约一章

咨尔民，昔人有言：蓬生麻中，不扶而直；白沙在泥，不染而黑。民之善恶，岂不由于积习使然哉？往者新民盖常弃其宗族，畔其乡里，四出而为暴，岂独其性之异，其人之罪哉？亦由我有司治之无道，教之无方尔。尔父老子弟所以训诲戒饬于家庭者不早，熏陶渐染于里闬者无素，诱掖奖劝之不行，联属协和之无具，又或愤怨相激，狡伪相残，故遂使之靡然日流于恶，则我有司与尔父老子弟皆宜分受其责。呜呼，往者不可及，来者犹可追。

故今特为乡约，以协和尔民。自今凡尔同约之民，皆宜孝尔父母，敬尔兄长，教训尔子孙，和顺尔邻里；死丧相助，患难相恤，善相劝勉，恶相告戒；息讼罢争，讲信修睦；务为良善之民，共成仁厚之俗。呜呼！人虽至愚，责人则明；虽有聪明，责己则昏。尔等父老子弟，毋念新民之旧恶而不与其善，彼一念而善，即善人矣；毋自恃为良民而不修其身，一念而恶，即恶人矣。人之善恶，由于一念之间。尔等慎思吾言，毋忽！

告谕一章

百姓风俗不美，乱所由兴。今民穷苦已甚，而又竞为奢侈，岂不重自困乏？夫民习染久，亦难一旦尽变，吾姑就其易见易改者，渐次诲尔：

今后尔民居丧，不得用鼓乐、为佛事。竭资分帛，费财于无用之地，而俭于其亲之身，投诸水火，亦独何心。病者皆宜求医药，不得听信邪术，专事二祷。嫁娶之家，丰俭称资，不得计论聘财妆奁，不得大会宾客，酒食连朝。亲戚岁时相问，惟贵诚心实礼，不得徒饰虚文，为送节等名目，奢靡相尚。街市村坊，不得迎神赛会，百十成群。凡此皆靡费无益。有不率教者，十家牌邻互相纠察。容隐不举正者，十家均罪。

尔民之中岂无忠信循理之人？顾一齐众楚，寡不胜众，不知违弃礼法之可耻，而惟虑市井小人之非笑。此岂独尔民之罪？有司者教导之不明与有责焉。至于孝亲敬长、守身奉法、讲信修睦、息讼罢争之类，已尝屡有告示，谆切开谕。尔民其听吾诲，毋怠！

乾隆《龙南县志》卷25《艺文》第176—178页

徐上 江南人 本邑知县 书玉石岩王文成公平浰碑记后并铭

龙南故与粤龙川界，当明武宗时，浰头贼池仲容为暴，遥结横水、桶冈诸猺贼相声援，寇抄及旁近县，积张甚。岁丁丑，督师王公守仁会闽楚兵以次讨平畲猺，即其地立崇义县。时仲容弟仲安亦诡降在行中，公侦知仲容诡且为备，谕降之，不听，以防他盗解。适新民卢珂等尝与贼仇杀，诣公告变。公阳怒，杖击之，密谕以情。因散休士卒，遣仲安率其众归，示无图浰意。贼果懈，会颁历，说使来谢。至则盛饰供帐，厚为之飨，令官属迭延劳。贼众日高会不虞，或为间者诱入狭邪。一夕，乘酒失击仲容，伤眦。状闻，公立逮治酒人，而命医为传药，阴翳其目。仲容故善幻，能遁形水草，未可猝擒。本公所以致之来，为是也。时岁且尽，公扬言谓吾不可复留仲容，诘朝会食，其以从者见，各受赏归。戊寅正月三日，大设飨，伏甲壁间，陈鼓吹乱之，仲容引所部入，饮之酒，赏给重赀，至人不能胜，突出甲者前掩执，数以卢珂等所上变事，歼之于庭。

先是，公既潜檄诸近贼县勒兵待发，又使人召集龙川新民伺便。即夜趣令分哨进，以卢珂为乡导。诸县兵从各径入，公自率师由龙南直捣浰头，克期会剿。方度岁，贼众散驰，猝不知所出，悉其精锐迎敌，我军败之于龙子岭。贼却而复前，诸哨并力，卒大破之，遂克三浰，拔寨数十。余孽退保九连山，进攻扼险。用所得贼衣衣壮士七百人，为败走状。傍晚蓦涧过贼所据崖下，贼疑其巢溃卒，招呼之，我兵亦漫应，驰断贼后。大师乘前夹击，仍分伏截邀，使不得逸，乃尽犁其巢，杀获数千人，三浰以平。于是相视险易，割龙南、龙川诸县地凑立和平县控扼要害，设官吏、开学校，以镇抚之。公乃班师，道经龙南玉石岩，题诗憩止，自撰《平浰碑》，磨崖刻石。龙与南赣诸郡邑咸立生祠事公，久益不衰。后两百余年，江宁徐上来令龙南，得拜公之庙，亲观岩石碑刻，追纪公征浰之绩而作铭曰：

在明中叶，虔贼大起。浰实桀尤，畲徭互倚。嗟我龙人，与祸为邻。不渊而溺，不燎以焚。公初命讨，横冈耀戈。二酋既殄，浰水始波。使宣公谕，盍即我抚。不以师征，乃大宥汝。维浰黠贼，佯诺惠来。瞰公驰备，谒公不猜。公敛神武，默运奇计。擒歼渠魁，声色不试。移师东指，往犁其巢。草雉兽狝，无俾遁逃。三浰克捷，遂吞九连。并寨三十，俘获数千。公曰已哉，予其勿杀。请吏于朝，新邑是辖。阗阗振旅，于龙之郊。公行勿亟，岩石逍遥。壶浆道迎，倾我闾左。我耕我贾，公则活我。先时惮浰，门关不开。自公出师，龙无虎豺。方浰孔棘，室家不即。公凯而旋，帖然衽席。凡此征浰，功崇孰先。荆扬允厘，不第惠虔。公本大儒，精研圣学。仁者之勇，一何卓荦。削平僭逆，反正乘舆。溯公多绩，匪奠一隅。世往风微，思公未艾。公不敉宁，先民曷赖。有庙翼翼，有碑峨峨。石可勒也，公施不磨。

乾隆《龙南县志》卷 25《艺文》第 181—182 页

卷 26《艺文·诗》

王守仁，字伯安，余姚人，提督南赣右副都御史，封新建伯，谥文成，著《阳明集》。

平畲回军

处处山田尽人畲，可怜黎庶半无家。兴师正谓民痍甚，陟险宁辞鸟道斜。胜势真如瓴水建，先声不拟岭云遮。穷巢容有遭驱胁，尚恐兵锋或乱加。

茶寮纪事

万壑风前秋正哀，四山云雾晓初开。不因王事兼程入，安得闲行向此来。登陟未妨安石兴，纵擒徒羡孔明才。乞身已拟全师日，归扫溪边旧钓台。

回军龙南道中短述

百里妖氛一战清，万峰雷雨洗回兵。未能干羽苗顽格，深愧壶浆父老迎。莫倚谋攻为上策，还须内治是先声。功微不愿封侯赏，但乞蠲输绝横征。

回军龙南，小憩玉石岩，双洞绝奇，徘徊不忍去，因寓以"阳明小洞天"之号，兼留此作

甲马新从鸟道回，览奇还更陟崔嵬。寇平渐喜流移复，春暖兼欣农务开。两窦高明行日月，九关深黑闭风雷。投簪正好支笻地，恋土犹怀旧钓台。

洞府人寰此最佳，当年空自费青鞋。麋幢旖旎悬仙仗，台殿高低接纬阶。天巧固应非斧凿，化工无乃大安排。欲将点瑟携童冠，揽就春云结小斋。

处处人缘山上巅，夜深风雨不能前。山林丛郁休瞻日，云树弥漫不见天。猿叫一声耸耳听，龙泉三尺在腰悬。此行漫说多辛苦，也得随时草上眠。

阳明山人旧有居，此地阳明景不如。但在乾坤皆逆旅，曾留信宿即吾庐。行窝已许人先号，别洞何妨我借书。他日巾车归旧隐，应怀兹土复乡闾。

乾隆《龙南县志》卷 26《艺文·诗》第 193 页

王继孝 昆山人 本邑知县 用王文成公韵颂新源江中丞龙塘叶太府

百里狼烟秋可哀，青萍一拂笑颜开。征蛮文叔今何让，平浰阳明此复来。

报国幸叨分地檄，请缨直羡运筹才。汉家麟阁千年迹，日月长悬上将台。

乾隆《龙南县志》卷 26《艺文·诗》第 195 页

倪长犀 阳明小洞天

文成百战纪丰功，凿字生金此洞中。见辟云霞开户牖，亲移日月照幽蒙。清音四壁闻钟鼓，海气千寻饮螮蝀。幸是干戈犹偃息，后时游赏与公同。

乾隆《龙南县志》卷 26《艺文·诗》第 196 页

徐上 字梅江 江宁人 本邑知县 玉石岩

缥缈仙岩陟几回，旋扪空壑入崔嵬。未知混沌谁穿凿，别有乾坤自辟开。下界轩窗悬皎月，上方钟鼓隐奔雷。摩崖拭拓文成迹，肯恋桐江旧钓台。

乾隆《龙南县志》卷 26《艺文·诗》第 201 页

陈寅宾 玉石岩

太古鸿蒙尚浑朴，缒凿乾坤罕雕斫。元气凝结作高山，未闻刳肝与剖腹。独遣五丁龙南来，手辟巉岩凡六曲。初登一岩何崔巍，日月蔽亏如釜覆。云门隐约逗曦光，四顾突兀秀而矗。少涉旋转变阴阳，乍呼入夜忙持烛。

夭矫狰狞虎豹蹲，铦利巉屼刀剑簇。丹灶明灭喷汞铅，玉田上下穿沟渎。诡谲万状银河摇，惝恍未得真面目。逾时贾勇逐攀跻，恍睹先天闻先觉。旁开一牖豁眉宇，秋毫可鉴恣瞻瞩。俯仰磊砢尤嵯峨，始信神工工追琢。

巨石扣之响鼓钟，细石扣之振金玉。尽删肤泽发精神，欣举匏樽共相属。琪花瑶草垂蒙茸，色染人人衣带绿。鱼虫蝌蚪半模糊，大书特书还堪读。功参造化钦阳明，回军破壁开中谷。惊魄甫定力已疲，游兴未酣躬转鞠。

二仪复阖黑茫茫，燃藜倏忽呈灵隩。有岩无窍不玲珑，直与扶舆争起伏。似我逡巡狐听冰，阿谁跳脱猱升木。须臾朋好失肩随，载蹑危梯足踯躅。陡然一缕露青苍，恍从地底现初旭。欲坠未坠云系之，鸟飞不下毛羽肃。

崖穷深井卧真龙，吐雾吞烟散霡霂。相传有客探骊珠，丝缒索尽难再续。步虚何用数崆峒，搜冥莫漫访华岳。壮游竟日几忘归，悔历名山皆臣仆。愿借笔墨绘斯岩，坐卧倪迂图一幅。

乾隆《龙南县志》卷 26《艺文·诗》第 201—202 页

赖建扬 字铭柱 本邑人 乐安教谕 王文成公平浰碑记歌

从来大儒经纶不可测，胸中兵甲百万罗。神州理乱为己任，晏安枕簟生干戈。皇明鸿图丁中叶，物大而丰奇衮多。浰头石人一只眼，神奸力欲荡山河。封狼生貙貙生羆，负隅欲剿无如何。公怒椎牛祃大纛，仗剑拟截生蛟鼍。刻期孤虚平山寨，辟开鸟道芟烟萝。策勋未镌钟彝字，大功曷以著巍峨。穹石高龟大籀悬，铁索金绳卓不磨。洎兹摩抄文笔古，恍靓投鞭断清波。况乃宁藩桶冈皆授首，功业丰伟崇山阿。衣冠俎豆绵万祀，桑田沧海永无他。存公神兮荷公德，小作嗣音甘棠歌。

乾隆《龙南县志》卷 26《艺文·诗》第 209 页

钟升恒 字久堂 邑庠生 游玉虚岩

清风散江甸，春鸟鸣林柯。久仪玉岩胜，吾兹喜游过。稍缘阡陌径，渐尔跻层阿。前宵雨初霁，空蒙云气多。乍见两峰起，苍玉郁嵯峨。洞门瞰天开，幽森挂薜萝。凉风溜余善，仄径纷陂陀。身沉如堕瓮，路曲更穿螺。苔泞不正武，十步九欲蹉。既疑神怪闶，还惊鬼物呵。仙境遗尘虑，岂羡硕人薖。龙蛰清泠井，芝发玉田坡。擘空奋蛟螭，踏海翻神鼍。或如蝶抱蕊，或如莺掷梭。石鼓殷阴雷，钟磬点云窝。诸物坯形似，奇状快摩挲。刊壁阳明句，煌煌匹猗那。蛇虺涤妖迹，军容肃以和。葛巾憩灵域，临风啸且歌。中间名贤咏，断缺费抚摩。一字一理画，十行强半讹。胜迹入奇赏，文字复灭磨。后来纷题署，讵免仙灵诃。

乾隆《龙南县志》卷 26《艺文·诗》第 210—211 页

道光《龙南县志》

道光六年《龙南县志》，[清]石家绍等修，[清]徐思谏等纂，台北，台湾成文出版社影印本，1989年。

《凡例》

旧《志·兵寇》原以博采前闻用资考鉴，今据《明史》及《王文成全书》订正增补。

道光《龙南县志》之《凡例》第44—45页

卷2《地理志》

论曰：龙南之地始为南埜。西汉初见于史书者，自赣、雩都外，惟南埜之名最古。统今大庾、南康、上犹、崇义、信丰、龙南六县，更易纷纭，分合靡定。建县以后，虽经并入信丰，不久复置。若割地以建他邑，仅一见于隆庆初之置定南，外此未有闻也。按：正德十三年戊寅，王文成请添设广东和平县治。其时，副使等集议，谓与江西龙南县邻界，亦析一里前来。嗣以两省地相隔窎远，未免影射差役，两无归着，势不可行，卒寝其议。而徐上《书平浰碑后》乃谓割地以建和平，误矣。至引旧《府志》，更谓崇正九年新建连平□，又割龙南南境以益之，幅员不复如故。考龙邑之南，旧与广东河源县分水坳接壤，其割置连平者，乃河源地，非龙南地。既析之后，分水坳始属连平，龙南因与连平壤址相错耳。稽之史书，参之舆图，核之前《志》，皆凿凿言之，《府志》似未可尽据。事关沿革，谨疏论之，以附于篇末。

道光《龙南县志》卷2《地理志·沿革》第116—117页

玉石岩，离县治五里，在坊内堡。平畴渺弥，两峰岿峙，颓苍碎碧，遐眺眗目。有上岩、下岩、新岩，最称奇胜。

上岩，洞广数十丈。旧有玉迹寺，以旁有巨人迹，故名。宋太宗赐书一百二十卷，建阁藏之。治平间，赐额"普和"，寺久废。万历甲戌，知县王继孝构亭建坊，颜曰"天开图画""玉岩胜景"，招道人主持。又集宋元明诗文，别为一卷，名《玉岩志》。

下岩，岩址与上岩联络，自北折里许，乃至岩门，宽九尺余，颜曰"玉虚岩"。左一窦，俯平畴。明知县文程筑台其上，名"省耕台"，今废。乍入洞，深黑，寒气肃人。停片响，稍有光。见洞左宏敞，右稍逼，两旁有石柱。壁间如龙拏虎踞，波涌云飞，奇怪百端，不可名状。好事者又为石圳、芝田、丹炉等，以增奇胜。从此地稍陂陀，折而登，平台如仰，可容百余人。岩形似陶瓮，上有巨牖，员阔二三丈许。天光沉入，如玉镜悬空。前有石钟、云板，飞石击之，铿然有声。游人语言謦欬，都作雷鸣虎啸。有小木大士像，悬置中壁，壁玲珑万窍，循半为鞠躬门，前明赣州知府邢珣开凿也。游人持烛偻而入，苔石油滑，不能正武。深可百十丈，内有狻猊、巨象及惊蛇挂壁，皆极形肖。岩尽为龙井，井上有一线天。亭午，日光射入，仰视岩顶如罅，恍有神龙飞挈，云烟蓬勃，似井中午起者。井深不可测，中空洞多石乳，游人以石投之，旋触而下，若鼖、镛、钲、铙诸音相搏拊，逾时不绝。或疑井通别窦，恒入糠秕以验，后见糠秕出龙湫，离岩已二十余里矣。明都御史王文成征浰旋师，憩息岩中，吟咏竟日，悬壁勒"阳明小洞天"数字，又镌《平浰记》于上，皆文成亲书也。所云石鼓者，乃游人掇石撞地，响震岩根，阗然如伐鼓云。

道光《龙南县志》卷2《地理志·山水》第140—142页

太平堡横冈隘，去县治一百五十里。有二路，一通广东和平、龙川，一通广东连平（俞《志》）。

彭《志》云：横冈墟宜设汛兵，可以控制连平、和平两界。按王文成平浰后，议设和平县治，据龙南太平等堡里人赖本立等呈称："本县东南与广东龙川、河源二县，西南与广东始兴连界，多深山穷谷。向因各处流贼过境劫掠，太平堡设有横冈、角嵊二隘，上蒙、高砂二堡设有牛冈、阳陂二隘，就于各堡佥点隘夫、乡兵守把。后因池大鬓不时出劫，各隘烧毁一空。今宜将前项隘所修筑把守，可保四境无虞。"又据副使等集议，谓"新兴地方系通始兴县要路，宜添设一隘，各于邻近地方多佥乡夫把守"。今新兴堡新设之隘，其名亦不传（参《文成全书》）。

道光《龙南县志》卷2《地理志·形势》第167—168页

前邓《志》曰："龙南地薄产稀，越在山僻，四方奇袤之物罕至。惟是男勤于耕，女勤于织；宫室服器，多从质素；冠婚丧祭，杂用习便；亲友为欢，数品而止。庶几犹有唐魏之遗风焉。所可虑者，轻生习讼，常有怨非莫释辄以命殉，情非不得已动赴上诉。近奉宪院屡行申谕，犹未遽革。夫陵弱暴寡，大家巨族固间有之，而无赖细民犷讦尤甚。彼其狡然思逞，非徒以争是非角胜负也。以为一身而外，既无可恋之资，与其循理而人将我轻，何如冒法而人反我惮乎？往昔凭依之徒，习以尾为蚕，即青其衿者，相与过从间亦尔汝称之，受之者莫之敢忤。今虽渐知谨抑，余风尚未尽殄也。至于遘疾则信巫祷，临丧惟尚浮屠，素冠素韠，宁独桧风致叹乎？俟堂俟著，不第齐俗为然矣。诱浪子作奇货、投雉呼卢、工含沙为快心、流言飞帖，种种陋习，所当亟为维挽者也。阳明王公谕俗六章载在旧《志》，今仍载于《艺文》，公之遗教不可泯也。"

论曰：龙邑风俗，前《志》述之详矣。而转移变化之方，犹未之及也。邑自阳明讲学，士类景从，下逮编氓，咸知慕义，百数年来，风蒸蒸上矣。独以好勇斗狠之习千态百状，莫可穷诘。虽以乡士大夫物躬儒雅，犹未能起而渐移默率之，杨诚斋所谓果于义、激于名与节者，岂其言至今不验与？惟周子有云"刚恶，为猛，为隘，为强梁"，易其恶而至于中者，教也。教有不率，则政以一之，刑以防之，古之治民者以此。昔赵广汉立法锄豪，吏民歙然，尹翁归以一警百，民皆恐惧改行，可见政宽民慢之说为顽梗者言也。

夫习染深锢者，非惩艾之则终于不可挽。譬治病而遇厉疾，不投以猛击祛邪之方，而思养以中和，必不疗也。《洪范》曰"强弗友刚克"，其此之谓与！

道光《龙南县志》卷2《地理志·风俗》第192—196页

卷3《政事志》

神宗万历初，以罗从彦、李侗从祀。十二年甲申，以陈献章、胡居仁、王守仁从祀。

道光《龙南县志》卷3《政事志·祀典》第274页

先儒二十四位 王守仁，字伯安，明余姚人，读书阳明洞，称阳明先生。

道光《龙南县志》卷3《政事志·祀典》第282页

王文成公祠，祀明巡抚都御史新建伯王文成公。

道光《龙南县志》卷3《政事志·祀典》第310页

正德间，都御史王守仁加编民兵为六百名，每岁定期同守备官军演习武艺。后守备官罢，民兵亦减三百名。

道光《龙南县志》卷3《政事志·兵制》第319页

正德七年至十一年，连年黄秀琦、赖振禄等出劫。而《王文成全书》载十二年事，又有"委百长王受同已招贼首黄秀琦，往安远截捕流贼赖振禄"等语。合而参之，疑蒋于十一年始抚黄秀琦，功未竟而即去，故赖振禄犹劫掠如故也。前《志》不标其年，牵连书之。《府志》则以"抚之"易为"讨平之"。今仍前《志》原文登载，而附论其事如此。

十二年丁丑春三月，南赣巡抚王守仁调三省兵攻信丰、龙南流贼，连败之（从府新《志》采《明史纪事》增）。

夏四月，广东浰头等处强贼池大鬓等率三千余徒攻围邑境，赣抚王守仁遣义官萧承调兵会剿，贼寻退去（据《王文成集·攻治二策疏》增）。

又，正德丁丑五月二十八日，守仁奏《擒斩功次疏》云："据赣州府龙南县申总甲王受等呈：'蒙差各役领兵，与同已招贼首黄秀玑（即秀琦）等，往安远截捕流贼赖振禄等。行至地名湖江背，秀玑反招，令伊弟大满、细满等沿途打抢，烧毁民人刘必甫房屋，仍与振禄连谋行劫。本役督率兵快于黎坑、磜下与贼对敌，杀获黄秀玑、大满、细满、积瑜首级四颗，杀死贼徒三十余名。本年四月初九日，池大鬓同反招贼首黄秀魁、陈秀显等纠众四百余徒，打劫千长何甫等家，本役又率兵夫于陈坑水与贼交锋，杀获首从贼人陈秀显等一十二颗首级，余贼遁归巢去讫。'"按：此与《攻治二策疏》所载池大鬓率三千余徒攻围邑境当是同月而异其事者。盖池大鬓流劫各县，或来或去，出没固无常也。故据《文集》备录之。

又，丁丑五月二十八日，守仁《攻治盗贼二策疏》云："赣州之龙南，因与广东之龙川浰头贼巢接境，被贼首池大鬓、大安、大昇纠合龙南贼首黄秀魁、赖振禄、钟万光、黄金巢、钟万贵、古兴凤、陈伦、钟万璇、杜思碧、孙福荣、黄万珊、黄秀珏、罗积善、王金、曾子奈、王金奈、王洪、罗凤璇、黎用璇、黄本端、郑文钺、陈秀玹、陈珪、刘经、蓝斌、黄积秀等所统贼众，约有五千余徒，不时越境流劫信丰、龙南、安远等县。已经夹攻三次，俱被漏网。"（《文成全集》）

是年冬闰十有二月，南赣巡抚王守仁计执浰头贼首池仲容，遂进兵剿灭之（参前《志》）。

十一月，王守仁平桶冈寨，还至赣州，议讨浰头贼。初，守仁之平詹师富也，龙川贼卢珂、郑志高、陈英请降。及征横水、浰头，贼将黄金巢亦以五百人降，独池仲容未下。横水破，仲容始遣弟仲安来归，而严为战守备。守仁劳以牛酒，问故，仲容诡言："珂、志高，吾仇也。将袭我，故为备。"守仁佯杖击珂等，阴使珂弟集兵以待，遂下令散兵。岁首，大张灯乐。十三年戊寅春正月，赐仲容以新颁宪书，诱入谢。仲容率九十三人（《文成全书·平浰头捷音疏》云"仲容率其麾下四十余人"，数与此异）营教场，自以数人入谒。守仁呵之曰："若皆吾民，屯于外，疑我乎？"悉引入祥符宫，厚饮食之。贼大喜过望，守仁密进兵，留仲容观灯乐。正月三日大享，伏甲士于门外，诸贼入，以次擒戮之。自将抵贼巢，连破上、中、下三浰，斩馘二千有奇，余贼奔九连山，官军进击，擒斩无遗。乃于下浰立和平县，置戍而归，自是境内大定（府新《志》采《明史·王守仁传》）。

龙南、龙川之交，有三浰水，渠魁池仲容巢穴也。有幻术，急则遁形水草，名为"插青"。正德丁丑，王阳明既平横水、桶冈，遂计诱之观灯，使人与之格斗，伤其目，□医翳其瞳子，捣其巢穴而尽歼之（府新《志》采《名胜志》）。

嘉靖五年丙戌，都御史潘希曾檄都指挥吴山、陈鉴等，□力进剿浰头贼，战于龙南太平堡、中浰等处，擒贼首谢维德等一百七十名，又追擒贼徒四十名，斩之（府新《志》）。

道光《龙南县志》卷3《政事志·戢寇》第334—339页

卷4《营建志》

正德七年壬申，境贼徐允富起，通判徐珪增筑城垣，视旧高四之一。

九年甲戌，东门楼圮，知县李聪重建。未几，并南门燔于火。

十三年戊寅春，雨，城圮二十余丈。都御史王守仁、知府邢珣，檄署县事推官危寿，给官帑重修。

嘉靖三年甲申，主簿苏珪再修。

十年辛卯，都御史陶谐命同知伍佐鳌完，后又渐圮。

万历三年乙亥，知县王继孝重加修治。

崇祯九年丙子，都御史潘曾纮命署县谭心学扩城垣。

道光《龙南县志》卷4《营建志·城池》第367—368页

考旧《志》云"庙学旧在城内县东南"，此云城中，亦指入官隙地而言，非此时始迁入也。后隆庆辛未，生员钟宰等呈请迁复，有城北旧学等语，较为明晰，今据此易之。又钟宰等谓城北旧学而明缪铭、本朝李际期重修学宫记，皆谓徙于邑治之西偏。盖虽在城北，而偏于西也。或称北，或称西，各据其所近言耳。

正德九年甲戌，东庑火，署县事推官危寿修葺。

十四年己卯，知县卢凤、蒋玮，教谕缪铭重修，崇土二尺，以防水患。

按：前《志》载十二年丁丑，知府邢珣临学，以地基污下，殿庑倾颓，崇土三尺以杜水患。十三年戊寅则未之载也。府新《志》则载十二年事如《县志》，复载十三年戊寅知县卢凤、教谕缪铭重修。今考缪铭《修庙学记》，则曰："戊寅正月，都宪王公守仁、郡守邢公珣提兵征浰至邑，三月奏凯，献俘于庙。既而王公以庙祀弗虔、教基弗妥为慨，会有罚锾至，谕铭总其事，督修之。因崇筑厥基，撤旧更新，经始于己卯正月，越八月而工成。适蒋侯玮来，首塑圣像，并四配十哲，以次卒工。"据之则知府邢珣崇土及教谕缪铭重修乃一事，且在十四年己卯，非丁丑、戊寅事也。今据缪铭正之。

道光《龙南县志》卷4《营建志·学校》第 396—398 页

王文成公祠，忠节邵公、陈公祠，孝友祠，忠义祠，俱建于庙学右侧。

教谕署，在文庙外左侧，明伦堂后。

训导署，在文庙外右侧，王文成公祠后。

嘉庆十七年壬申，知县宋庚重修崇圣殿，移建于圣殿后之正中。高三丈余，深二丈四尺，横阔并左右厢房九丈六尺。

王文成公祠移建于崇圣殿之右侧，左为孝友、忠义祠，右为忠节祠。即前之崇圣祠，今改建文成公祠，横阔三丈，深三丈九尺。

文昌宫新建于大成门外之右，左为帝君先代祠，右为官厅，上下二栋。即前之文成公祠也，今改建文昌宫，横阔五丈三尺，深六丈四尺。

道光《龙南县志》卷4《营建志·学校》第 405—407 页

论曰：古之学者必有设诚致行之功，而不肯苟且以枉其才，纷纭以丧其志。王荆公之记虔州，谓先王之道德出于性命之理，而性命之理出于人心，为之官师，为之学者，则所以使人深知其意。呜呼！此乃可以云学矣。邑自阳明讲学，士之沐其教而私淑之者，固已闻风兴起。观于泮宫之修书院、学田诸举，乃知贤大夫之教泽与邦人士之经营不遑者，学之途甚广，而学之事若此，其先务也。方今雅化翔洽，士之渐摩于仁义、沐浴于诗书者，固当求诸明体达用之实，非徒逐逐于词藻之末，为弋取先资已也。《学记》曰："士先志"，是在乎学者之自命较然不欺其素而已。

道光《龙南县志》卷4《营建志·学校》第419—420页

银山庙，在太平堡，元末建，明洪武四年辛亥重修。神有灵感，遇水旱灾疫，乡人祈祷，无不应者。都御史王文成征三浰时，过银山庙，神忽降言，有"我助都堂三早霜"之句。时暑月兴师，因戒兵士具棉絮，抵巢，□霜降，贼悉就擒。文成书其额曰"护国灵祠"，匾今犹存。

道光《龙南县志》卷4《营建志·祠庙》第462页

观德亭，明正德十四年己卯，教谕缪铭重修学宫，仍其左为观德亭，后改建。王文成公有《观德亭记》。

玉石岩亭，在玉石岩。明万历二年甲戌，知县王继孝构亭建坊，颜曰"天开图画"，又曰"玉岩胜景"。

道光《龙南县志》卷4《营建志·祠庙》第469页

卷5《职官志》

王守仁，字伯安，余姚人。正德间以左佥都御史抚赣州，平浰回军，驻龙南数月，镌石纪功于玉虚岩。万历初建庙，崇祀学宫。

杨璋，字廷仪，孝感人。正德十三年戊寅，任岭北副使，随都御史王守仁征浰有功，回军驻龙南，留诗刻石于玉虚岩。

邢珣，字子用，当涂人。宏治间进士。历户部郎中，坐忤刘瑾，罢。瑾败，复官。正德己亥，擢赣州知府。丁丑，都御史王守仁征三浰，以珣率同知夏克义、知县王天与等督兵由太平堡入。贼平，回军驻龙南数月，遍游玉石岩诸名胜。在郡著有《章贡杂稿》。

叶梦熊，字男兆，归善人。进士。万历二年甲戌，由户部郎知赣州。才略有余，恩威素著，剿平黄乡贼，以其地建长宁县。龙南常一再至焉，有诗镌玉石岩壁。万历间《县志》序，其手定也。

道光《龙南县志》卷 5《职官志·名宦》第 537—540 页

吴诚，字明卿，琼山人。举人。嘉靖十四年乙未知龙南。抵任初，即厘凤弊四十余条，申禁令，绝苞苴，治声赫然。沙头贼徐守沐僭号倡乱，官司不能制。谢钺、李鉴者，王文成剿三浰时用之以抚辑坑洞者也，积久，多骩法。诚廉得其状，召至，出军门檄示之曰："将逮戮汝。"皆叩首请命，诚曰："能擒沙头自效者贳罪。"钺、鉴敬诺，即诱守沐，擒之，境内晏然。所著有《雁峰诗集》。

道光《龙南县志》卷 5《职官志·名宦》第 546—547 页

卷 7《人物志》

月华，坊内堡人，以岁贡历任训导，性至孝。少以经学著名，后从王守仁为良知之学。归，日坐一室，超然默悟，学者宗之。守仁平浰头，回军驻邑中，有议欲缮修庙学，嘱华经理，华捐多金助之（参前《志》及府新《志》）。

按：前彭《志》以华为郡廪生，今据前仕籍订正。

论曰：前人谓儒林之称，道学与经学胥统之。《宋史》别立"道学"，判"儒林"而为二，盖将以濂洛关闽直继邹鲁，非区区经生家言如汉时老师宿儒相授受者比。不知经以载道，有宋诸儒莫不原本六经，返身切己，以求入圣贤之域。而其发挥经训见于语言文字者，亦莫不教人归于正道。

然则舍道学无以言儒，舍经学亦无以言道。故《汉书·儒林传》曰："经籍之设，古圣所以明天道、正人伦、致隆治之成法也。"赣州自周子判郡，赣之曾子忠、兴国之李先之，相继以儒术著名当时。厥后阳明驻节，而雩都何春、黄宏纲讲明人心道心之旨，伟然称为高弟。夫求儒林于一郡犹难其人，况于一邑。兹编所载，未知与曾李何黄相去何如。然其本经以求道，而能为切己之学，是亦所谓圣贤之徒，不牵于流俗焉者。虽登载寥寥，亦因少而弥珍矣。

道光《龙南县志》卷7《人物志·儒林》 第686—688页

赖时雍，上蒙堡人。岁贡。敦行重义，族有祭田，邑有义学，皆捐资为之。王守仁三浰之役时，雍尝与参谋。未仕，卒，时共惜之，祀乡贤。

道光《龙南县志》卷7《人物志·善行》第751页

卷8《艺文志》

文成、惟锡诸公，勋业彪天壤，其文章亦煌煌巨篇也。凡诸奏疏动征久大经纶，录其事关龙南者汇列卷首。或篇幅太繁，不能全载，亦节采一二事，用俾后人考据咸有征信。中及和平、定南建治疏，一以志龙南议割地而终寝，一以志龙南幅员今昔沿革之所由异焉。

道光《龙南县志》卷8《艺文志·奏疏》第858页

议夹剿方略疏 正德丁丑 余姚人 王守仁 伯安

据江西岭北道副使杨璋呈，"奉臣案验，准兵部咨，该巡抚湖广都御史秦金题为紧急贼情事，备行计处兵粮，约会三省，将上犹等处贼巢克期九月中进剿等因，遵依。随将本道兵粮事宜计呈本院转达奏闻定夺外，随据南安府上犹、大庾等县申称贼势猖獗，乞要早为扑剿等因。已经呈蒙本院密授方略，行委知府季敩、县丞舒富等领兵分剿。生擒首从贼徒，斩获贼级，杀死、烧死贼众，捣破贼巢，俘获贼属等情，通经呈报。又蒙本院虑贼必将乘间复出，行委知府季斅、指挥来春等统兵屯南安，指挥姚玺、县丞舒富统兵屯上犹，指挥谢昶、千户林节统兵屯南康，各于要害去处往来防剿。至七月二十五日，贼首谢志珊果复统众一千五百余徒，攻打南安府城。各官督兵迎敌，生擒贼犯杨銮等七名，斩获首级四十五颗，贼众大败而去。八月二十五日，贼首谢志珊又统兵二千余徒，复来攻打南安府城。各官督兵迎敌，生擒贼犯龙正等四十二名，斩获首级一百五十七颗，贼又大败而去。即今贼势少挫，若乘此机会直捣其巢，旬月之间，可期扫荡。但闻湖广之兵既已齐集，而广东因府江班师未久，复调狼兵，未有定期。谨按地图：江西之南安有上犹、大庾、桶冈等处贼巢，与湖广桂东、桂阳接境；夹攻之举，止该江西与湖广会合，而广东止于仁化县要害把截，夹攻不与焉。赣州之龙南有浰头贼巢，与广东龙川接境；夹攻之举，止该江西与广东会合，而湖广不与焉。广东乐昌、乳源贼巢，与湖广宜章县接境，惠州贼巢，与湖广临武县接境，仁化县贼巢，与湖广桂阳县接境；夹攻之举，止该湖广、广东二省会合，而江西止于大庾县要害把截，夹攻不与焉。名虽三省大举，其实自有先后，举动次第，不相妨碍。若必待三省之兵齐集然后进剿，则老师废财，为害匪细。合将前项事宜约会三省，以次渐举，庶兵力不竭，粮饷可省"等因，据呈到臣。

看得三省贼巢连络千里，虽声势相因，而其间亦自有种类之分、界限之隔。利则争趋，患不相顾，乃其性习。诚使三省之兵皆已齐备，约会并进，夫岂不善？但今广东狼兵方自府江班师而归，欲复调集，恐非旬月所能。两省之兵既集，久顿而不进，老师费财，意外之虞，乘间而起。诚使先合湖广、江西之兵，并力而举上犹诸贼，逮事之毕，广东之兵亦且集矣；则又合湖广、广东之兵，并力而举乐昌诸处，逮事之毕，江西之兵又得以少息矣；则又合广东、江西之兵，并力而举龙川。方其并力于上犹，则姑遣人佯抚乐昌诸贼，以安其心。彼见广东既未有备，而湖广之兵又不及己，苟幸旦夕之生，必不敢越界以援上犹。及夫上犹既举，而湖广移兵以合广东，则乐昌诸贼，其势已孤。二省兵力益专，其举之益易。当是之时，龙川贼巢相去辽绝，自以为风马牛不相及，彼见江西之兵又撤，意必不疑。班师之日，出其不意，回军合击，蔑有不济者矣。臣窃以为因地之宜，先后合击之便，除臣遵照兵部咨来题奉钦依，会兵征剿，亦听随宜会议施行事理。已将前项事宜咨移广东、湖广总督、巡抚等官知会，一面相机行事外，缘系地方紧急贼情事理，为此具本题知。

按：前《志》以此《疏》讹为吴百朋作，而以《平下历疏》讹为张翀，以《建定南县疏》讹为江一麟。今俱为订正。

道光《龙南县志》卷8《艺文志·奏疏》第858—863页

议夹剿兵粮疏 正德丁丑 节录二则 王守仁

南安府所属大庾、南康、上犹三县，各有贼巢，联络盘据，有众数千，西接湖广桂阳等县，南接广东韶州府乐昌等县。三省夹攻，必须湖广自桂阳、桂东等处进，广东自乐昌县进；在南安者，必须三县地方并进。赣州府所属，惟龙南县贼巢与广东惠州府龙川县浰头接境。浰头系大贼池大鬓等巢穴，有众数千，比之他贼，势尤猖獗。前此二次夹攻，俱被漏网。龙南虽贼徒数伙，除之稍易。但其倚藉浰头兵力以为声援，攻之则奔入浰头，兵退则复出为害。必须广东兵自龙川进，赣州兵自龙南进，庶可使无奔溃。

上犹去龙南几四百里，两处进兵，必须一时并举，庶无惊溃之患。大约计之，必须用兵一万二千名。今拟调南康、上犹二县机兵、打手一千二百名；大庾县机兵、打手一千二百名；赣州府所属除石城县外，宁都、信丰二县机兵、打手各一千名；其余七县机兵、打手三千名；龙泉县机兵、打手一千名；安远县招安义民叶芳、老人梅南春等，龙南县招安新民王受、谢钺等兵共三千名；汀州府上杭县打手一千名，潮州府程乡县打手一千名。共凑一万二千之数。但广、湖两省之兵皆狼土精悍，贼所素畏，势必偏奔江西。江西之兵，最为怯懦，望贼而溃，乃其素习。今所拟调皆新习未练，若使严以军法处治，庶几人心齐一，事功可成。

道光《龙南县志》卷 8《艺文志·奏疏》第 863—865 页

浰头捷音疏 正德戊寅 前后中间俱节

据江西按察司分巡岭北道兵备副使杨璋呈，"据各哨统兵官呈称，攻破贼巢上、下、中三浰大巢，擒斩大贼首从，俘获贼属男妇，烧毁贼巢房屋禾仓，及夺获器械等物等因，各呈报到道。查得先为地方紧急贼情事，据信丰县所呈称，正德十二年二月初七日，龙南县贼首黄秀魁纠合广东贼首池仲容等，突来本县杀人放火。见今攻城不退，乞要发兵救援等因，该本道议，委经历王祚、县丞舒富领兵剿捕。斩获贼级四颗，被贼杀死报效义士杨习举等十名，执去经历王祚。随该本道亲诣该县，暂将各贼招安，拨回原巢，经历王祚送出。参将失事知县王天爵、卢凤、千户郑铎、朱诚、洪恩、主簿周镇、镇抚刘镗等，俱各有罪。及将前贼应剿缘由，呈详转达具奏外，正德十三年正月初三日，奉提督军门纸牌，议照广东龙川县浰头等处贼巢，奉有成命，应该会剿。其大贼首池仲容等，本院已行计诱擒获。见今军势颇振，若不乘此机会，出其不意，捣其不备，坐视以待广兵之来，未免有失事机之会。本院除自行量调官军设法剿捕事理，部勒兵众，分布哨道，行仰守备指挥并知府等官郑文、陈祥等统领，各授进止方略外，备行本职，前去军前纪验功次，及催各哨官兵上紧依期进剿，仍行巡按衙门前来核实施行等因。今据前因，除将前项功次俱汇巡按衙门会审纪验明白，生擒贼犯解赴提督军门斩首枭示，贼属男妇变卖银两，器械、赃仗、赃银俱贮库外，参照浰头大贼首池仲容、池仲宁、池仲安、高允贤、李全等，盘据一方，历有岁年，僭称王号，伪设官职，广东翁源、龙川、始兴、江西龙南、信丰、安远、会昌等县，屡被攻围城池，杀害官军，焚烧村寨，掳杀男妇，岁无虚日。曾经狼兵夹攻数次，俱被漏网。是乃众贼奸雄之巨擘，三省群盗之根源也。今幸天夺其魄，仲容束手就擒，仲宁、仲安等一时授首，各巢贼从擒斩殆尽。此皆仰仗朝廷德威远播，庙堂成算无遗，提督军门赏罚以信而号令严明，师出以律而机宜慎密，身先士卒而艰险之不辞，洞见敌情而抚剿之有道。以是数十年之巨寇，一旦削平；连四省之编氓，永期安辑。呈乞照详转达"等因，据呈到臣。

该臣看得南赣盗贼，其在南安之横水、桶冈诸巢，则接境于湖郴；在赣州之浰头、桶冈诸巢，则连界于闽广。接境于湖郴者，贼众而势散，恃山溪之险以为固；连界于闽广者，贼狡而势聚，结党与之助以相援。臣等遵奉敕谕，自正德十二年九月进兵横水，十月十二日破之。十一月，复破桶冈。十二月望，臣兵回至南康，诱致仲容诸贼。密遣人先行属县勒兵，分哨道候报而发。闰十二月二十三日，仲容等至赣。正月三日，度所遣属县勒兵当已大集，臣乃设犒于庭，先伏甲士，引仲容入，并其党悉擒之。而夜使人趋发属县兵，期以初七日同时入巢。于是，知府陈祥兵从龙川县和平都入，指挥姚玺兵从龙川县乌虎镇入，千户孟俊兵从龙川县平地水入，指挥余恩兵从龙南县高砂堡入，推官危寿兵从龙南县南平入，知府邢珣兵从龙南县太平堡入，守备指挥郏文兵从龙南县冷水迳入，知府季斅兵从信丰县黄田冈入，县丞舒富兵从信丰县乌迳入，臣自率帐下官兵从龙南县冷水迳直捣下浰大巢，而使各哨分路同时并进，会于三浰。贼大败奔溃，呼声震山谷。我兵乘胜逐北，遂克上、中、下三浰。各哨官兵遥闻三浰大巢已破，皆奋勇齐进，各贼皆溃败。其精悍者尚八百余徒，复哨聚九连大山，扼险自固。于是乃选精锐七百余人，度险扼断其后路。次日，贼并势冲敌，我兵已据险，从上下击，贼不能支，乃退败。臣度其必溃，预令各哨官兵四路设伏以待。贼果分队潜遁，连日擒斩首从贼人、贼级数多。三月初三日，据乡导人等四路爪探，皆以为各巢积恶凶狡之贼皆已擒斩略尽，惟余党张仲全等二百余徒，其间多系老弱及远近村寨一时为贼所驱胁、从恶未久之人，今皆势穷计迫，聚于九连谷口，呼号痛哭，诚心投招。臣遣报效生员黄表往验虚实，果如所探，因引其甲首张仲全等数人前来投见，诉其被胁不得已之情。臣量加责治，随遣知府邢珣往抚其众，籍其名数，遂安插于白沙。

臣因亲行相视险易，督同副使杨璋、知府陈祥等经理立县设隘、可以久安长治之策，留兵防守而归。

盖自本年正月初七日起，至三月初八日止，不逾两月，而破奸雄不制之虏，以除三省数十年之患。此非朝廷威德，庙堂成算，何以及此？

按：明正德时，龙南山寇黄秀魁、赖振禄等聚众劫掠，全倚浰头兵力以为声援，后三浰既平，邑贼亦同时授首。节录此《疏》，见文成功德及于龙南者远也。

道光《龙南县志》卷 8《艺文志·奏疏》第 865—871 页

添设和平县治疏 正德戊寅 节录中段 王守仁

会勘龙川和平峒羊子铺居民二千余家，因贼首池大鬓等作耗，内有八百余家投城居住，尚存一千余家。本峒羊子铺一处，地方宽平，山环水抱，水陆俱通，可以筑城立县于此，招回投城之人复业居住。分割龙川县和平都、仁义都，并广三图，共三里，及割附近河源县惠化都，与接近江西龙南县邻界亦折一里前来，共凑一县。

据龙南县太平等保里老赖本立等呈称，"本县东南与广东龙川、河源二县，西南与广东始兴县连界，多深山穷谷。向因各处流贼过境劫掠，太平堡设有横冈、角嵊二隘，上蒙、高砂二堡设有牛冈、羊陂二隘，就于各堡佥点隘夫、乡兵守把。后因池大鬓等不时出劫，各隘烧毁一空。今征剿既平，宜将前项隘所修筑把守，可保四境无虞。及照本县止有四里半，邑小民寡，递年逋负追并，况与龙川县又系隔省窵远，乞免分割，以苏民困"等因。各职并行会议得：贼平之后，经久良图，诚无逾于添设县治者。今龙川县里老人等愿于和平峒羊子铺添设县治，及分割都图，清卖贼田，移置巡司，量佥隘夫等情，俱相应俯顺。惟称又要分析江西赣州府龙南县附近都图，缘系两省地方，相隔愈远，未免影射差役，两无归着，难以准行。止该于龙南县该管图堡，修筑旧隘，其新兴地方系通始兴县要路，宜添设一隘，各于邻近地方多金乡夫守把。其移置浰头巡检司，应隶新县管辖。该司弓兵四十名，额数寡少，合于龙川县和平、仁义、广三图，量编四百名，龙南县量编二百名，俱令该县掌印官编佥造册，分为二班，半年一换。俱各委官管领，兼同该司官巡逻，遇有盗贼生发，即随扑获。隘夫限满，亦须该班者交代方还。各府州县巡捕官，俱要不时往来巡点。其清卖贼田，修筑城池等项，俱各委官分头干办，方得集事。

按：知县徐上《书平浰碑记后》云："三浰已平，于是相视险易，割龙南、龙川诸县地凑立和平县，控扼要害。"是以龙南为曾经割地，未知其初议析置而终寝也。录文成此《疏》，以正徐说之误，并使后之君子无滋疑讹。因原疏前后文太繁且无关本邑事，故仅节录中段，亦聊以备考稽耳。

道光《龙南县志》卷8《艺文志·奏疏》第871—874页

观德亭记 王守仁

君子之于射也，内志正，外体直，持弓矢审固，而后可以言中。故古者射以观德。德也者，得之于其心也。君子之学，求以得之于其心。故君子之于射，以存其心也。是故躁于其心者，其动妄；荡于其心者，其视浮；歉于其心者，其气馁；忽于其心者，其貌惰；傲于其心者，其色矜。五者，心之不存也。不存也者，不学也。君子之学于射，以存其心也。是故心端则体正，心敬则容肃，心平则气舒，心专则视审，心通故时而理，心纯故让而恪，心宏故胜而不张、负而不弛，七者备而君子之德成。君子无所不用其学也，于射见之矣。故曰：为人君者，以为君鹄；为人臣者，以为臣鹄；为人父者，以为父鹄；为人子者，以为子鹄。射也者，射己之鹄也。鹄也者，心也。各射己之心也，各得其心而已。故曰：可以观德矣，作《观德亭记》。

按：《文成全集》以记为戊寅作。是年文成征三浰，还至龙南，瞻谒文庙，见栋宇不支，咨嗟久之，适有罚锾至，饬教谕缪铭经理修葺。文庙旧有观德亭，因作此《记》。

道光《龙南县志》卷 8《艺文志·记》第 899—901 页

重建庙学记 平阳人缪铭 教谕

学校之设，尚矣。昉于唐虞而盛于三代，至汉、唐、宋因革迭乘，而治效基之。我太祖高皇帝建国之初，首诏天下郡邑，申明学制，立庙以祀先师孔子，配以门弟子暨后儒有功斯道者，咸秩从祀。其一切僭经叛道者黜之，崇正学也。是以百五十余年，真儒效用，猗欤休哉！

龙南庙学建自宋元祐间，但近迫城南，兼以湫隘。成化辛卯，始徙于县治之西，为左庙右学之制。岁久湮汩，栋宇不支。正德丙子，铭由宜春承乏掌教事，大惧无以妥圣贤而风士习，亟会诸生议，请允执政。越二年，戊寅正月，都宪王公守仁、宪副杨公璋、郡守邢公珣，提兵征浰至邑，三月奏凯，献俘于庙。既而都宪王公顾瞻慨叹曰："庙祀弗虔，教基弗妥，郡有司之咎，典教者之责也。咨汝邪，惟财用是资。"逾日，果罚干纪者金几百锾贮县治，曰："木石工需，坐是以给。"谕缪铭总其事，稽其盈缩以告。命邑士李淳、月华曰："汝夙夜劳王事，主廪饩务称功能，罔或不经，不经有罚。"铭等受命唯谨。而司训彭君智续至，亦协勤止。乃崇筑厥基，撤旧更新，相宜树表。唯是为大成殿，为庑，为戟门；其后也，为明伦堂，为斋；其前也，为棂星门，为儒学门；又唯是为藏书库，为馔堂，为生徒舍宇；仍其右，为学职之廨三区；仍其左，为观德亭。垣墉关键，式考其制。经始于己卯正月，越八月而功就绪。会县尹蒋侯玮来任，首塑圣像，并四配十哲，余皆以次卒工。判府文公运，主簿方君侃、苏君珪，典史沈君璇皆相继赞理，与有力焉。

敬卜日告成，已而诸生谒曰："庙堂之新，先生作之，诸君子成之，提督学政周公广闻而喜之。是役也，不可无纪。先生为邑太史，无多让。"因敢僭言曰："二三子其知庙学之以新乎？群材杰工，以斫以削，大之为栋梁，小之为榱桷，涂而为质，绘而为文，积之累之，工用乃成。夫学，亦犹是也。

孔子之道，载诸六经。仁、义、礼、智其性，恻隐、羞恶、辞让、是非其情，君臣、父子、夫妇、长幼、朋友其伦，文、行、忠、信其教，炳如也。虽先王之世，师之所以教，弟子之所以学，以是固无甚异于人，而古今夐不相类者，岂道远乎哉？人自离之耳。今之学者，诚能由其教以尽其伦，验其情以率其性，则孔子之道将不在六经，而在吾之一心。由是而质之，以古今人物之贤以按其行事，存之而为德行，发之而为文章，举而措之天下，则为正大光明之业。固无施而不准，不犹所谓'群材斫削，栋梁榱桷'之谓乎？诸生适际新庙学之会，而皆有自新新民之志，故敢以孔子之道进之庸风。汝邑之来者，使徒侈庙堂之言言，衣冠之济济，趋末学以徼功利，则非铭之所知，亦非国家建学造士之初意。汝诸生其图之。"

道光《龙南县志》卷 8《艺文志·记》第 907—910 页

平浰记 铅山人费宏 大学士

惠之龙川，北抵赣，其山谷贼巢，亡虑数百，而浰头最大。浰之贼肆恶以毒吾民者，亡虑数千，而池仲容最著。仲容之放兵四劫，亡虑数十年，而龙川、翁源、始兴、龙南、信丰、安远、会昌以迩巢受毒最数。

正德丁丑之春，信丰复告急于巡抚都御使王公伯安。召诸县苦贼者数十人，问何以攻之。皆谓非多集狼兵弗济，又谓狼兵亦尝再用矣，竟以招而后定。公曰："盗以招蔓，此顷年大弊也，吾方惩之。且兵无常势，奚必狼而后济耶？若等能为吾用，独非兵乎？"乃与巡按御史屠君安卿、毛君鸣冈合疏以剿请，又请重兵权、肃军法，以一士心。诏加公提督军务，赐之旗牌，听以便宜区画，惟功之有成，不限以时。

时横水、桶冈盗亦起，而视浰为急。公议先攻二峒乃会兵以图浰。凡军中筹画，多咨之兵备副使杨君廷宜，请汰诸县机兵，而以其佣募新民之任战者，取赎金、储谷、盐课以饷之，而兵与食足焉。

二峒之攻，虑仲容乘虚以扰我也，谋伐其交。使辨士周祥等谕其党黄金巢等，得降者五百人，籍以为兵，仲容独愤不从。冬初，闻横水破，始惧，使弟仲安率老弱三百人来，图缓兵且我觇也。公阳许之，使据上新地以遏桶冈之贼，而实迟其归图。

阅月，仲容闻桶冈破，益惧，为备益严。公使以牛酒饷之，贼度不可隐，则曰："卢珂、郑志高、陈英，吾仇也，恐其见袭而备之耳。"珂等皆龙川归顺之民，有众三千，仲容胁之不可，故深仇之。公方欲以计生致仲容，乃阳檄龙川卢珂等构兵之实，若甚怒焉。趋浰刊木，且假道以诛珂党。十二月望，珂等各来告仲容必反。公复怒其诬构，叱收之，阴谕意向，使遣人先归集众。

待兵还自桶冈，公合乐大飨，散之归农，示不复用，使仲安亦领众归。又遣指挥余恩谕仲容毋撤备以防珂党。仲容亦喜，前所辩士因说之亲诣公谢，且曰："往则我公信尔无他，而诛珂等必矣。"仲容然之，率四十人来见。公闻其就道也，密饬诸县勒兵分哨。又使千户孟俊伪持一檄经浰巢，宣言将拘珂党，实督集其兵也。贼导俊出境，不复疑。

闰十二月下弦，仲容既至赣，是夕释珂等驰归。縻仲容，令官属以次飨犒。明年正月癸卯朏，公度诸兵已集，引仲容入，并其党擒之。出珂等所告，讯鞫具伏，亟使人约诸兵入巢。

越四日丁未，同时并进：其军于龙川者，惠州知府陈祥率通判徐机等从和平都入，指挥姚玺率新民梅南春等从乌龙镇入，孟俊率珂等从平地水入。军于龙南者，赣州知府邢珣率同知夏克义、知县王天与等从太平堡入，推官危寿率义民叶芳等从南平入，守备指挥郑文率义官孙舜洪等从冷水迳入，余恩率百长王受等从高砂堡入。军于信丰者，南安知府季敩率训导蓝铎等从黄田冈入，县丞舒富率义民赵志标等从乌迳入。公自率中坚督文捣下浰大巢，副使君督余哨会于三浰。贼党自仲容至赣，备已弛矣，至是，闻官兵骤入，皆惊失措。方分头出御，而悉其精锐千余迎敌于龙子岭。我兵列为三冲，犄角而前。恩以受兵首与贼战，却之。奋追里许，贼伏四起，击受。俊、寿乃以芳兵鼓噪往援，俊复以珂等兵从旁冲击，呼声震山谷，贼大败而溃，遂并上、中二涮克之。各哨兵乘胜奋击，是日，遂破巢十一：曰热水，曰五花障，曰淡方，曰石门，曰上下陵，曰芳竹湖，曰白沙，曰曲潭，曰赤塘，曰古坑，曰三坑。

明日，探贼所奔，分道急击。己酉，破巢凡六：曰铁石障，曰羊角山，曰黄田坳，曰岭冈，曰塘含冈，曰尾溪。庚戌，破巢凡二：曰大门山，曰镇里寨。辛亥，破巢凡九：曰中村，曰半迳，曰都坑，曰尺八岭，曰新迳，曰古地，曰空背，曰旗岭，曰顿冈。癸丑，破巢凡四：曰狗脚坳，曰水晶洞，曰五洞，曰蓝洲。丙辰，破巢凡二：曰风盘，曰茶山。

其奔者尚八百余徒，聚于九连山，山峻而袤广，与龙门山后诸巢接。公虑以兵进迫，其势必合，合难制矣。乃选锐士七百余人，衣所得贼衣，若溃而奔，取贼所据崖下间道乘暮而入。贼以为其党也，从崖下招呼，我兵亦佯与和应，已度险，扼其后路。明日贼始觉，并力来敌，我兵从高临下，击败之。公度其必溃也，预戒各哨设伏以待。乙丑，覆之于五花障，于中村，于北山，于风门坳。

分逃余孽尚三百余徒，各哨乃会兵追之。二月辛未，复与战于和平。甲戌，战于上坪、下坪。丁丑，战于黄田坳，辛巳，战于铁障山。癸未，战于乾村，于梨树。乙酉，战于劣竹。壬辰，战于百顺，于和洞。乙未，战于水源，于长吉，于天堂寨。谍报各巢之稔恶者盖几尽矣，惟胁从二百余徒聚九连谷山，呼号乞降。公遣珂往抚之，籍其名，处之白沙。

公率副使君乃即祥应和平，相其险易，经理立县设隘，庶几永安。遂班师而归，盖戊寅三月丁未也。凡所捣贼巢三十八，擒斩贼首二十九人，中酋三十八人，从贼二千六十八人，俘贼属男妇八百九十人，卤获马牛器仗称是。是役也，以力则兵仅数百，以时则旬仅六浃，遂能灭此凶狡稽诛之寇，以除三徽数十年之大患，其功伟矣。

捷闻，有诏褒赏，官公之子世锦衣百户，副使君加俸一秩。于是邢侯、夏侯、危侯偕通判文侯运、吴侯昌，谓"公兹举足以威不轨而昭文德，不可以无传也"，使人自赣来请余书其事。

嗟乎！隹兵者不祥之器，王公用儒者谟谋之概，而乃躬擐甲胄，率先将士，下上山谷，与死寇角胜争利，出于万死。而公平日岂习杀伐之事而贪取摧陷之功以为快哉？顾盗之与民，不容并育，譬则莠骄害苗，而养之弗薅，纵虎狼之狂噬而听孳牧之衰耗，此不仁者所不忍为，而公亦必不以不仁自处也。公之心，予知之，公之功则播之天下，传之后世，何俟于予之书之也。然而，人知渠魁之坐缚，凶孽之荡平，以为成功如此其易，而不知公之筹虑如此其密，建请如此其忠。上之所以委任如此其专，副使君之所以赞佐如此其勤，文武将吏之所以奔走御侮如此其劳，而功之成所以如此其不易，是则不可以不书也。予故为备书之，以昭示赣人，庶其无忘，且有考焉。

道光《龙南县志》卷8《艺文志·记》第930—938页

玉石岩龙井记 本邑人黄今 岁贡

玉石岩龙井，太守邢公珣开凿也。明正德间，王文成平三浰，开玉石岩，颜曰"阳明小洞天"。时邢公亦回军驻龙南，开岩内石壁如小窦，俗称"鞠躬门"。门以内石径空嵌，沿径数十丈，是为龙井。游人持烛偻而入，泥石油滑，上有狻猊、巨象，惊蛇挂壁，又有如犬者，如荷花、荷叶者，皆极形肖。蹑石磴十余级而上，有石如蛙，清泉直滴蛙背。再行数武，始达龙井。井上有一线天，亭午日光射入，仰视如罅，云烟蓬勃，似井中乍起者。投之以石，逾时响犹不断。游人至此，必蹑足凝神，不敢作俯探状。定南人熊某失足入，将及数丈，为横石隔而止，四顾深黑，仿佛间有人告之曰："此仙境，何缘到此？吾掖汝以上。令蹲伏，明日有坠石声，试仰首号鸣，当引汝出。"及期果然。相传井旁有石醉仙仰卧，好事者置以美酒，间日辄尽，其灵异大都类是。邑人唐翠章者，好奇士也，尝裹粮游彤华、归美诸山，居岩侧里许，自以龙井之胜未曾入探为憾。既而饮于岩，醉甚，诸少年语以"井中多灵迹，试入，当必有遇"，取竹缆结作履形，纳足其中，腰胠交维，数人曳持之，乃缒，执炬而下。甫驻足，石铦利如剑戟，或膝行，或手捫，形疲不可耐。数丈有石如车盖，至是必微俯其躬，辗转达之。自此而下，欹斜如螺旋，约历三曲，稍平坦可步，始解缆。步折而西下十余丈，中开一大坪，广袤约丈许，盘以巨石，疑此即井底也。坪之西，积石一堆，即游人所投者。东有骷髅一副，石底别有小洼，注水三四尺，不满不竭，以手掬之，冻冷入骨。有石罅溜下，如琴瑟声，如风吹竹梧声，变幻非一端。《志》称井通泉脉，入糠秕以验，流出龙湫。据此，则井水止而不流，旧说似讹。惟四壁多别窦，形亦空嵌，欲更觅径以入，炬尽而止。

予谓天地之奇，不容一览而尽。其间雕铲元气，锤凿幽险，而置诸混沌闭塞之中。蛰虫之所不穴，榛莽之所不宅，且旦晦之所不知，圆灵曜景之所不一到，道家所谓形与神全，知希为贵者与？然积久而见，潜隐乃彰。如斯井者，当年未遇邢公，则闭藏岩石间，虽千百年，龙井之名卒不著，即著矣，而不得好奇者身历其境，其奇亦不传。地之显晦，殆有时焉，非特武夷、九曲、天台再至为足供人间搜探也。是不可以不记。

道光《龙南县志》卷8《艺文志·记》第1014—1017页

刻玉石岩志序 王继孝

万历甲戌秋，余奉檄治龙。三月，政暇，进父老问民风桑麻及山川形胜，咸以玉石岩称首。余谓岩本块然物也，以玉称名，顾名而绎之，其景之美当无俟纵观而可以知其概者。越数日，天气清澄，簿书无累，勃勃焉有登临兴，乃屏从役，策一骑出郊，直往觅之。见两山高耸，岩骨峻嶒，如连琚，如合璧，如冰壶并耀。景与目遇，神与景游，飘然若尘寰外，昔称桃源、蓬瀛者非欤？因怃然叹曰："天之生人与生景，均也。人之遇不遇，与景之遇不遇，亦均也。"

余起吴中，吴中佳山秀水，如虎阜、灵岩，皆啧啧称奇胜。凡乡大夫贤士骚人，每过必停舟问之，题咏成帙，广于四方，而四方士人未出户庭，亦莫不知有某山胜某岩胜者。龙之二岩，天然形胜，不假雕琢！又超迈诸景。顾混落烟莽重冈叠阜中，俨然虎豹狐兔巢窟，不其惜哉！是岩也，开于有宋元祐甲戌，一遇矣；阳明先生平浰回兵，徙倚其间，勒文于石，再遇矣；但穷山荒坞，辙迹罕经，至今汶汶闷闷，山林抱郁，似遇而实不遇也。余为龙中主人，润色而阐扬之责将谁让？遂捐金给木人石人，筑坛洞口，结庵坛上，树门建额以壮观美。每士大夫道龙者，余辄携觞佐游，又辄留其咏，并相传诸名公旧稿，授俞子辑订成志，锓诸梨枣。庶因志以见词，玩词以得景，龙中二岩不与古兰亭、赤壁、琅琊媲美争烈哉！噫嘻！景落万山，沉秘千载，迨今载诸简篇，昭人耳目久矣，而始遇如此。士君子抱经济才，怀廊庙忧，而穷厄于遐荒者，如珠玑玉蕴，亦不患知遇之无日矣。余于岩而重有感焉。

道光《龙南县志》卷 8《艺文志·各体文·序》第 1019—1022 页

平浰碑 王守仁

四省之寇，惟浰尤黠。拟官僭号，潜图孔炁。正德丁丑冬，畲、瑶既殄，益机险阴毒，以虞王师，我乃休士归农以绥之。戊寅正月癸卯，计擒其魁，遂进兵击其懈。丁未，破三浰，乘胜追北。大小三十余战，灭巢三十有八，俘斩三千余。三月丁未，回军，壶浆道迎，耕夫遍野，父老咸欢。农器不陈，于今五年。复我常业，还我家室，伊谁之力？赫赫皇威，匪威曷凭？爰伐山石，用纪厥成。

道光《龙南县志》卷 8《艺文志·各体文·碑铭书后》第 1068 页

书玉石岩王文成公平浰碑记后并铭 徐上 本邑知县

龙南故与粤龙川界，当明武宗时，浰头贼池仲容为暴，遥结横水、桶冈诸瑶贼相声援，寇抄及旁近县，积张甚。岁丁丑，督师王公守仁会闽楚兵以次讨平畲瑶，即其地立崇义县。时仲容弟仲安亦诡降在行中，公侦知仲容诡且为备，谕降之，不听，以防他盗解。适新民卢珂等尝与贼仇杀，诣公告变。公阳怒，杖击之，密谕以情。因散休士卒，遣仲安率其众归，示无图浰意。贼果懈，会颁宪书，说使来谢。至则盛饰供帐，厚为之飨，令官属迭延劳。贼众日高会不虞，或为间者诱入狭邪。一夕，乘酒失击仲容，伤眦。状闻，公立逮治酒人，而命医为传药，阴翳其目。仲容故善幻，能遁形水草，未可猝擒。本公所以致之来，为是也。时岁且尽，公扬言谓吾不可复留仲容，诘朝会食，其以从者见，各受赏归。戊寅正月三日，大设飨，伏甲壁间，陈鼓吹乱之，仲容引所部入，饮之酒，赏给重赀，至人不能胜，突出甲者前掩执，数以卢珂等所上变事，歼之于庭。

先是，公既潜檄诸近贼县勒兵待发，又使人召集龙川新民伺便。即夜促令分哨进，以卢珂为乡导。诸县兵从各径入，公自率师由龙南直捣浰头，克期会剿。方度岁，贼众散驰，猝不知所出，悉其精锐迎敌，我军败之于龙子岭。贼却而复前，诸哨并力，卒大破之，遂克三浰，拔寨数十。余孽退保九连山，进攻扼险。用所得贼衣衣壮士七百人，为败走状。傍晚蓦涧过贼所据崖下，贼疑其巢溃卒，招呼之，我兵亦漫应，驰断贼后。大师乘前夹击，仍分伏截邀，使不得逸，乃尽犁其巢，杀获数千人，三浰以平。于是相视险易，割龙南、龙川诸县地凑立和平县控扼要害，设官吏，开学校，以镇抚之。公乃班师，道经龙南玉石岩，题诗憩止，自撰《平浰碑》，磨崖刻石。龙与南赣诸郡邑咸立生祠事公，久益不衰。后两百余年，江宁徐上来令龙南，得拜公之庙，亲观岩石碑刻，追纪公征浰之绩而作铭曰：

在明中叶，虔贼大起。浰实桀尤，畲瑶互倚。嗟我龙人，与祸为邻。不渊而溺，不燎以焚。公初命讨，横冈耀戈。二酋既殄，浰水始波。使宣公谕，盍即我抚。不以师征，乃大宥汝。维浰黠贼，佯诺惠来。瞰公驰备，谒公不猜。公敛神武，默运奇计。擒歼渠魁，声色不试。移师东指，往犁其巢。草雉兽狘，无俾逋逃。三浰克捷，遂吞九连。并寨三十，俘获数千。公曰已哉，予其勿杀。

请吏于朝，新邑是辖。阗阗振旅，于龙之郊。公行勿亟，岩石逍遥。壶浆道迎，倾我闾左。我耕我贾，公则活我。先时惮浰，门关不开。自公出师，龙无虎豹。方浰孔棘，室家不即。公凯而旋，帖然衽席。凡此征浰，功崇孰先。荆扬允厘，不第惠虔。公本大儒，精研圣学。仁者之勇，一何卓荦。削平僭逆，反正乘舆。溯公多绩，匪奠一隅。世往风微，思公未艾。公不欻宁，先民曷赖。有庙翼翼，有碑峨峨。石可勒也，公施不磨。

按《文成全集》，文成未至赣时，已闻有三省夹攻之议，谓夹攻大举恐不足以灭贼，乃进《攻治疏》。《疏》方上而夹攻成命已下，文成又以为夹攻之举，名虽三省大举，其实举动次第自有先后，复上《夹剿方略疏》。《疏》入，朝廷许以便宜行事。后桶冈既灭，湖广兵期始至，恐其徒劳远涉，既奖励统兵参将史春，使之即日回军。及计斩浰头，广东尚不及闻。篇中云"会闽楚兵以次讨平"，考据未确，且三省夹攻乃粤楚非闽楚也。后又云"割龙南、龙川诸县地凑立和平县"，其事亦不的说，前见《添设和平治疏》后。

道光《龙南县志》卷8《艺文志·各体文·碑铭书后》第1069—1076页

谕俗文四章 王守仁

见人之为善，我必爱之。我能为善，人其有不爱我者乎？见人之为不善，我必恶之；我苟为不善，人岂有不恶我者乎？故凶人之为不善，至于杀身亡家而不悟者，由其不能自反也。

今人为子孙计，或至谋人之业，夺人之产。日日营营，无所不至。昔人谓为子孙作马牛，然身死未寒，而业已属之他人，仇家群起而报复，子孙反受其殃，是殆为子孙作蛇蝎也。吁，可戒哉！

为善之人，非独其宗族亲戚爱之，朋友乡党敬之，虽鬼神亦阴相之。为恶之人，非独其宗族亲戚叛之，朋友乡党怨之，虽鬼神亦阴殛之。故积善之家，必有余庆，积不善之家，必有余殃。

今人不忍一言之忿，或争铢两之利，遂相构讼。夫我欲求胜于彼，则彼亦欲求胜于我。仇仇相报，遂至破家荡产，祸贻子孙。岂若含忍退让，使乡里称为善人，子孙亦蒙其庇乎！

道光《龙南县志》卷8《艺文志·各体文·谕》第1090—1091页

谕龙南乡约一章 王守仁

咨尔民，昔人有言：蓬生麻中，不扶而直；白沙在泥，不染而黑。民之善恶，岂不由于积习使然哉？往昔新民盖常弃其宗族，叛其乡里，四出而为暴，岂独其性之异，其人之罪哉？亦由我有司治之无道，教之无方。尔父老子弟所以训诲戒饬于家庭者不早，熏陶渐染于里闬者无素，诱掖奖劝之不行，联属协和之无具，又或愤怨相激，狡伪相残，故遂使之靡然日流于恶，则我有司与尔父老子弟皆宜分受其责。呜呼！往者不可及，来者犹可追。

故今特为乡约，以协和尔民。自今凡尔同约之民，皆宜孝尔父母，敬尔兄长，教训尔子孙，和顺尔邻里；死丧相助，患难相恤，善相劝勉，恶相告戒；息讼罢争，讲信修睦；务为良善之民，共成仁厚之俗。呜呼，人虽至愚，责人则明；虽有聪明，责己则昏。尔等父老子弟，毋念新民之旧恶而不与其善，彼一念而善，即善人矣；毋自恃为良民而不修其身，尔一念而恶，即恶人矣。人之善恶，由于一念之间。尔等慎思吾言，毋忽！

道光《龙南县志》卷8《艺文志·各体文·谕》第1091—1093页

告谕龙南一章 王守仁

百姓风俗不美，乱所由兴。今民穷苦已甚，而又竞为奢侈，岂不重自困乏？夫民习染久，亦难一旦尽变，吾姑就其易见易改者，渐次诲尔：

今后尔民居丧，不得用鼓乐、为佛事。竭资分帛，费财于无用之地，而俭于其亲之身，投诸水火，亦独何心。病者皆宜求医药，不得听信邪术，专事巫祷。嫁娶之家，丰俭称资，不得计论聘财妆奁，不得大会宾客，酒食连朝。亲戚岁时相问，惟贵诚心实礼，不得徒饰虚文，为送节等名目，奢靡相尚。街市村坊，不得迎神赛会，百十成群。凡此皆靡费无益。有不率教者，十家牌邻互相纠察。容隐不举正者，十家均罪。

尔民之中岂无忠信循理之人？顾一齐众楚，寡不胜众，不知违弃礼法之可耻，而惟虑市井小人之非笑。此亦岂独尔民之罪？有司者教导之不明与有责焉。至于孝亲敬长、守身奉法、讲信修睦、息讼罢争之类，已尝屡有告示，谆切开谕。尔民其听吾诲，毋忽！

道光《龙南县志》卷8《艺文志·各体文·谕》第1093—1094页

平畲回军 王守仁

处处山田尽入畲，可怜黎庶半无家。兴师正谓民瘼甚，陟险奚辞鸟道斜。胜势真如瓴水建，先声不拟岭云遮。穷巢容有遭驱胁，尚恐兵锋或乱加。

茶寮纪事

万壑峰前秋正哀，四山云雾晓初开。不因王事兼程入，安得闲行向此来。登陟未妨安石兴，纵擒徒羡孔明才。乞身已拟全师日，归扫溪边旧钓台。

回军龙南道中短述

百里妖氛一战清，万峰雷雨洗回兵。未能干羽苗顽格，深愧壶浆父老迎。莫倚谋攻为上策，还须内治是先声。功微不愿封侯赏，但乞蠲输绝横征。

回军龙南，小憩玉石岩，双洞绝奇，徘徊不忍去，因寓以"阳明小洞天"之号，兼留此作

甲马新从鸟道回，揽奇还更陟崔嵬。寇平渐喜流移复，春暖兼欣农务开。两窦高明行日月，九关深黑闭风雷。投簪正好支筇地，恋土犹怀旧钓台。

洞府人寰此最佳，当年空自费青鞋。麾幢旖旎悬仙仗，台殿高低接纬阶。天巧固应非斧凿，化工无乃太安排。欲将点瑟携童冠，揽就春云结小斋。

处处人缘山上巅，夜深风雨不能前。山灵丛郁休瞻日，云树弥漫不见天。猿叫一声耸耳听，龙泉三尺在腰悬。此行漫说多辛苦，也得随时草上眠。

阳明山人旧有居，此地阳明景不如。但在乾坤皆逆旅，曾留信宿即吾庐。行窝已许人先号，别洞何妨我借书。他日巾车归旧隐，应怀兹土复乡闾。

春山随处款归程，古洞幽虚道意生。涧壑风泉时远近，石门萝月自分明。林僧住近炊遗火，野老忘机席罢争。习静未缘成久歇，却惭尘土逐浮名。

横水回军驻龙南　孝感人杨璋　副使

仁者无私一涧清，随车好雨润回兵。才看老叟壶浆至，又见儿童竹马迎。四野豺狼皆屏迹，万家黎庶动欢声。于今幸喜平成会，千载令人羡大征。

晓入龙南　三山人林大辂　副使

不寐将行李，辎车生早寒。曙风吹旅服，清夜度云峦。天远繁星动，沙平湛露干。客心无着处，端欲谢南冠。

横水回军驻龙南　卫野人方任　副使

征袍暂歇小山城，忽睹遗诗石上明。往事应时空过化，此来私淑切心旌。乾坤有道功难泯，张主无人石亦行。锁钥至今遗岭北，菲才何幸一逢迎。

横水回军驻龙南　当涂人邢珣　左参政

我师翼翼集河滨，敌寇仓皇若鼠奔。久据地雄为得利，一加天讨出无门。功垂边鄙推元将，捷奏彤庭慰至尊。瘴雾蛮烟挥霍尽，南荒再造一乾坤。

道光《龙南县志》卷8《艺文志·各体诗》第1107—1110页

玉石仙岩　桐城人周储　本县知县

曾慕名山玉石巅，洞中闻说有神仙。手擎欹壁乾坤老，迹印残棋岁月绵。白鹿衔芝眠碧草，黄花带露吐金钱。浮尘迥隔轮蹄路，始信壶中别有天。

道光《龙南县志》卷8《艺文志·各体诗》第1114页

用王文成公韵颂新源江中丞龙塘叶太府　昆山人王继孝　本县知县

百里狼烟秋可哀，青萍一拂笑颜开。征蛮文叔今何让，平浰阳明此复来。报国幸叨分地檄，请缨直羡运筹才。汉家麟阁千年迹，日月长悬上将台（右颂江中丞）。

百载逋诛一扫清,笑谈尊俎不烦兵。万峰光彩旌旗合,四野欢歌士女迎。山峒坐消狐兔穴,江城应息鼓鼙声。当年渤海犹难拟,更与黎民缓二征(右颂叶太府)。

道光《龙南县志》卷 8《艺文志·各体诗》第 1117 页

玉石岩 赣榆人倪长犀 定南知县

石门高锁碧嵯峨,洞口阴森接大罗。春草倒从天上发,流莺直向月中过。寒深鬓发生云雾,坐久衣裳长薜萝。若使谢安曾此住,日穿一衲不为多。

阳明小洞天

文成百战纪丰功,凿字生金此洞中。见辟云霞开户牖,亲移日月照幽蒙。清音四壁闻钟鼓,海气千寻饮蟪蛛。幸是干戈犹偃息,后时游赏与公同。

道光《龙南县志》卷 8《艺文志·各体诗》第 1119 页

玉石岩 江宁人徐上 本县知县

缥缈仙岩陟几回,旋扪空壑入崔嵬。未知混沌谁穿凿,别有乾坤自辟开。下界轩窗悬皎月,上方钟鼓隐奔雷。摩崖□□文成迹,肯恋桐江旧钓台。

道光《龙南县志》卷 8《艺文志·各体诗》第 1122 页

拜王文成公祠 黄士锦

千秋食报永南邦,开府当年驻节幢。地号阳明曾有□(岩有阳明小洞天),人钟间气竟无双。鸿蒙元表归灵岳,郁勃星□满大江,麟阁勋名彝鼎字,龙文百丈笔谁扛。

道光《龙南县志》卷 8《艺文志·各体诗》第 1124 页

谒王文成公祠 海阳人冷泮林 本邑知县

平洌曾从此驻军,元戎旌节壮风云。百年父老壶浆暮,一代衣冠俎豆分。德性果能传圣学,良知直可荷斯文。人寰始信由天挺,岂第南邦不朽勋。

道光《龙南县志》卷 8《艺文志·各体诗》第 1125 页

玉石岩 陈寅宾

太古鸿蒙尚浑朴，缒凿幽险罕雕斫。元气凝结作高山，万象纷纶藏山腹。独遣五丁龙南来，手辟巉岩凡六曲。初登一岩何崔巍，圆灵掩蔽如釜覆。云门隐约逗曦光，四顾突兀秀而矗。少涉旋转变阴阳，乍呼入夜忙持烛。

夭矫狰狞虎豹蹲，铦利巀屼刀剑簇。丹灶明灭喷汞铅，玉田上下穿沟洫。诡谲万状银河摇，惝恍未得真面目。逾时贾勇逐攀跻，恍睹先天闻先觉。旁开一牖豁眉宇，秋毫可鉴恣瞻瞩。俯仰磊砢尤嵯峨，始信神工工追琢。

巨石扣之响鼓钟，细石扣之振金玉。尽删肤泽发精神，欣举匏樽共相属。琪花瑶草垂蒙茸，色染人人衣带绿。鱼虫蝌蚪半模糊，大书特书还堪读。功参造化钦阳明，回军破壁开中谷。惊魄甫定力已疲，游兴未酣躬转鞠。

洞门复阖黑茫茫，燃藜倏忽呈灵陕。有岩无窍不玲珑，直与扶舆争起伏。似我逡巡狐听冰，阿谁跳脱猱升木。须臾朋好失肩随，载蹑危梯足踧踖。陡然一缕露青苍，恍从地底现初旭。欲坠未坠云系之，鸟飞不下毛羽肃。

崖穷深井卧真龙，吐雾吞烟散霡霂。相传有客探骊珠，丝缒索尽难再续。步虚何用数崆峒，搜冥莫漫访华岳。壮游竟日几忘归，悔历名山皆臣仆。愿借笔墨绘斯岩，坐卧倪迂图一幅。

道光《龙南县志》卷 8《艺文志·各体诗》第 1142—1143 页

王文成公平浰碑记歌 赖建扬 乐安教谕

从来大儒经纶不可测，胸中兵甲百万罗。神州理乱为己任，晏安枕簟生干戈。皇明鸿图丁中叶，物大而丰奇衺多。浰头石人一只眼，神奸力欲荡山河。封狼生貙貙生貊，负隅欲剿无如何。公怒椎牛犒大纛，仗剑拟截生蛟鼍。刻期孤虚平山寨，辟开鸟道芟烟萝。策勋未镌钟彝字，大功曷以著巍峨。穹石高龟大籀悬，铁索金绳卓不磨。洎兹摩挲文笔古，恍觌投鞭断清波。况乃濠藩桶冈皆授首，功业丰伟崇山阿。衣冠俎豆绵万祀，桑田沧海永无他。存公神兮荷公德，小作嗣音甘棠歌。

道光《龙南县志》卷 8《艺文志·各体诗》第 1162—1163 页

游玉虚岩 钟升恒 庠生

清风散江甸，春鸟鸣林柯。久仪玉岩胜，吾兹喜游过。稍缘阡陌遥，渐尔跻层阿。前宵雨初霁，空蒙云气多。乍见两峰起，苍玉郁嵯峨。洞门瞰天开，幽森挂薜萝。凉风溜余善，仄迳纷陂陀。身沉如堕瓮，路曲更穿螺。苔汀不正武，十步九欲蹉。既疑神怪闶，还惊鬼物呵。仙境遗尘虑，岂羡硕人薖。龙蛰清泠井，芝发玉田坡。掣空奋蛟螭，踏海翻神鼍。或如蝶抱蕊，或如莺织梭。石鼓殷阴雷，钟磬点云窝。诸物坯形似，奇状快摩挲。刓壁阳明句，煌煌匹猗那。蛇虿涤妖迹，军容肃以和。葛巾憩灵域，临风啸且歌。中间名贤咏，断缺费抚摩。一字一理画，十行强半讹。胜迹人奇赏，文字复灭磨。后来纷题署，讵免仙灵诃。

道光《龙南县志》卷 8《艺文志·各体诗》第 1166—1167 页

谒王文成公祠 赖昕 庠生

阳明讲学记当时，俎豆今为世代师。经济由来尊德性，渊源从此辨良知。瓣香手炷追先泽，乔木风高系后思，自有勋名麟阁重，龙文百丈□□□。

道光《龙南县志》卷 8《艺文志·各体诗》第 1182 页

光绪《龙南县志》

光绪《龙南县志》，[清]胡鸿泽修，[清]钟益驭纂，光绪二年刊民国二十五年翻印本，台北，台湾成文出版社影印，1989 年。

卷首

龙南县志旧序

天下之事，史乘载之。郡国之事，邑乘载之。天下之大，一邑之积也。邑乘成，则郡国之事可考而知矣。合邑而归之郡，合郡邑而归之史，天下之事可考而知矣。《周礼》小史与外史掌邦国四方之志，凡列国山川、风土、物产之详，咸登记注。古王者深居禁御，不下堂知天下，恃此具尔。今天子武功告成，申命同文，敕天下郡邑纂修旧志，以时上太史。余监治虔南，适董其事，而龙南则虔严邑也，邑令邓子元贞受事数月，先以志成告，将付汗青，请余题其首简。余惟今之龙南非旧矣，自高砂、下历之割，而龙之疆索隘矣，自细徕阁寇之乱，而龙之户口耗矣。问志于龙，得无赋犹悬而畛已草窃乎！版犹登而民已兽散乎！然而胶庠秀士犹殷弦诵，登贤书者未阙于乡也。井里细民犹勤稼织，业珥笔者渐革其俗也。文成过化之风尚有存焉者，得贤宰沐浴而咻噢之，变其巫觋之风，嘘以仁俭之泽，犹足起涸劫于既羸，剔朽蠹于将腐也。参之于志，大略可睹矣。夫志者，识也。识其沿革以备损益，识其贞衺以备法戒，订核失详，褒讥易位，即不能无憾于后之君子。范石湖非不稿志，吴郡竟已妄议而不得刊，非其明验耶？龙之旧志成于俞君琳，万历以后事实阙如也。兵燹之余，版付烟烬。邓子掇采旧闻，敦礼邑故，相与续成是编。其纪事也，核而不诡于实；其持论也，正而不病于激；其著宦绩而定乡评也，宁缺而无滥，宁质而不阿。览其载笔，犹有古良史遗意。以是隶之郡乘，可以上贡輶轩矣。抑余闻之，为治之道，相其萌而先杜之，乃可久安而不困。龙界九连三浰之间，祸害之兴皆起于外寇蹂躏，而清规首难则肇于署者之墨，莅斯土者可以知所戒矣。余不敏，惟是正本清源之道，愿与诸君子共勉焉，且乐观共政之成也。志云乎哉！

康熙二十一年癸亥仲冬月，分巡赣南道丁炜撰。

光绪《龙南县志》卷首《旧序四》第 4—5 页

龙南县志旧序

予倅虔月余，龙令缺，当事檄予承事，不获辞。时际隆冬，乘舠沂流，旬日乃得抵所谓龙头者。因登高纵眺，见山峦如万戟攒簇，人终日于熊馆鸟道中盘旋。一水自西北奔来，悬挂丈许，舟上下真若入地登天，必尽空所载方得越。窃叹曰:"此亦可以为治也!"过此则安澜澄碧,直抱城隈,山色(缺十六字),俨列雉堞,然各离城十数里,或数十里而远。田野平旷,黎庶朴勤,士大夫之接见者率皆雅雅鱼鱼,无儇巧佻浮之习,觉文成过化后,流风余韵犹有存者。间历玉石岩、清修山诸胜,清幽秀拔,真是别有洞天,乃知天下事殊未可以意测也。公余之闲,与二三友人翻阅邑乘,见有山水之穷渺奇奥者若而地,《艺文》之标奇纪胜琅琅可诵者若而编,节烈笃行以及奋起科名、栖隐岩谷者若而人,乃更窃叹曰:"天下事真未可以意测也!"第考所修之志已经二十四载,虽山川如故,疆井依然,其间人物、文章、祥异、沿革之类,与时俱变者亦不一矣,及今不录,后将奚征?爰谋诸司铎徐君元曼、邓君旭章捐俸增修,礼聘邑之知名士孝廉王君之骥、钟君宏扬、陈君余芳,明经萧君之俊、赖君期会,文学王子大受、徐子之璘、廖子运晦、谢子上琨,互相采辑,慎别去取,凡阅月而告成。无滥收,无遗美,事同啄玉,五若掇裘,彬彬乎洵可谓踵事而增华,核实以征信也已。或曰:官如传舍,况君特暂摄是邦,还有日矣,何计事之长也?予曰:否否,昔之人有偶憩一室,必焚香扫地,如久居然者。今予一日在治,即一日之有司,修补阙遗,振起风教,诚有司责也,又何靳此区区,而不为一邑勷斯盛举,以继休于曩哲,而昭信于来兹哉。既授梓人,爰弁数语于端,以当岁月之纪。

康熙四十五年丙戌秋月,赣州府通判摄龙南县篆横海闫士杰撰。

光绪《龙南县志》卷首《旧序十二》第7—8页

龙南县志序

龙南当岭峤之冲,居虔州之上游,山势幽阻,林深菁密。往者寇氛不靖,文成、维锡诸公后先戡定,聚米画沙,经营疆理。其时民风朴僿,户口凋零,复以蹂躏之后,气象黯然。我朝太平百余年,重熙累洽,民物浩穰,声名文物之美光于上国,而其乡之善士,尤能乐事劝功,大而庙学城隍,细及陂梁亭障，修举以时，罔有罅隙。民生其间，被润泽而大丰美。即一邑规模，而圣天子雅化宏敷，不遗遐僻，蔚为一道同风之盛事。官斯土者，奉宣德意，导扬休风，期以随地制宜，修其教而齐其政。允宜周咨博采，勒成一书，俾百里之民气土风较若列眉，庶有以审其缓急，善其调剂，则政理而民和，功勤而事集。纶以谫陋，初试为吏，握篆兹土，其于设施之方，先后之序，茫然无措，而又以柱胶株守，改弦更张，二者均失为戒。视事之初，即引邑中贤达，相与商略机宜，因悉前故令海阳冷公有《重修邑志稿》，亟取翻阅，见其条目详明，典文该洽，因得以考山川而稽阨塞，按户籍而识登耗。且其发为绪论，形诸箴规，于民生之休戚，吏治之贤否，尤谆谆焉。窃幸匪我不逮，凛若蓍蔡，其敢以陈言忽诸！昔宓子宰单父，犹必得贤于己者师事而禀度焉，况后人而可不亟讲于是。纶虽未及遍识邑之贤士君子，而考献先以征文，前事即后事之师，顾其缮本遗编虽已垂成，而善行、节孝诸端犹宜覆核，且有采辑而续增者，至于修饰润色，均尚有待。时邑绅树垣徐洪懿适当家居，前此冷公遗稿得其赞成之力居多，纶于簿书之暇，时与商确，乃延以秉笔。又有耿堂张光考、寅斋涂元相两学博共相参订，期于传信征实。数阅月而事得竣。夫为政之道，在于实心而已。有实心，乃能行实政，则言为有用之言，事皆可传之事。谨按前《名宦传》，如修学校、崇士习以及戢暴诘奸、兴利除弊，善政不可殚述。纶承乏其后，方当引伸新美，继自今益厉冰渊，朝考夕省，以仰副圣天子澄叙官方之意。则是编其先资也已，用书之以自勖焉。

乾隆五十年岁次乙巳，知龙南县事彭城蒋大纶撰。

光绪《龙南县志》卷首《序二》第 12 页

龙南县志凡例

一，旧《志·兵寇》原以博采前闻用资考鉴，今据《明史》及《王文成全书》订正增补，并参之新旧《府志》、《定南志》暨前《志》艺文、忠义各传，庶几稍为赅备。

光绪《龙南县志》卷首《凡例一》第 15 页

卷 2《地理志》

论曰：龙南之地始为南埜。西汉初见于史书者，自赣、雩都外，惟南埜之名最古。统今大庾、南康、上犹、崇义、信丰、龙南六县，更易纷纭，分合靡定。建县以后，虽经并入信丰，不久复置。若割地以建他邑，仅一见于隆庆初之置定南，外此未有闻也。

按：正德十三年戊寅，王文成请添设广东和平县治。其时，副使等集议，谓与江西龙南县邻界，亦析一里前来。嗣以两省地相隔窎远，未免影射差役，两无归着，势不可行，卒寝其议。而徐上《书平浰碑后》乃谓割地以建和平，误矣。至引旧《府志》，更谓崇正九年新建连平砾，又割龙南南境以益之，幅员不复如故。考龙邑之南，旧与广东河源县分水垇接壤，其割置连平者，乃河源地，非龙南地。既析之后，分水垇始属连平，龙南因与连平壤址相错耳。稽之史书，参之舆图，核之前《志》，皆凿凿言之。《府志》似未可尽据。事关沿革，谨疏论之，以附于篇末。

光绪《龙南县志》卷 2《地理志·沿革》第 30 页

玉石岩，离县治五里，在坊内堡。平畴渺弥，两峰岿峙，颓苍碎碧，遐眺眗目，有上岩、下岩、新岩，最称奇胜。

上岩，洞广数十丈，旧有玉迹寺，以旁有巨人迹，故名。宋太宗赐书百二十卷，建阁藏之，治平间，赐额"普和"。寺久废。万历甲戌，知县王继孝构亭建坊，颜曰"天开图画""玉岩胜景"，招道人主持。又集宋元明诗文，别为一卷，名《玉岩志》。

下岩，岩址与上岩联络，自北折里许，乃至岩门，宽九尺余，颜曰"玉虚岩"。左一窦，俯平畴。明知县文程筑台其上，名"省耕台"，今废。乍入洞，深黑，寒气肃人。停片晌，稍有光。见洞左宏敞，右稍逼，两旁有石柱。壁间如龙拏虎踞，波涌云飞，奇怪百端，不可名状。好事者又为石圳、芝田、丹炉等，以增奇胜。从此地稍陂陀，折而登，平台如仰，可容百余人。岩形似陶瓮，上有巨牖，员阔二三丈许。天光沉入，如玉镜悬空。前有石钟、云板，飞石击之，镗然有声。游人语言謦欬，都作雷鸣虎啸。有小木大士像，悬置中壁，壁玲珑万窍，循半为鞠躬门，前明知府邢珣开凿也。游者持烛偻而入，苔石油滑，不能正武。深可百十丈，内有狻猊、巨象及惊蛇挂壁，皆极形肖。岩尽为龙井，井上有一线天。亭午，日光射入，仰视岩顶如罅，恍有神龙飞挚，云烟蓬勃，似从井中午起者。井深不可测，中空洞多石乳，游人以石投之，旋触而下，若鼗、镛、钲、铙诸音相搏拊壁，逾时不绝。或疑井通别窦，恒入糠秕以验，后见糠秕出龙湫，离岩已二十余里矣。明都御史王公文成征浰旋师，憩息岩中，吟咏竟日，悬勒"阳明小洞天"数字，又镌《平浰记》于上，皆文成亲书也。所云石鼓者，乃游人掇石撞地，响震岩根，阗然如伐鼓云。

新岩，与下岩连，从玉虚洞门右折，攀藤缘磴，乃抵其境。岩中石柱、石鼎、石台、石凳等玲珑窈窕，亦有可观。玉虚岩下有三峰山庵，邑人唐瑞施庵土建造，并捐租田四十七石、木梓山二块，为香火之资。

光绪《龙南县志》卷2《地理志·山水》第35页

论曰：山水清华，自古称之，不特武陵、天竺、辋川、鉴湖夙擅名胜也。即以龙邑水绕青罗，山环碧玉，未必不见赏清献。而"阳明小洞天"之名，啧啧人口。三江之以桃水为经者，昔人亦以桃川名县，得一二韵事，可以不朽。抑闻之蕴玉山辉，怀珠川媚，理有固然。自兹以往，更必有清华之气为川岳生色，当又不徒借重于选胜之场，揽奇之迹也已。

光绪《龙南县志》卷2《地理志·山水》第38页

横冈隘，去县治一百五十里。有二路，一通广东和平、龙川，一通广东连平（俞《志》）。

彭《志》云：横冈墟宜设汛兵，可以控制连平、和平两界。按王文成平浰后，议设和平县治。据龙南太平等堡里人赖本立等呈称："本县东南与广东龙川、河源二县，西南与广东始兴连界，多深山穷谷。向因各处流贼过境劫掠，太平堡设有横冈、角𡾓二隘，上蒙、高砂二堡设有牛冈、阳陂二隘，就于各堡佥点隘夫、乡兵守把。后因池大鬓不时出劫，各隘烧毁一空。今宜将前项隘所修筑把守，可保四境无虞。"又据副使等集议，谓"新兴地方系通始兴县要路，宜添设一隘，各于邻近地方多佥乡夫把守"。今新兴堡新设之隘，其名亦不传（参《文成全书》）。

光绪《龙南县志》卷 2《地理志·形势》第 41 页

苦瓜营、杨迳口，二隘皆离县一百五十里（彭《志》）。

彭《志》云：宜汛于南迳墟，而置伏设堠于冬桃岭、苦瓜营、杨迳口三处，则翁源、连平界可以无虞。

按：前俞《志》所载，隘口凡六：其新兴堡通广东翁源、连平、始兴，有冬桃岭隘、黄藤迳隘，又有南迳口隘。其大龙堡通南雄、始兴，有南埠隘、樟木迳隘。其太平堡通和平、龙川、连平、河源，有横冈隘，山蹊逼仄，极称险阻。其余所载山寨十六所，类皆从前寇警时乡民入壁之地。彭《志》以其于侦候、堵御、设伏、邀击之要区，未之计及，故复胪列蛇子𡾓、石峡山等隘十七所。疏其水陆径途与各边犬牙交错之处，兹就各隘分别各堡下，先以俞《志》旧载，次及彭《志》所增，复采《文成全集》补所未备，附以各说，俾易于考览焉。

光绪《龙南县志》卷 2《地理志·形势》第 41—42 页

论曰：龙邑风俗，前《志》述之详矣。而转移变化之方，犹未及也。邑自阳明讲学，士类景从，下逮编氓，咸知慕义，百数年来，风蒸蒸上矣。独以好勇斗狠之习千态百状，莫可穷诘。虽以乡士大夫物躬儒雅，犹未能起而渐移默率之，杨诚斋所谓果于义、激于名与节者，岂其言至今不验与？

惟周子有云"刚恶，为猛，为隘，为强梁"，易其恶而至于中者，教也。教有不率，则政以一之，刑以防之，古之治民者以此。昔赵广汉立法锄豪，吏民歙然，尹翁归以一警百，民皆恐惧改行，可见政宽民慢之说为顽梗者言也。夫习染深锢者，非惩艾之则终于不可挽。譬治病而遇厉疾，不投以猛击祛邪之方，而思养以中和，必不疗也。《洪范》曰"强弗友刚克"，其此之谓与！

光绪《龙南县志》卷 2《地理志·风俗》第 47 页

卷 3《政事志》

先儒二十四位 王守仁，字伯安，明余姚人，读书阳明洞，称阳明先生。

光绪《龙南县志》卷 3《政事志·祀典》第 65 页

王文成公祠，祀明巡抚都御史新建伯王文成公。

光绪《龙南县志》卷 3《政事志·祀典》第 72 页

成化元年乙酉，因寇攻劫县治，发赣州卫指挥、千、百户各一员，领旗军三百名，防守龙南。寇平后，止留官一员，旗军五十名，又拨信丰守御千户所官一员，领旗军一百名，各轮班操练，以资弹压。

十九年癸卯，复于龙南添守备行司，又设提备行府（府新《志》）。

二十三年丁未，都御史李昂奏准于民户内编金机兵一百名，亦曰民兵。正德间，都御史王守仁加编民兵为六百名，每岁定期同守备官军演习武艺。后守备官罢，民兵亦减作三百名。

光绪《龙南县志》卷 3《政事志·兵事》第 74 页

七年壬申，山贼黄秀琦、谢越、赖振禄聚众劫掠乡邑，赣抚蒋升抚之。

按：赣抚蒋升以正德九年甲戌至任，十一年丙子即去，安得有七年抚山贼黄秀琦等事。且查《定南志》载："正德七年至十一年，连年黄秀琦、赖振禄出劫。"而《王文成全书》载十二年事，又有"委百长王受同已招贼首黄秀琦往安远截捕流贼赖振禄"等语。合而参之，疑蒋于十一年始抚黄秀琦，功未竟而即去，故赖振禄犹劫掠如故也。前《志》不标其年，牵连书之，《府志》则以"抚之"易为"讨平之"。今仍前《志》原文登载，而附论其事如此。

十二年丁丑春三月，南赣巡抚王守仁调二省兵攻信丰、龙南流贼，连败之（从府新《志》采《明史纪事》增）。夏四月，广东浰头等处强贼池大鬓等率三千余徒攻围邑境，赣抚王守仁遣义官萧承调兵会剿，贼寻退去（据《王文成集·攻治二策书》增）。

又，正德丁丑五月二十八日，守仁奏《擒斩功次疏》云："据赣州府龙南县申总甲王受等呈，蒙差各役领兵，与同已招贼首黄秀玑即秀琦等往安远截捕流贼赖振禄等。行至地名湖江背，秀玑反招，令伊弟大满、细满等沿途打抢，烧毁民人刘必甫房屋，仍与振禄连谋行劫。本役督率兵快于黎坑、磜下与贼对敌，杀获黄秀玑、大满、细满、积瑜首级四颗，杀死贼徒三十余名。"

又，丁丑五月二十八日，守仁《攻治盗贼二策疏》云："赣州之龙南与广东之龙川浰头贼巢接境，贼首池大鬓、大安、大昇，纠合龙南贼首黄秀魁、赖振禄、钟万光、黄金巢、钟万贵、古兴凤、陈伦、钟万璇、杜思碧、孙福荣、黄万珊、黄秀珏、罗积善、王金、曾子奈、王金奈、王洪、罗凤璇、黎用璇、黄本端、郑文钺、陈秀玹、陈珪、刘经、蓝斌、黄积秀等，所统贼众约有五千余徒，不时越境，流劫信丰、龙南、安远等县。已经夹攻三次，俱被漏网（《文成全集》）。"

是年冬闰十有二月，南赣巡抚王守仁计执浰头贼首池仲容，遂进兵剿灭之（参前《志》）。

十一月，王守仁平桶冈寨，还至赣州，议讨浰头贼。初，守仁之平詹师富也，龙川贼卢珂、郑志高、陈英请降。及征横水，浰头贼将黄金巢亦以五百人降，独池仲容未下。横水破，仲容始遣弟仲安来归，而严为战守备。守仁劳以牛酒，问故，仲容诡言："珂、志高，吾仇也，将袭我，故为备。"守仁佯杖击珂等，阴使珂弟集兵以待，遂下令散兵。岁首，大张灯乐。十三年戊寅春正月，赐仲容以新颁宪书，诱入谢。仲容率九十三人（《文成全书·平浰头捷音疏》云"仲容率其麾下四十余人"，数与此异），营教场，自以数人入谒，守仁呵之曰："若皆吾民，屯于外，疑我乎？"悉引入祥符宫，厚饮食之，贼大喜过望。守仁密进兵，留仲容观灯乐。正月三日，大享，伏甲士于门外，诸贼入，以次擒戮之。自将抵贼巢，连破上中下三浰，斩馘二千有奇。余贼奔九连山，官军进击，擒斩无遗。乃于下浰立和平县，置戍而归，自是境内大定（府新《志》采《明史·王守仁传》）。

龙南龙川之交有三浰水，渠魁仲容巢穴也。有□术，急则遁形水草，名为"插青"。正德丁丑，王阳明既平横水桶冈，遂计诱之观灯，使人与之格斗，伤其目□，翳□其瞳子，捣其巢穴而尽歼之（府新《志》采《名胜志》）。

光绪《龙南县志》卷3《政事志·戡寇》第77—78页

论曰：龙邑自前明之季屡被寇氛，流毒不常。盖地连数省，径杂林深，萑苻之众，既得长驱以深入，复能逾险以用长，且攻之则窜，缓之复来，聚散无时，蔓衍滋甚。除寇患者，前则王公守仁计平三浰，继则吴公百朋威剿三巢，最后则李公汝华行县，相度设营置汛，皆有绥定安集之功。而乡之尽臣义士，复能奋勇前驱，冒矢石，以精诚做桑梓之捍卫。夫居安者思危，抚时者念旧，方当太平乐利，民物休嘉，回忆当年寇难屡罹，故垒萧萧，有不令人欷歔凭吊乎？赵简子曰"委土可以为师保"，辑遗事者亦庶几久安长治，不忘龟鉴也已。

光绪《龙南县志》卷3《政事志·戡寇》第83页

卷 4《营建志》

十三年戊寅春，雨，城圮二十余丈，都御史王守仁、知府邢珣檄署县事推官危寿给官帑重修。

光绪《龙南县志》卷 4《营建志·城池》第 91 页

十四年己卯，知县卢凤、蒋玮，教谕缪铭重修，崇土三尺，以防水患。

按：前《志》载十二年丁丑，知府邢珣临学，以地基污下，殿庑倾颓，崇土三尺以杜水患。十三年戊寅则未之载也。府新《志》则载十二年事如《县志》，复载十三年戊寅知县卢凤、教谕缪铭重修。今考缪铭《修庙学记》，则曰："戊寅正月，都宪王公守仁、郡守邢公珣提兵征浰至邑，三月奏凯，献俘于庙。既而王公以庙祀弗虔、教基弗妥为慨，会有罚锾至，谕铭总其事，督修之。因崇筑厥基，撤旧更新，经始于己卯正月，越八月而工成。适蒋侯玮来，首塑圣像，并四配十哲，以次卒工。"据则知府邢珣崇土及教谕缪铭重修乃一事，且在十四年己卯，非丁丑、戊寅事也，今据缪铭正之。

光绪《龙南县志》卷 4《营建志·学校》第 97 页

十二年乙卯知县贾程宜修复。

时迁复明伦堂于庙左，创建启圣祠，修大成殿两庑、戟门，丹垩辉煌，观瞻肃穆。建忠节、文成二祠及博士斋，其名宦、乡贤二祠仍旧，手植梧桐数十株。分巡道李际期为之记。又于儒学总门考故址，复建文昌阁，下为门，左右缭以垣墙，周遮荩饬。建坊，左曰兴贤，右曰育才。自为文记之。

光绪《龙南县志》卷 4《营建志·学校》第 98 页

王文成公祠，忠节邵公、陈公祠，孝友祠，忠义祠，俱建于庙学右侧。

训导署在文庙外右侧王文成公祠后。

王文成公祠移建于崇圣殿之右侧，左为孝友、忠义祠，右为忠节祠。

即前之崇圣祠，今改建文成公祠，横阔三丈，深三丈九尺。

文昌宫新建于大成门外之右，左为帝君先代祠，右为官厅，上下二栋即前之文成公祠也，今改建文昌宫，横阔五丈三尺，深六丈四尺。

光绪《龙南县志》卷4《营建志·学校》第99页

附崇祀理学先儒姓氏：濂溪周子、明道程子、伊川程子、横渠张子、晦庵朱子、安定胡氏、文山文氏、阳明王氏、敬斋胡氏、东皋邹氏。

光绪《龙南县志》卷4《营建志·学校》第100页

雍正九年，廖泰、程泰因捐银二十一两一钱八分，买吉洞背户坑、水坑、尾垇邱三处田租五担，为王文成公祠油灯之资。原纳租五担，今仅折纳钱一吊二百文，应完秋粮五升（据《学籍》）。

光绪《龙南县志》卷4《营建志·学校》第100页

论曰：古之学者必有设诚致行之功，而不肯苟且以枉其才，纷纭以丧其志。王荆公之记虔州，谓先王之道德出于性命之理，而性命之理出于人心，为之官师，为之学者，则所以使人深知其意。呜呼！此乃可以云学矣。邑自阳明讲学，士之沐其教而私淑之者，固已闻风兴起，观于泮宫之修书院、学田诸举，乃知贤大夫之教泽与邦人士之经营不遑者，学之途甚广，而学之事若此，其先务也。方今雅化翔洽，士之渐摩于仁义、沐浴于诗书者，固当求诸明体达用之实，非徒逐逐于辞藻之末，为弋取先资已也。《学记》曰"士先志"，是在乎学者之自命较然不欺其素而已。

光绪《龙南县志》卷4《营建志·学校》第102页

银山庙，在太平堡，元末建，明洪武四年辛亥重修。神有灵感，遇水旱灾疫，乡人祈祷，无不应者。都御史王文成公征三浰时过银山庙，神忽降言，有"我助□□三早霜"之句。时暑月兴师，因戒□上□棉絮，抵□，□霜降，贼悉就擒。文成书其额曰"护国灵祠"，匾今犹存。

光绪《龙南县志》卷 4《营建志·庙祀》第 111 页

观德亭，明正德十四年己卯，教谕缪铭重修学宫，仍其左为观德亭，后改建。王文成公有《观德亭记》。

光绪《龙南县志》卷 4《营建志·古迹》第 113 页

书院考棚附

道光四年，知县石家绍以书院颓圮，仅存老屋数楹，乃即其旧址，更买西边之地以广其基，改建书院，创造考棚。画为三区，中区坐南向北，为县试点名之所。头门左右有塾，外筑照墙、仪门，内为大堂，大堂内为王文成公祠，各有厢房贰间。其东则书院，坐东向西，凡二进。前为崇志堂，以讲道德，屋十间。上为崇实堂，以祀邑之名宦，屋八间。后为节孝祠。

其西则考棚，坐向与中一区同，曰清源堂，旁屋四间，厨湢二间，东西文场字号各五十四座，可坐千余人。院内凿池，为亭于上，额曰"天光云影"，刊碑于亭壁，记捐缘董事诸绅士姓名并一切费用，共钱五千四百七十余吊，九月初八日落成。

光绪《龙南县志》卷 4《营建志·学官》第 116 页

卷 5《职官志》

王守仁，字伯安，余姚人。正德间以左佥都御史抚赣州，平浰回军，驻龙南数月，镌石纪功于玉虚岩。万历初建庙，崇祀学宫。

杨璋，字廷仪，孝感人。进士。正德十三年戊寅，任岭北副使，随都御史王守仁征浰有功，回军驻龙南，留诗刻石于玉虚岩。

邢珣，字子用，当涂人。宏治间进士。历户部郎中，坐忤刘瑾，罢。瑾败，复官。正德己亥，擢赣州府知府。丁丑，都御史王守仁征三浰，以珣率同知夏克义、知县王天与等督兵由太平堡入。贼平，回军驻龙数月，遍游玉石岩诸名胜。在郡著有《章贡杂稿》。

光绪《龙南县志》卷 5《职官志·名宦》第 134 页

吴诚，字明卿，琼山人。举人。嘉靖十四年乙未知龙南。抵任初，即厘夙弊四十余条，申禁令，绝苞苴，治声赫然。然沙头贼徐守沐僭号倡乱，官司不能制。谢钺、李鉴者，王文成剿三浰时用之以抚辑坑洞者也，积久，多徇法。诚廉得其状，召至，出军门橄示之曰："将逮戮汝。"皆叩首请命，诚曰："能擒沙头自效者贳罪。"钺、鉴敬诺，即诱守沐，擒捕之，境内晏然。所著有《雁峰诗集》。

光绪《龙南县志》卷 5《职官志·名宦》第 136 页

卷 7《人物志》

月华，坊内堡人，以岁贡历训导，性至孝。少以经学著名，后从王守仁为良知之学。归，日坐一室，超然默悟，学者宗之。守仁平浰头回军，驻邑中，有议欲缮修庙学，嘱华经理，华捐多金助之（参前《志》及府新《志》）。

按：前彭《志》以华为郡廪生，今据前仕籍订正。

光绪《龙南县志》卷 7《人物志·儒林》第 183 页

赖时雍，上蒙堡人。岁贡。敦行重义，族有祭田，邑有义学，皆捐资为之。王守仁三浰之役，时雍尝与参谋。未仕，卒，时共惜之，祀之乡贤。

光绪《龙南县志》卷 7《人物志·善行》第 197 页

卷 8《艺文志》

文成、惟锡诸公，勋业彪天壤，其文章亦煌煌巨篇也。凡诸奏疏动征久大经纶，录其事关龙南者汇列卷首。或篇幅太繁，不能全载，亦节采一二事，用俾后人考据咸有征信。中及和平、定南建治疏，一以志龙南议割地而终寝，一以志龙南幅员，今昔沿革之所由异焉。

光绪《龙南县志》卷 8《艺文志·奏疏》第 248 页

议夹剿方略疏 正德丁丑 余姚人 王守仁 伯安

据江西岭北道副使杨璋呈，"奉臣案验，准兵部咨，该巡抚湖广都御史秦金题为紧急贼情事，备行计处兵粮，约会三省，将上犹县等处贼巢克期九月中进剿等因，遵依。随将本道兵粮事宜计呈本院转达奏闻定夺外，随据南安府上犹、大庾等县申称贼势猖獗，乞要早为扑剿等因。已经呈蒙本院密授方略，行委知府季敩、县丞舒富等领兵分剿。生擒首从贼徒，斩获贼级，杀死、烧死贼众，捣破贼巢，俘获贼属等情，通经呈报。又蒙本院虑贼必将乘间复出，行委知府季敩、指挥来春等统兵屯南安，指挥姚玺、县丞舒富统兵屯上犹，指挥谢昶、千户林节统兵屯南康，各于要害去处往来防剿。至七月二十五日，贼首谢志珊果复统众一千五百余徒，攻打南安府城。各官督兵迎敌，生擒贼犯杨銮等七名，斩获首级四十五颗，贼众大败而去。八月二十五日，贼首谢志珊又统兵二千余徒，复来攻打南安府城。各官督兵迎敌，生擒贼犯龙正等四十二名，斩获首级一百五十七颗，贼又大败而去。即今贼势少挫，若乘此机会直捣其巢，旬月之间，可期扫荡。但闻湖广之兵既已齐集，而广东因府江班师未久，复调狼兵，未有定期。谨按地图：江西之南安有上犹、大庾、桶冈等处贼巢，与湖广桂东、桂阳接境；夹攻之举，止该江西与湖广会合，而广东止于仁化县要害把截，夹攻不与焉。赣州之龙南有浰头贼巢，与广东龙川接境；夹攻之举，止该江西与广东会合，而湖广不与焉。广东乐昌乳源贼巢，与湖广宜章县接境，惠州贼巢，与湖广临武县接境，仁化县贼巢，与湖广桂阳县接境；夹攻之举，止该湖广、广东二省会合，而江西止于大庾县要害把截，夹攻不与焉。名虽三省大举，其实自有先后，举动次第，不相妨碍。若必待三省之兵齐集然后进剿,则劳师废财,为害匪细。合将前项事宜约会三省,以次渐举,庶兵力不竭,粮饷可省"等因,据呈到臣。

　　看得三省贼巢,连络千里,虽声势相因,而其间亦自有种类之分、界限之隔。利则争趋,患不相顾,乃其性习。诚使三省之兵皆已齐备,约会并进,夫岂不善?但今广东狼兵方自府江班师而归,欲复调集,恐非旬月所能。两省之兵既集,久顿而不进,老师费财,意外之虞,乘间而起。诚使先合湖广、江西之兵并力而举上犹诸贼,逮事之毕,广东之兵亦且集矣;则又合湖广、广东之兵,并力而举乐昌诸处,逮事之毕,江西之兵又得以少息矣;则又合广东、江西之兵,并力而举龙川。方其并力于上犹,则姑遣人佯抚乐昌诸贼,以安其心。彼见广东既未有备,而湖广之兵又不及己,苟幸旦夕之生,必不敢越界以援上犹。及夫上犹既举,而湖广移兵以合广东,则乐昌诸贼,其势已孤。二省兵力益专,其举之益易。当是之时,龙川贼巢相去辽绝,自以为风马牛不相及,彼见江西之兵又撤,意必不疑。班师之日,出其不意,回军合击,蔑有不济者矣。臣窃以为因地之宜,先后合击之便,除臣遵照兵部咨来题奉钦依,会兵征剿,亦听随宜会议施行事理。已将前项事宜移咨广东、湖广总督、巡抚等官知会,一面相机行事外,缘系地方紧急贼情事理,为此具本题知。

　　按:前《志》以此《疏》讹为吴百朋作,而以《平下历疏》讹为张翀,以《建定南县疏》讹为江一麟,今俱为订正。

光绪《龙南县志》卷8《艺文志·奏疏》第248—249页

议夹剿兵粮事宜疏 正德丁丑 节录二则 王守仁

　　南安府所属大庾、南康、上犹三县各有贼巢,联络盘据,有众数千,西接湖广桂阳等县,南接广东韶州府乐昌等县。三省夹攻,必须湖广自桂阳、桂东等处进,广东自乐昌县进;在南安者,必须三县地方并进。赣州府所属,惟龙南县贼巢与广东惠州府龙川县浰头接境。浰头系大贼池大鬓等巢穴,有众数千，比之他贼，势尤猖獗。前此二次夹攻，俱被漏网。龙南虽有贼徒数伙，除之稍易。但其倚藉浰头兵力以为声援，攻之则奔入浰头，兵退则复出为害。必须广东兵自龙川进，赣州兵自龙南进，庶可使无奔溃。

上犹去龙南几四百里，两处进兵，必须一时并举，庶无惊溃之患。大约计之，必须用兵一万二千名。今拟调南康、上犹二县机兵、打手一千二百名；大庾县机兵、打手一千二百名；赣州府所属除石城县外，宁都、信丰二县机兵、打手各一千名；其余七县机兵、打手三千名；龙泉县机兵、打手一千名；安远县招安义民叶芳、老人梅南春等，龙南县招安新民王受、谢钺等兵共二千名；汀州府上杭县打手一千名，潮州府程乡县打手一千名。共凑一万二千之数。但广、湖两省之兵皆狼土精悍，贼所素畏，势必偏奔江西。江西之兵，最为怯懦，望贼而溃，乃其素习。今所拟调皆新习未练。若使严以军法处治，庶几人心齐一，事功可成。

光绪《龙南县志》卷8《艺文志·奏疏》第249—250页

浰头捷音疏 正德戊寅 前后中间俱节

据江西按察司分巡岭北道兵备副使杨璋呈，"据各哨统兵官呈称，攻破贼巢上、下、中三浰大巢，擒斩大贼首从，俘获贼属男妇，烧毁贼巢房屋禾仓，及夺获器械等物等因，各呈报到道。查得先为地方紧急贼情事，据信丰县所呈称，正德十二年二月初七日，龙南县贼首黄秀魁纠合广东贼首池仲容等，突来本县杀人放火。见今攻城不退，乞要发兵救援等因，该本道议，委经历王祚、县丞舒富领兵剿捕。斩获贼级四颗，被贼杀死报效义士杨习举等十名，执去经历王祚。随该本道亲诣该县，暂将各贼招安，拨回原巢，经历王祚送出。参将、失事知县王天爵、卢凤，千户郑铎、朱诚、洪恩，主簿周镇，镇抚刘镗等，俱各有罪。及将前贼应剿缘由，呈详转达具奏外，正德十三年正月初三日，奉提督军门纸牌，议照广东龙川县浰头等处贼巢，奉有成命，应该会剿。其大贼首池仲容等，本院已行计诱擒获。见今军势颇振，若不乘此机会，出其不意，捣其不备，坐视以待广兵之来，未免有失事机之会。本院除自行量调官军设法剿捕事理，部勒兵众，分布哨道，行仰守备指挥并知府等官郏文、陈祥等统领，各授进止方略外，备行本职，前去军前纪验功次，及催各哨官兵上紧依期进剿，仍行巡按衙门前来核实施行等因。今据前因，除将前项功次俱汇巡按衙门会审纪验明白，生擒贼犯解赴提督军门斩首枭示，贼属男妇变卖银两，器械、赃仗、赃银俱贮库外。参照浰头大贼首池仲容、池仲宁、池仲安、高允贤、李全等，盘据一方，历有岁年，僭称王号，伪设官职，广东翁源、龙川、始兴，江西龙南、信丰、安远、会昌等县，屡被攻围城池，杀害官军，焚烧村寨，掳杀男妇，岁无虚日。曾经狼兵夹攻数次，俱被漏网。是乃众贼奸雄之巨擘，三省群盗之根源也。今幸天夺其魄，仲容束手就擒，仲宁、仲安等一时授首，各巢贼从擒斩殆尽。此皆仰仗朝廷德威远播，庙堂成算无遗，提督军门赏罚以信而号令严明，师出以律而机宜慎密，身先士卒而艰险之不辞，洞见敌情而抚剿之有道。以是数十年之巨寇，一旦削平；连四省之编氓，永期安辑。呈乞照详转达"等因，据呈到臣。

该臣看得南赣盗贼，其在南安之横水、桶冈诸巢，则接境于湖郴；在赣州之浰头、桶冈诸巢，则连界于闽广。接境于湖郴者，贼众而势散，恃山溪之险以为固。连界于闽广者，贼狡而势聚，结党与之助以相援。臣等遵奉敕谕，自正德十二年九月进兵横水，十月十二日破之。十一月，复破桶冈。十二月望，臣兵回至南康，诱致仲容诸贼。密遣人先行属县勒兵，分哨道候报而发。闰十二月二十三日，仲容等至赣。正月三日，度所遣属县勒兵当已大集，臣乃设犒于庭，先伏甲士，引仲容入，并其党悉擒之。而夜使人趋发属县兵，期以初七日同时入巢。于是，知府陈祥兵从龙川县和平都入，指挥姚玺兵从龙川县乌虎镇入，千户孟俊兵从龙川县平地水入，指挥余恩兵从龙南县高砂堡入，推官危寿兵从龙南县南平入，知府邢珣兵从龙南县太平堡入，守备指挥郏文兵从龙南县冷水迳入，知府季敩兵从信丰县黄田冈入，县丞舒富兵从信丰县乌迳入，臣自率帐下官兵从龙南县冷水迳直捣下浰大巢，而使各哨分路同时并进，会于三浰。贼大败奔溃，呼声震山谷。我兵乘胜逐北，遂克上、中、下三浰。各哨官兵遥闻三浰大巢已破，皆奋勇齐进，各贼皆溃败。其精悍者尚八百余徒，复哨聚九连大山，扼险自固。于是乃选精锐七百余人，度险扼断其后路。次日，贼并势冲敌。我兵已据险，从上下击，贼不能支，乃退败。臣度其必溃，预令各哨官兵四路设伏以待。贼果分队潜遁，连日擒斩首从贼人、贼级数多。三月初三日，据乡导人等四路爪探，皆以为各巢积恶凶狡之贼皆已擒斩略尽，惟余党张仲全等二百余徒，其间多系老弱及远近村寨一时为贼所驱胁、从恶未久之人，今皆势穷计迫，聚于九连谷口，呼号痛哭，诚心投招。臣遣报效生员黄表往验虚实，果如所探，因引其甲首张仲全等数人前来投见，诉其被胁不得已之情。臣量加责治，随遣知府邢珣往抚其众，籍其名数，遂安插于白沙。

臣因亲行相视险易，督同副使杨璋、知府陈祥等经理立县设隘、可以久安长治之策，留兵防守而归。

盖自本年正月初七日起，至三月初八日止，不逾两月，而破奸雄不制之虏，以除三省数十年之患。此非朝廷威德，庙堂成算，何以及此。

按：明正德时，龙南山寇黄秀魁、赖振禄等聚众劫掠，全倚浰头兵力以为声援，后三浰既平，邑贼亦同时授首。节录此《疏》，见文成功德及于龙南者远也。

光绪《龙南县志》卷 8《艺文志·奏疏》第 250—251 页

添设和平县治疏 正德戊寅 节录中段 王守仁

会勘龙川和平峒羊子铺居民二千余家，因贼首池大鬓等作耗，内有八百余家投城居住，尚存一千余家。本峒羊子铺一处地方宽平，山环山抱，水陆俱通，可以筑城立县于此，招回投城之人复业居住，分割龙川县和平都、仁义都，并广三图，共三里，及割附近河源县惠化都，与接近江西龙南县邻界亦折一里前来，共凑一县。

据龙南县太平等堡里老赖本立等呈称，"本县东南与广东龙川、河源二县，西南与广东始兴县连界，多深山穷谷。向因各处流贼过境劫掠，太平堡设有横冈、角嵊二隘，上蒙、高砂二堡设有牛冈、羊陂二隘，就于各堡佥点隘夫、乡兵守把，后因池大鬓等不时出劫，各隘烧毁一空，今征剿既平，宜将前项隘所修筑把守，可保四境无虞。及照本县止有四里半，邑小民寡，递年逋负追并，况与龙川县又系隔省窎远，岂免分割，以苏民困"等因。各职并行会议得：贼平之后，经久良图，诚无逾于添设县治者。今龙川县里老人等愿于和平峒羊子铺添设县治，及分割都图，清卖贼田，移置巡司，量佥隘夫等情，俱相应俯顺。惟称又要分析江西赣州府龙南县附近都图，缘系两省地方，相隔愈远，未免影射差役，两无归着，难以准行。止该于龙南县该管图堡，修筑旧隘，其新兴地方系通始兴县要路，宜添设一隘，各于邻近地方多佥乡夫守把。其移置浰头巡检司应隶新县管辖。该司弓兵四十名，额数寡少，合于龙川县和平、仁义、广三图，量编四百名，龙南县量编二百名，俱令该县掌印官编佥造册，分为两班，半年一换。俱各委官管领，兼同该司官巡逻，遇有盗贼生发，即随扑获。隘夫限满，亦须该班者交代方还，各府州县巡捕官俱要不时往来巡点。其清卖贼田，修筑城池等项，俱各委官分头干办，方得集事。

按：知县徐上《书平浰碑记后》云："三浰已平，于是相视险易，割龙南、龙川诸县地凑立和平县，控扼要害。"是以龙南为曾经割地，未知其初议析置而终寝也。录文成此《疏》以正徐说之误，并使后之君子无滋疑讹。因原《疏》前后文太繁，且无关本邑事，故仅节录中段，亦聊以备考稽耳。

光绪《龙南县志》卷 8《艺文·奏疏》第 251—252 页

观德亭记 王守仁

君子之于射也，内志正，外体直，持弓矢审固，而后可以言中。故古者射以观德。德也者，得之于其心也。君子之学，求以得之于心，故君子之于射，以存其心也。是故躁于其心者，其动妄；荡于其心者，其视浮；歉于其心者，其气馁；忽于其心者，其貌惰；傲于其心者，其色矜。五者，心之不存也。不存也者，不学也。君子之学于射，以存其心也。是故心端则体正，心敬则容肃，心平则气舒，心专则视审，心通故时而理，心纯故让而恪，心宏故胜而不张、负而不弛，七者备而君子之德成。君子无所不用其学也，于射见之矣。故曰：为人君者，以为君鹄；为人臣者，以为臣鹄；为人父者，以为父鹄；为人子者，以为子鹄。射也者，射己之鹄也。鹄也者，心也。各射己之心也，各得其心而已。故曰：可以观德矣。作《观德亭记》。

按：《文成全集》以记为戊寅作。是年文成征三浰，还至龙南，瞻谒文庙，见栋宇不支，咨嗟久之，适有罚锾至，饬教谕缪铭经理修葺。文庙旧有观德亭，因作此《记》。

光绪《龙南县志》卷8《艺文志·记》第257页

重建庙学记 平阳人缪铭 教谕

学校之设，尚矣。昉于唐虞而盛于三代，至汉、唐、宋因革迭乘，而治效基之。我太祖高皇帝建国之初，首诏天下郡邑，申明学制，立庙以祀先师孔子，配以门弟子暨后儒有功斯道者，咸秩从祀。其一切僭经叛道者黜之，崇正学也。是以百五十余年，真儒效用，猗欤休哉！

龙南庙学建自宋元祐间，但近迫城南，兼以湫隘。成化辛卯，始徙于县治之西，为左庙右学之制。岁久湮汩，栋宇不支。正德丙子，铭由宜春承乏掌教事，大惧无以妥圣贤而风士习，亟会诸生议，请允执政。越二年，戊寅正月，都宪王公守仁、宪副杨公璋、郡守邢公珣，提兵征浰至邑，三月奏凯，献俘于庙，既而都宪王公顾瞻慨叹曰："庙祀弗虔，教基弗妥，郡有司之咎，典教者之责也。咨汝邪，惟财用是资。"逾日，果罚干纪者金几百锾贮县治，曰：

"木石工需，坐是以给。"谕缪铭总其事，稽其盈缩以告。命邑士李淳、月华曰："汝夙夜劳王事，主廪饩，务称功能，罔或不经，不经有罚。"铭等受命唯谨。而司训彭君智续至，亦协勤止。乃崇筑厥基，撤旧更新，相宜树表。唯是为大成殿，为庑，为戟门；其后也，为明伦堂，为斋；其前也，为棂星门，为儒学门；又唯是为藏书库，为馔堂，为生徒舍宇；仍其右，为学职之廨三区；仍其左，为观德亭。垣墉关键，式考其制。经始于己卯正月，越八月而功就绪。会县尹蒋侯玮来任，首塑圣像，并四配十哲，余皆以次卒工。判府文公运，主簿方君侃、苏君珪，典史沈君璇，皆相继赞理，与有力焉。

敬卜日告成，已而诸生谒曰："庙堂之新，先生作之，诸君子成之。提督学政周公广闻而喜之，是役也，不可无纪。先生为邑太史，无多让。"因敢僭言曰："二三子其知庙学之以新乎？群材杰工，以斫以削，大之为栋梁，小之为榱桷，涂而为质，绘而为文，积之累之，工用乃成。夫学，亦犹是也。孔子之道，载诸六经。仁、义、礼、智其性，恻隐、羞恶、辞让、是非其情，君臣、父子、夫妇、长幼、朋友其伦，文、行、忠、信其教，炳如也。虽先王之世，师之所以教，弟子之所以学，以是固无甚异于人，而古今夐不相类者，岂道远乎哉？人自离之耳。今之学者，诚能由其教以尽其伦，验其情以率其性，则孔子之道将不在六经，而在吾之一心。由是而质之，以古今人物之贤以按其行事，存之而为德行，发之而为文章，举而措之天下，则为正大光明之业。固无施而不准，不犹所谓'群材斫削，栋梁榱桷'之谓乎？诸生适际新庙学之会，而皆有自新新民之志，故敢以孔子之道进之庸风。汝邑之来者，使徒侈庙堂之言言，衣冠之济济，趋末学以徼功利，则非铭之所知，亦非国家建学造士之初意。汝诸生其图之。"

光绪《龙南县志》卷8《艺文志·记》第259页

玉石岩龙井记 本邑人黄今 岁贡

玉石岩龙井，太守邢公珣开凿也。明正德间王文成平三浰，开玉石岩，颜曰"阳明小洞天"。时邢公亦回军驻龙南，开岩内石壁如小窦，俗称"鞠躬门"。门以内石径空嵌，沿径数十丈，是为龙井。游人持烛偻而入，泥石油滑，上有狻猊巨象，惊蛇挂壁，又有如犬者，如荷花、荷叶者，皆极形肖。蹑石磴十余级而上，有石如蛙，清泉直滴蛙背。再行数武，始达龙井，井上有一线天，亭午日光射入，仰视如罅，云烟蓬勃，似井中乍起者。投之以石，逾时响犹不断。游人至此，必蹜足凝神，不敢作俯探状。定南人熊某失足，入将及数丈为横石隔而止，四顾深黑，仿佛间有人告之曰："此仙境，何缘到此？吾掖汝以上，令蹲伏，明日有坠石声，试仰首号鸣，当引汝出。"及期果然。相传井旁有石，醉仙仰卧，好事者置以美酒，间日辄尽，其灵异大都类是。邑人唐翠章者，好奇士也，尝裹粮游彤华、归美诸山，居岩侧里许，自以龙井之胜，未曾入探为憾。既而饮于岩，醉甚，诸少年语以"井中多灵迹，试入，当必有遇"，取竹缆结作履形，纳足其中，腰胠交维，数人曳持之，乃缒，执炬而下。甫驻足，石铦利如剑戟，或膝行，或手拊，形疲不可耐。数丈有石如车盖，至是必微俯其躬，辗转达之。自此而下，欹斜如螺旋，约历三曲，稍平坦可步，始解缆。步折而西，下十余丈，中开一大坪，广袤约丈许，盘以巨石，疑此即井底也。坪之西，积石一堆，即游人所投者。东有骷髅一副。石底别有小洼，注水三四尺，不满不竭，以手掬之，冻冷入骨。有石罅溜下，如琴瑟声，如风吹竹梧声，变幻非一端。《志》称井通泉脉，入糠秕以验，流出龙湫。据此则井水止而不流，旧说似讹。惟四壁多别窦，形亦空嵌，欲更觅径以入，炬尽而止。

　　予谓天地之奇，不容一览而尽。其间雕铲元气，锤凿幽险而置诸混沌闭塞之中。蛰虫之所不穴，榛莽之所不宅，旦旦晦之所不知，圆灵曜景之所不一到，道家所谓形与神全，知希为贵者与？然积久而见，潜隐乃彰。如斯井者，当年未遇邢公，则闭藏岩石间，虽千百年，龙井之名卒不著，即著矣，而不得好奇者身历其境，其奇亦不传。地之显晦，殆有时焉，非特武夷、九曲、天台再至为足供人间搜探也。是不可以不记。

光绪《龙南县志》卷 8《艺文志·记》第 281 页

刻玉石岩志序 王继孝

万历甲戌秋，余捧檄治龙。三月，政暇，进父老问民风桑麻及山川形胜，咸以玉石岩称首。余谓岩本块然物也，以玉称名，顾名而绎之，其景之美当无俟从观而可以知其概者。越数日，天气清澄，簿书无累，勃勃焉有登临兴，乃屏从役，策一骑出郊，直往觅之。见两山高耸，岩骨崚嶒，如连珺，如合璧，如冰壶并耀。景与目遇，神与景游，飘然若尘寰外，昔称桃源、蓬瀛者非欤？因怃然叹曰："天之生人与生景，均也。人之遇不遇，与景之遇不遇，亦均也。"

余起吴中，吴中佳山秀水，如虎阜、灵岩，皆啧啧称奇胜。凡乡大夫贤士骚人，每过必停舟问之，题咏成帙，广于四方，而四方士人未出户庭，亦莫不知有某山胜某岩胜者。龙之二岩，天然形胜，不假雕琢，又超迈诸景。顾混落烟莽重冈叠阜中，俨然虎豹狐兔巢窟，不其惜哉！是岩也，开于有宋元祐甲戌，一遇矣；阳明先生平浰回兵，徙倚其间，勒文于石，再遇矣；但穷山荒坞，辙迹罕经，至今汶汶闷闷，山林抱郁，似遇而实不遇也。余为龙中主人，润色而阐扬之责将谁让？遂捐金给木人石人，筑坛洞口，结庵坛上，树门建额以壮观美。每士大夫道龙者，余辄携觞佐游，又辄留其咏，并相传诸名公旧稿，授俞子辑订成志，锓诸梨枣。庶因志以见词，玩词以得景，龙中二岩不与古兰亭、赤壁、琅琊媲美争烈哉。噫嘻！景落万山，沉秘千载，迨今载诸简篇，昭人耳目久矣，而始遇如此。士君子抱经济才，怀廊庙忧，而穷厄于遐荒者，如珠玑玉蕴，亦不患知遇之无日矣。余于岩而重有感焉。

光绪《龙南县志》卷 8《艺文志·各体文》第 282 页

平浰碑 王守仁

四省之寇，惟浰尤黠。拟官僭号，潜图孔炁。正德丁丑冬，畲、瑶既殄，益机险阱毒，以虞王师，我乃休士归农以绥之。戊寅正月癸卯，计擒其魁，遂进兵击其懈。丁未破三浰，乘胜追北，大小三十余战，灭巢三十有八，俘斩三千余。三月丁未回军，壶浆道迎，耕夫遍野，父老咸欢。农器不陈，于今五年。复我常业，还我家室，伊谁之力？赫赫皇威，匪威曷凭？爰伐山石，用纪厥成。

光绪《龙南县志》卷8《艺文志·各体文》第292页

书玉石岩王文成公平浰碑后并铭 徐上

龙南故与粤龙川界，当明武宗时，浰头贼池仲容为暴，遥结横水桶冈诸瑶贼相声援，寇抄及旁近县，积张甚。岁丁丑，督师王公守仁会闽楚兵以次讨平畲瑶，即其地立崇义县。时仲容弟仲安亦诡降在行中，公侦知仲容诡且为备，谕降之，不听，以防他盗解。适新民卢珂等尝与贼仇杀，诣公告变。公阳怒，杖击之，密谕以情。因散休士卒，遣仲安率其众归，示无图浰意。贼果懈，会颁宪书，说使来谢。至则盛饰供帐，厚为之飨，令官属迭延劳。贼众日高会不虞，或为间者诱入狭邪。一夕，乘酒失击仲容，伤眦。状闻，公立逮治酒人，而命医为传药，阴翳其目。仲容故善幻，能遁形水草，未可猝擒。本公所以致之来，为是也。时岁且尽，公扬言谓吾不可复留仲容，诘朝会食，其以从者见，各受赏归。戊寅正月三日，大设飨，伏甲壁间，陈鼓吹乱之，仲容引所部入，饮之酒，赏给重赀，至人不能胜，突出甲者前掩执，数以卢珂等所上变事，歼之于庭。

先是，公既潜檄诸近贼县勒兵待发，又使人召集龙川新民伺便。即夜促令分哨进，以卢珂为乡导。诸县兵从各径入，公自率师由龙南直捣浰头，克期会剿。方度岁，贼众散驰，猝不知所出，悉其精锐迎敌，我军败之于龙子岭。贼却而复前，诸哨并力，卒大破之，遂克三浰，拔寨数十。余孽退保九连山，进攻扼险。用所得贼衣衣壮士七百人，为败走状。傍晚蓦涧过贼所据崖下，贼疑其巢溃卒，招呼之，我兵亦漫应，驰断贼后。大师乘前夹击，仍分伏截邀，使不得逸，乃尽犁其巢，杀获数千人，三浰以平。于是相视险易，割龙南、龙川诸县地凑立和平县控扼要害，设官吏，开学校，以镇抚之。公乃班师，道经龙南玉石岩，题诗憩止，自撰《平浰碑》，磨崖刻石。龙与南赣诸郡邑咸立生祠事公，久益不衰。后两百余年，江宁徐上来令龙南，得拜公之庙，亲观岩石碑刻，追纪公征浰之绩而作铭曰：

在明中叶，虔贼大起。浰实桀尤，畲瑶互倚。嗟我龙人，与祸为邻。不渊而溺，不燎以焚。公初命讨，横冈耀戈。二酋既殄，浰水始波。使宣公谕，盍即我抚。不以师征，乃大宥汝。维浰黠贼，佯诺惠来，瞰公驰备，谒公不猜。公敛神武，默运奇计。擒歼渠魁，声色不试。移师东指，往犁其巢。草雉兽狝，无俾逋逃。三浰克捷，遂吞九连。并寨三十，俘获数千。公曰已哉，予其勿杀。请吏于朝，新邑是辖。阗阗振旅，于龙之郊。公行勿亟，岩石逍遥。壶浆道迎，倾我闾左。我耕我贾，公则活我。先时惮浰，门关不开。自公出师，龙无虎豺。方浰孔棘，室家不即。公凯而旋，帖然衽席。凡此征浰，功崇孰先。荆扬允厘，不第惠虔。公本大儒，精研圣学。仁者之勇，一何卓荦。削平僭逆，反正乘舆。溯公多绩，匪奠一隅。世往风微，思公未艾。公不敉宁，先民曷赖。有庙翼翼，有碑峨峨。石可勒也，公施不磨。

按《文成全集》，文成未至赣时，已闻有三省夹攻之议，谓夹攻大举恐不足以灭贼，乃进《攻治疏》。《疏》方上而夹攻成命已下，文成又以为夹攻之举，名虽三省大举，其实举动次第自有先后，复上《夹剿方略疏》。《疏》入，朝廷许以便宜行事。后桶冈既灭，湖广兵期始至，恐其徒劳远涉，既奖励统兵参将史春，使之即日回军。及计斩浰头，广东尚不及闻。篇中云"会闻楚兵以次讨平"，考据未确，且三省夹攻乃粤楚非闽楚也。后又云"割龙南、龙川诸县地凑立和平县"，其事亦不的说，前见《添设和平治疏》后。

光绪《龙南县志》卷 8《艺文志·各体文》第 292—293 页

谕俗文四章 王守仁

见人之为善,我必爱之。我能为善,人其有不爱我者乎?见人之为不善,我必恶之;我苟为不善,人岂有不恶我者乎?故凶人之为不善,至于杀身亡家而不悟者,由其不能自反也。

今人为子孙计,或至谋人之业,夺人之产。日日营营,无所不至。昔人谓为子孙作马牛。然身死未寒,而业已属之他人,仇家群起而报复,子孙反受其殃,是殆为子孙作蛇蝎也。吁,可戒哉!

为善之人,非独其宗族亲戚爱之,朋友乡党敬之,虽鬼神亦阴相之。为恶之人,非独其宗族亲戚叛之,朋友乡党怨之,虽鬼神亦阴殛之。故积善之家,必有余庆,积不善之家,必有余殃。

今人不忍一言之忿,或争铢两之利,遂相构讼。夫我欲求胜于彼,则彼亦欲求胜于我,仇仇相报,遂至破家荡产,祸贻子孙。岂若含忍退让,使乡里称为善人,子孙亦蒙其庇乎!

光绪《龙南县志》卷 8《艺文志·各体文》第 296 页

谕龙南乡约一章 王守仁

咨尔民,昔人有言:蓬生麻中,不扶而直;白沙在泥,不染而黑。民之善恶,岂不由于积习使然哉?往昔新民盖常弃其宗族,叛其乡里,四出而为暴,岂独其性之异,其人之罪哉?亦由我有司治之无道,教之无方。尔父老子弟所以训诲戒饬于家庭者不早,熏陶渐染于里闬者无素,诱掖奖劝之不行,联属协和之无具,又或愤怨相激,狡伪相残,故遂使之靡然日流于恶,则我有司与尔父老子弟皆宜分受其责。呜呼,往者不可及,来者犹可追。

故今特为乡约,以协和尔民。自今凡尔同约之民,皆宜孝尔父母,敬尔兄长,教训尔子孙,和顺尔邻里;死丧相助,患难相恤,善相劝勉,恶相告戒;息讼罢争,讲信修睦;务为良善之民,共成仁厚之俗。呜呼,人虽至愚,责人则明，虽有聪明，责己则昏。尔等父老子弟，毋念新民之旧恶而不与其善，彼一念而善，即善人矣；毋自恃为良民而不修其身，尔一念而恶，即恶人矣。人之善恶，由于一念之间。尔等慎思吾言，毋忽！

光绪《龙南县志》卷 8《艺文志·各体文》第 296 页

告谕龙南一章 王守仁

百姓风俗不美，乱所由兴。今民穷苦已甚，而又竞为奢侈，岂不重自困乏。夫民习染久，亦难一旦尽变，吾姑就其易见易改者渐次诲尔：

今后尔民居丧，不得用鼓乐、为佛事。竭资分帛，费财于无用之地，而俭于其亲之身，投诸水火，亦独何心。病者皆宜求医药，不得听信邪术，专事巫祷。嫁娶之家，丰俭称资，不得计论聘财妆奁，不得大会宾客，酒食连朝。亲戚岁时相问，惟贵诚心实礼，不得徒饰虚文，为送节等名目奢靡相尚。街市村坊，不得迎神赛会，百十成群。凡此皆靡费无益。有不率教者，十家牌邻互相纠察。容隐不举正者，十家均罪。

尔民之中岂无忠信循理之人？顾一齐众楚，寡不胜众，不知违弃礼法之可耻，而惟虑市井小人之非笑。此亦岂独尔民之罪？有司者教导之不明与有责焉。至于孝亲敬长、守身奉法、讲信修睦、息讼罢争之类，已尝屡有告示谆切开谕。尔民其听吾诲，毋忽。

光绪《龙南县志》卷 8《艺文志·各体文》第 297 页

平峯回军 王守仁

处处山田尽入峯，可怜黎庶半无家。兴师正为民疾甚，□险宁辞鸟道斜！胜世真如瓴水建，先声不拟岭云遮。穷粟容有遭驱胁，尚恐兵锋或乱加。

茶寮纪事

万壑峰前秋正哀，四山云雾晓初开。不因王事兼程入，安得闲行向此来？登陟未妨安石兴，纵擒徒羡孔明才。乞身已拟全师日，归扫溪边旧钓台。

回军龙南道中短述

百里妖氛一战清，万峰雷雨洗回兵。未能干羽苗顽格，深愧壶浆父老迎。莫倚谋攻为上策，还须内治是先声。功微不愿封侯赏，但乞蠲输绝横征。

回军龙南，小憩玉石岩，双洞奇绝，徘徊不忍去，因寓以"阳明小洞天"之号，兼留此作

甲马新从鸟道回，揽奇还更陟崔嵬。寇平渐喜流移复，春暖兼欣农务开。两窦高明行日月，九关深黑闭风雪。投簪最好支筇地，恋上犹怀旧钓台。

洞府人寰此最佳，当年空自费青鞋。麾幢旖旎悬仙杖，台殿高低接纬阶。天巧固应非斧凿，化工无乃大安排。欲将点瑟携童冠，揽就春云结小斋。

处处人缘山上巅，夜深风雨不能前。山灵丛郁休瞻日，云树弥漫不见天。猿叫二声耸耳听，龙泉三尺在腰悬。此行漫说多辛苦，也得随时草上眠。

阳明山人旧有居，此地阳明景不如。但在乾坤皆逆旅，曾留信宿即吾庐。行窝已许人先号，别洞何如我借书。他日巾车归旧隐，应怀兹土复乡闾。

春山随处款归程，古洞幽虚道意生。涧壑风泉时远近，石门萝月自分明。林僧住近炊遗火，野老忘机罢席争。习静未缘成久歇，却惭尘土逐浮名。

光绪《龙南县志》卷 8《艺文志·诗》第 299—300 页

用王文成公韵颂新源江中丞龙塘叶太府 昆山人王继孝 本县知县

百里狼烟秋可哀，青萍一拂笑颜开。征蛮文叔今何让，平浰阳明此复来。报国幸叨分地檄，请缨直羡运筹才。汉家麟阁千年迹，日月长悬上将台（右颂江中丞）。

百载逋诛一扫清，笑颜尊俎不烦兵。万峰光彩旌旗合，四野欢歌士女迎。山洞坐消狐兔穴，红城应息鼓鼙声。当年渤海犹难拟，更与黎民缓二征（右颂叶太府）。

光绪《龙南县志》卷 8《艺文志·诗》第 302 页

阳明小洞天　赣榆人倪长犀　定南知县

文成百战纪丰功，凿字生金此洞中。见辟云霞开户牖，亲移日月照幽蒙。清音四壁闻钟鼓，海气千寻饮蜻蛛。幸是干戈犹偃息，后时游赏与公同。

光绪《龙南县志》卷8《艺文志·诗》第302页

文成　黄士锦

千秋食报永南邦，开府当年驻节幢。地号阳明曾有□（岩有阳明小洞天），人钟间气竟无双。鸿蒙元表归灵岳，郁勃星□□满大江。麟阁勋名彝鼎字，龙文百丈笔谁扛。

光绪《龙南县志》卷8《艺文志·诗》第304页

谒王文成公祠　海阳人冷泮林　本县知县

平涮曾从此驻军，元戎旌节壮风云。百年父老壶浆□，一代衣冠俎豆分。德性果能传圣学，良知直可荷斯文。□□始信由天挺，岂第南邦不朽勋。

光绪《龙南县志》卷8《艺文志·诗》第304页

玉石岩　陈寅宾

太古鸿蒙尚浑朴，缒凿幽险罕雕斫。元气凝结作高山，万象纷纶藏山腹。独遣五丁龙南来，手辟巉岩凡六曲。初登一岩何崔巍，圆灵掩蔽如釜覆。云门隐约逗曦光，四顾突兀秀而矗。少涉旋转变阴阳，乍呼入夜忙持烛。

夭矫狰狞虎豹蹲，铦利巉屼刀剑簇。丹灶明灭喷汞铅，玉田上下穿沟渎。诡谲万状银河摇，惝恍未得真面目。逾时贾勇逐攀跻，恍睹先天闻先觉。旁开一牖豁眉宇，秋毫可鉴恣瞻瞩。俯仰磊砢尤嵯峨，始信神工工追琢。

巨石扣之响鼓钟，细石扣之振金玉。尽刊肤泽发精神，欣举匏樽共相属。琪花瑶草垂蒙茸，色染人人衣带绿。鱼虫蝌蚪半模糊，大书特书还堪读。功参造化钦阳明，回军破壁开中谷。惊魄甫定力已疲，游兴未酣躬转鞠。

洞门复阖黑茫茫，燃藜倏忽呈灵隩。有岩无窍不玲珑，直与扶舆争起伏。似我逡巡狐听冰，阿谁跳脱猱升木。须臾朋好失肩随，载蹑危梯足踌蹰。陡然一缕露青苍，恍从地底现初旭。欲坠未坠云系之，鸟飞不下毛羽肃。

崖穷深井卧真龙，吐雾吞烟散霢霂。相传有客探骊珠，丝绳索尽难再续。步虚何用数崆峒，搜冥莫漫访华岳。壮游竟日几忘归，悔历名山皆臣仆。愿借笔墨绘斯岩，坐卧倪迂图一幅。

光绪《龙南县志》卷 8《艺文志·诗》第 308 页

王文成公平浰碑记歌 赖建扬 乐安教谕

从来大儒经纶不可测，胸中兵甲百万罗。神州理乱为己任，晏安枕簟生干戈。皇明鸿途丁中叶，物大而丰奇衺多。浰头石人一只眼，神奸力欲荡山河。封狼生貅貅生罴，负隅欲剿无如何。公怒椎牛飨大纛，仗剑拟结生蛟鼍。刻期孤虚平山寨，辟开鸟道芟烟萝。策勋未镌钟彝字，大功曷以着巍峨。穹石高龟大籀悬，铁索金绳卓不磨。泊兹摩挲文笔古，恍觑投鞭断清波。况乃濠藩桶冈皆授首，功业丰伟崇山阿。衣冠俎豆绵万祀，桑田沧海永无他。存公神兮荷公德，小作嗣音甘棠歌。

光绪《龙南县志》卷 8《艺文志·诗》第 313 页

谒王文成公祠 赖昕 庠生

阳明讲学记当时，俎豆今为世代师。经济由来尊德性，渊源从此辨良知。辞香手炷□先泽，乔木风高系后思。自有勋名麟阁重，龙文百丈□□□。

光绪《龙南县志》卷 8《艺文志·诗》第 317 页

书玉石岩王文成公纪功碑后 钟文稷

有明正德丁丑寨瑶起，如屯蜂兮如聚蚁。绵亘江广湖浙间，狼狈腹背相表里。就中三浰尤横强，设官僭号肆跳梁。蹂躏城邑血民肉，桶冈横水牙爪张。天生王公文且武，奉命出征赫然怒。先平三巢次平浰，老幼壶浆迎鼓舞。四省积寇一朝除，伟哉公功当特书。归美主上告成事，将军大树惟谦虚。

初时朝议期合进，师老费财胜难定。公独抗书陈便宜，遂乃从容制其命。勉厉将士忘疲劳，奋兵次第扫巢穴。计擒巨魁荡余孽，疾若列火燎鸿毛。公本温温一儒者，圣学直接洙泗下。我战则克谋必成，方知此日言非假。厥后宸濠复狂呼，公为再挽贪狼弧。亦将战士大功纪，几陷不测膺遗诛。呜呼！螭蟠虬负碑百尺，平淮字字辉金碧。拟将公碑屹相对，文章勋业同显赫。

光绪《龙南县志》卷 8《艺文志·记续》第 321 页

游玉虚仙岩 徐思谦

乾坤无端倪，恢诡非意匠。开凿破嵚谺，百怪难具状。东郊玉石岩，闲来试一访。出郭五里许，挈侣扶筇杖。遵涂指下洞，两岩势相抗。坎𡼲裂层崖，近接寒瀑漾。乱石阻芒屦，陂陀随偃仰。转晌造前穴，有阜辟闽閌。褰裳蹬道滑，投趾堂隍广。

踏藓愁倾欹，扪荔绝依傍。块形肖龙象，变态幻螺蛎。忽然开㟏寙，兰入集诸相。云根蟠虚无，石骨露肮脏。潜壑蝙蝠窥，牝谷石鹭飏。撑空悬钟乳，印雷排玉盎。岚气中喷薄，曦景外滉瀁。同游二三子，小憩互跌宕。阳明辟洞天，洞里碑盈丈。

字青石还赤，纪绩堪缅想。万象如在旁，户牖春草长。稍深径黝黑，历级回难上。鞠躬开小窦，秉烛仆前往。我亦策塞步，贾勇不旨让。侧身苦逼仄，延颈得夷旷。巉岩森矛戟，穿壁佞幽爽。中有一线天，日光射惝恍。山灵作戏剧，异境迭相饷。

倏惊雷砰訇，又骇水震荡。白昼忽凄冷，阴风为恻怆。前睨渺无垠，秘空列仙仗。龙井地肺通，窅深不可量。搜奇景弥邃，目已迷象罔。凝眸漫错愕，游心拟乘阆。旧路穿云出，顿觉历虚敞。乐乎觅归途，烟钟度林快。兹游如梦寐，回首坠尘障。

光绪《龙南县志》卷 8《艺文志·诗续》第 323 页

六、《王阳明全集》

《王阳明全集》，[明]王阳明著，吴光、钱明、董平、姚延福编校，杭州，浙江古籍出版社，2010年。

卷4《文录一》
与杨仕德薛尚谦 丁丑

即日已抵龙南，明日入巢，四路兵皆已如期并进，贼有必破之势。某向在横水，尝寄书仕德云："破山中贼易，破心中贼难。"区区剪除鼠窃，何足为异？若诸贤扫荡心腹之寇，以收廓清平定之功，此诚大丈夫不世之伟绩。数日来谅已得必胜之策，捷奏有期矣。何喜如之！

日孚美质，诚可与共学，此时计已发舟。倘未行，出此同致意。廨中事以累尚谦，想不厌烦琐。小儿正宪，犹望时赐督责。

《王阳明全集》卷4《文录一》第181页

卷7《文录四》
观德亭记 戊寅

君子之于射也，内志正，外体直，持弓矢审固，而后可以言中。故古者射以观德。德也者，得之于其心也。君子之学，求以得之于其心，故君子之于射，以存其心也。是故躁于其心者其动妄，荡于其心者其视浮，歉于其心者其气馁，忽于其心者其貌惰，傲于其心者其色矜，五者，心之不存也。不存也者，不学也。君子之学于射，以存其心也。是故心端则体正，心敬则容肃，心平则气舒，心专则视审，心通故时而理，心纯故让而恪，心宏故胜而不张、负而不弛。七者备而君子之德成。君子无所不用其学也，于射见之矣。故曰:"为人君者,以为君鹄;为人臣者,以为臣鹄;为人父者,以为父鹄;为人子者,以为子鹄。"射也者,射己之鹄也,鹄也者,心也,各射己之心也,各得其心而已。故曰:可以观德矣。作《观德亭记》。

《王阳明全集》卷 7《文录四》第 262 页

卷 9《别录一》

参失事官员疏 十二年三月十五日

据江西按察司整饬兵备带管分巡岭北道副使杨璋呈:"据赣州府信丰县及信丰守御千户所各报称,正德十二年二月初七日,有龙南强贼突来地名崇仙屯扎。已经差委兴国县义民萧承会同信丰、龙南官兵相机剿捕。续据申报,强贼突来本县小河住扎,离县约有四十余里,乞要发兵策应。又据申报,本月初九日,有龙南流贼六百余人突至城下,除严督军兵固守城池,缘本所县无兵御敌,诚恐前贼攻城,卒难止遏,乞调峰山弩手并该县兵夫救护。又经差委南安府经历王祚、南康县县丞舒富统领弩手杀手,前去约会二县掌印官并领官兵相机攻围。去后,续据县丞舒富呈,本月初十日,蒙委统领杀手陈礼鲂、打手吴尚能等共五百名,经历王祚、义民萧承统领峰山、加善、双秀弩手各三百名,先后到于信丰县会剿。至十一日,止有该所管屯千户林节带兵四十余名出城。据乡导、马客等报称,止有强贼六百余人在地名花园屯扎。当同各官将兵分布扎定,只见前贼一阵,止有百十余徒先出。有前哨义民萧承领兵就与敌杀,斩获贼级四颗,夺获白旗一面。顷刻,众贼出营,分为三哨,约有二千余徒。瞰知龙南反招贼首黄秀魁,纠合广东龙川县浰头贼首池大鬓、贼首池大安、池大昇,共为一阵,贼首杨金巢自为一阵,势甚猖獗。卑职督统本哨兵快,奋勇交锋,杀死贼徒二十余人。不意贼众一涌前冲,杀手陈礼鲂、百长钟德昇等见势难当,俱各不听约束,先行漫散。有南康县报效义士杨习举等仍与前贼死敌不退,俱被戳伤身死。及有经历王祚上马不便,亦被执去。贼势得胜,仍要攻城,随与萧承、林节等收集众兵，退至南营山把截。遇蒙本道亲临该县督剿，各贼闻知，退至牛州，离城少远。至十二日，前贼差人告招。十三日，蒙本道差萧承前去招抚，就将经历王祚放回。贼往原巢去讫。"等因到道，备呈到臣。随据龙南县知县卢凤呈称："本县捕盗主簿周政，会同镇抚刘铠、千户洪恩，统领机兵旗军，于本月十八日前去信丰县截捕，探得强贼池大鬓、黄秀魁等从鸦鹊隘越过安远县住扎。本职督兵追截，前贼已往广东龙川县，复回原巢浰头去讫。"据安远县知县刘瑀禀称，于本月十九日统领水元、大石等保民兵弩手，前去龙泉等保截剿，各贼遁回原巢去讫，难以穷追，以此掣兵回县缘由。

　　查得先据该道及信丰县所各禀报前事，已经批仰该道兵备等官急调招抚义官叶芳协同石背兵夫断贼归路；及调峰山弩手与南康打手人等，责委县丞舒富统领前后夹击。又看得此贼既离巢穴，利在速战，仍仰该府急行所属邻近官司，俱要乘险设伏，厚集以待；及于各乡村往来路径多张疑兵，使贼不敢轻易奔突。仍调安远县知县刘瑀星夜起集水元、大石等保民兵一千，横接龙南，邀其不备。若贼犹屯信丰，急自龙南直趋浰头，捣其巢穴。贼进无所获，退无所处，不过旬日，可以坐擒。仰各遵照施行去后，今据前因，参看得县丞舒富，承委督剿，不能相度机宜，轻率骤进，以致杀伤兵快。原其心虽出奋勇，责以师律，均为败事。经历王祚，临阵溃奔，为贼所执后虽幸免，终系失机。信丰所县知县黄天爵、千户郑铎、巡捕副千户朱诚，惟知固城自守，不肯发兵应援。龙南知县卢凤、捕盗主簿周政、提备镇抚刘铠、千户洪恩，地当关隘，正可防遏，坐视前贼往来，略不出兵邀击。千户林节，即其兵力之寡，似难全责，究其失律之罪，亦宜分受。安远县知县刘瑀，承调追袭，缓不及事，俱属违法。南康县百长钟德昇等，临阵不前，故违约束，先行溃散，失误军机，应合处以军法。该道兵备副使杨璋、守备都指挥同知王泰，俱属提督欠严，但杨璋往来调度，卒能招抚前贼，计其功劳，可以赎罪。及照广东龙川县掌印、捕盗等官，明知首贼池大鬓等在彼地方为巢，却亦不行时尝巡逻，纵其过境劫掠，又各不行乘机追捕，俱属故违。

所据前项失事官员，俱属遵奉敕谕事理，即行提问。但前项贼徒，拥众数千，变诈百出，命虽阳受招抚，其实阴怀异图。况其党与根连三省，万一乘间复出，为患必大。正系紧关用人堤备之际，除将百长钟德昇等查勘的确，处以军法，及方面军职另行参究外，其余前项各官，且量加督责，姑令戴罪堤备，各自相机行事，勉图后功，以赎前罪。仍一面委官前去信丰县地方，查勘前项杀死兵快数目，及有无隐匿别项事情，另行参奏。缘系地方紧急贼情及参失事官员事理，未敢擅便，为此具本请旨。

《王阳明全集》卷9《别录一》第319—321页

卷9《别录一》

攻治盗贼二策疏 十二年五月二十八日

据江西按察司整饬兵备带管分巡岭北道副使杨璋呈奉臣批："据南安府申大庾县报，正德十二年四月内，被峯贼四百余人前来打破下南等寨，续被上犹、横水等贼七百余徒截路打寨，劫杀居民。又据南康县报，峯贼一伙突来龙旬保房劫居民；续被峯贼三百余徒突来坊民郭加琼等家，掳捉男妇八十余口，耕牛一百余头。又有峯贼一阵掳劫上长龙乡耕牛三百余头，男妇子女不知其数。又据上犹县申，被横水等村峯贼纠同逃民，四散房劫人财。续据三门总甲萧俊报，峯贼与逃民约有数百，在于地名梁滩房牵人牛。本月十六日，准本县捕盗主簿利昱牒报，峯贼劫打头里、茶坑等处，驻扎未散，已关统兵官县丞舒富等前去追剿，贼已退回横水等巢去讫。"各申本院批兵备道议处回报。案照四月初五日，据南安府呈同前事，彼时本院见在福建漳州督兵未回，未知前贼向往，行查未报。续据龙南县禀，广东浰头等处强贼池大鬓等三千余徒，突来攻围总甲王受寨所，又经会委义官萧承调兵前去会剿。随据本县呈，前贼退去讫等因。又查得先据南康县申呈上犹贼首谢志珊纠合广东贼首高快马，统众二千余徒，攻围南康县治，杀损官兵。已经议委知府邢珣等查勘失事缘由呈报外，续该兵部题咨："巡抚都御史孙燧会同南赣都御史王守仁，将前项贼犯谢志珊等，量调官军，设法剿捕，务期尽绝。应该会同两广镇巡官行事，照例约会施行。题奉钦依。转行查勘前贼见今有无出没及曾否集有兵粮，相度机宜，即今可否剿捕。惟复应会两广调集军马，待时而动，务要查议明白，处置停当，具由呈报。仍督各该地方牢固把截，用心防守，以备不虞。"等因。随奉本院案验，议照前贼连络三省，盘据千里，必须三省之兵克期并进，庶可成功。但今湖广已有偏桥苗贼之征，广东又有府江瑶僮之伐，虽欲约会夹攻，目今已是春深，雨水连绵，草木茂盛，非惟缓不及事，抑且虚糜粮饷。合无一面募兵练武，防守愈严，积谷贮粮，军需大备；告招者抚顺其情，暂且招安；肆恶者乘其间隙，量捣其穴。候三省约会停当，然后大举，庶有备无患，事出万全。通行呈详去后，今奉前因，随会同分守左参议黄宏、守备都指挥同知王泰，查勘得南安府所属大庾、南康、上犹三县，除贼巢小者未计，其大者总计三十余处，有名大贼首有谢志珊、志海、志全、杨积荣、赖文英、蓝瑶、陈曰能、蔡积昌、赖文聪、刘通、刘受、萧居谟、陈尹诚、简永广、蔡积庆、蔡西、薛文高、洪祥、徐华、张祥、刘清才、谭曰真、苏景祥、蓝清奇、朱积厚、黄金瑞、蓝天凤、蓝文亨、钟鸣、钟法官、王行、雷明聪、唐洪、刘元满，所统贼众约有八千余徒，且与湖广之桂阳、桂东、鱼黄、聂水、老虎、神仙、秀才等巢，广东之乐昌，巢穴相联盘据，流劫三省，为害多年。赣州之龙南，因与广东之龙川、浰头贼巢接境，被贼首池大鬓、大安、大昇纠合龙南贼首黄秀魁、赖振禄、钟万光、王金巢、钟万贵、古兴凤、陈伦、钟万璇、杜思碧、孙福荣、黄万珊、黄秀珏、罗积善、王金、曾子奈、王金奈、王洪、罗凤璇、黎用璇、黄本瑞、郑文钺、陈秀玹、陈珪、刘经、蓝斌、黄积秀等，所统贼众约有五千余徒，不时越境流劫信丰、龙南、安远等县。已经夹攻三次，俱被漏网。所据前贼，占据居民田土数千万顷，杀虏人民，尤难数计。攻围城池，敌杀官兵，焚烧屋庐，奸污妻女。其为荼毒，有不忍言。神人之所共怒，天讨所当必加者也。今闻广、湖二省用兵将毕，夹攻之举，亦惟其时，但深山茂林，东奔西窜，兼之本道兵粮寡弱，必须那借京库折银三万余两，动调狼兵数千前来协力，约会三省并进夹攻，庶可噍类无遗等因。又据广东乐昌县知县李增禀称："本年二月内，有东山贼首高快马等八百余徒，在地名柜头村行劫。"又据乳源县禀报："贼徒千余在洲头街等处打劫。"备申照详。及据湖广整饬郴桂等处兵备副使陈璧呈称："本年二月内，据黄砂保走报，广东强贼三百余徒突出攻劫。"又据宜章所飞报："乐昌县山峒苗贼二千余众出到九阳等处搜山捉人，未散；又报东西二山首贼发票会集四千余徒，声言要出桂阳等处攻城。又报江西长流等峒峯贼六百余徒，又一起四百余徒，各出劫掠。"及据桂东县申报："强贼一起七百余徒，前到本县杀人祭旗，捉掳男妇，未散。"又据桂阳县报"强贼六百余徒，声言要来攻寨"等因，各禀报到道。看得前项苗贼四山会集，报到之数将及万余。我兵寡弱，防守尚且不足，敌战将何以支！况郴桂所属永兴等县，原无城池，防守地方重计，实难为处。伏望轸念荼毒，请军追捕等因。又据郴州桂阳县申："本县四面，俱系贼巢。正德三年以来，贼首龚福全等作耗，杀死守备都指挥邓旻；虽蒙征剿，恶党犹存。正德七年，兵备衙门计将贼首龚福全招抚，给与冠带，设为瑶官；贼首高仲仁、李宾、黎稳、梁景聪、扶道全、刘付兴、李玉景、陈宾、李聪、曹永通、谢志珊，给与巾衣，设为老人。未及两月，已出要路劫杀军民。动辄百千余徒，号称'高快马''游山虎''金钱豹''过天星''密地蜂''总兵'等名目，随处流劫。正德十一年七月内，龚福全张打旗号，僭称'延溪王'，李宾、李稳、梁景聪僭称'总兵''都督''将军'名目，各穿大红，房民抬轿，展打凉伞，摆列头踏响器，其余瑶贼，俱乘马匹。千数余徒，出劫乐昌及江西南康等县，拒敌官军。后蒙抚谕，将贼首高仲仁、李宾给与冠带，重设瑶官。未宁半月，仍前出劫。本年正月十六日，一起八百余徒出劫乐昌县，房捉知县韩宗尧，劫库劫狱；又一起七百余徒，打劫生员谭明浩家；一起六百余徒，从老虎等峒出劫；一起五百余徒，从兴宁等县出劫。切思前贼阳从阴背，随抚随叛。目今瑶贼万余，聚集山峒，声言要造吕公大车，攻打州县城池。官民彷徨，呈乞转达，请调三省官军夹剿。"等情，各备申到臣。除备行江西、广东、湖广三省该道守巡、兵备、守备等官，严督各该府州县所掌印、巡捕、巡司、把隘堤备等官，起集兵快人等，加谨防御，相机截捕去后，查得先因地方盗贼日炽，民被荼毒。窃计兵力寡弱，既不足以防遏贼势，事权轻挠，复不足以齐一人心。乞要申明赏罚，假臣等令旗令牌，使得便宜行事，庶几举动如意，而事功可成。已经具题间，今复据各呈申前因，臣等参看得前项贼徒，恶贯已盈，神怒人怨。譬之疽瘫之在人身，若不速加攻治，必至溃肺决肠。

然而攻治之方亦有二说。若陛下假臣等以赏罚重权，使得便宜行事，期于成功，不限以时，则兵众既练，号令既明，人知激励，事无掣肘，可以伸缩自由，相机而动，一寨可攻则攻一寨，一巢可扑则扑一巢。量其罪恶之浅深而为抚剿，度其事势之缓急以为后先。如此亦可以省供馈之费，无征调之扰；日剪月削，使之渐尽灰灭。此则如昔人拔齿之喻，日渐动摇，齿投而儿不觉者也。然而今此下民之情，莫不欲大举夹功，以快一朝之忿，盖其怨恨所激，不复计虑其他。必须南调两广之狼达，西调湖湘之土兵，四路并进，一鼓成擒，庶几数十年之大患可除，千万人之积怨可雪。然此以兵法"十围五攻"之例，计贼二万，须兵十万，日费千金。殆于道路不得操事者七十万家，积粟料财，数月而事始集；刻期举谋，又数月而兵始交；声迹彰闻，贼强者设险以拒敌，黠者挟类而深逃，迨于锋刃所加，不过老弱胁从。且狼兵所过，不减于盗；转输之苦，重困于民。近年以来，江西有姚源之役，疮痍甫起；福建有汀漳之寇，军旅未旋；府江之师方集于两广，偏桥之讨未息于湖湘。兼之杼柚已轻，种不入土；而营建所输，四征未已；诛求之刻，百出方新。若复加以大兵，民将何以堪命？此则一拔去齿而儿亦随毙者也。夫由前之说，则如臣之昧劣，实惧不足以堪事，必择能者任之而后可。若大举夹攻，诚可以分咎而薄责，然臣不敢以身谋而废国议。惟陛下择其可否，断而行之。缘系地方紧急贼情事理，为此具本请旨。

《王阳明全集》卷9《别录一》第331—336页

类奏擒斩功次疏 十二年五月二十八日

据江西按察司整饬兵备带管分巡岭北道副使杨璋呈："正德十二年二月二十等日，据赣州府龙南县申总甲王受等呈，蒙差各役领兵与同已招大贼首黄秀玑等前往安远截捕流贼赖振禄等，行至地名湖江背，不料黄秀玑反招，主令伊弟黄大满、黄细满等沿途打抢民财，放火烧毁民人刘必甫等房屋，仍与贼首赖振禄等连谋行劫。本役督率兵快人等前到地名黎坑、际下与贼对敌，当阵杀获贼首黄秀玑、黄大满、黄细满、黄积瑜首级四颗，夺获黄黑旗二面，杀死贼徒三十余名。本年四月初九日，又有广东浰头老贼首池大鬓串同反招贼首黄秀魁、陈秀显等，纠众四百余徒，打劫千长何甫等家。本役又率兵夫至地名陈坑水，与贼交锋，杀获首从贼人陈秀显等一十二颗，夺获红旗一面，大小黄牛五头，余贼归巢去讫。及据南安府申，据大庾县隘长张德报称，湖广桂阳县鱼黄峒峯贼首唐飞剑、总兵严宗清、千总赖必等纠众劫虏，当起兵夫追至界首南流拗，与贼对敌，杀获唐飞剑、严宗清首级二颗。及南康县申，准县丞舒富关峯贼三百余人出劫，当有保长王万湖等带领乡兵擒捕，杀获贼级一颗，生擒贼二名，夺回被虏人口三名口，夺获黄牛二头，各解报到道，审验明白。"等因。又据广东按察司分巡岭南道佥事黄昭呈："韶州府乳源县知县沈渊申称，本年二月十八日，有东山瑶贼首高快马等众，突来城外并附近乡村打劫，欲行攻陷南城。当即起集乡兵及打手民壮固守城池及相机与敌，射伤贼徒三名，各贼退在北城外扎营，随调深峒等处土兵协力，奋勇与贼交锋，射伤贼徒二十余名，射死贼徒一十六名，夺回被虏人口三十二名口。又据捕盗老人梁真等杀获贼级二颗，生擒贼徒一名。及据乐昌县知县李增申，强贼六百余徒出劫，当集打手兵壮前去截捕，到地名云门寺与贼交锋，斩获贼级二十四颗，生擒贼徒二名，夺获马七匹。又据曲江县瑶总盘宗兴等擒获贼徒一名，夺获马一匹。各呈解到道，审验是实。"等因。并据潮州府揭阳县申，流贼劫长乐、海丰等县黄义官等家，随调兵快，行至地名长门径，与贼对敌，擒获贼徒张宏福、王木四等一十六名，俘获贼妇二口。及据惠州府申，准捕盗通判徐玑牒称，流贼一伙约有八十余徒，围劫新地屯徐百户等家，当督兵快打手追杀至地名马骏迳，擒获贼徒杜栋等四名，杀获贼级一颗；又督总甲郑全等在地名葵头障擒获贼徒张仔等一十二名；及千长彭伯璿等率兵擒获贼徒黄贵等一十五名，杀获贼级一颗，俘获贼妇一口。又有总甲黄廷珠追获贼徒雷进保等八名。俱解赴岭东道审验。等因。及据湖广郴桂等处兵备副使陈璧、守备指挥同知李璋各呈，广东苗贼一千余徒出劫兴宁等处，当起郴州杀手，令闲住千户孔世杰等管领，追袭至地名大田桥遇贼，当阵擒斩首从贼人庞广等三十二名颗，夺获赃仗四十七件，马骡五匹，夺回被掳人口二百五十名口；并据老人刘宣等捕获贼徒雷克怒等六名，俘获妇女三口。申报到道，审验明白。各备由呈申开报到臣。

先为巡抚地方事，节该钦奉敕："命尔巡抚江西南安、赣州、福建汀州、漳州、广东南雄、韶州、惠州、潮州各府及湖广郴州地方，但有贼盗生发，即便设法剿捕。钦此。"钦遵。已经备行各道守巡、兵备、守备等官，严督府、卫、所、州、县掌印、捕盗等官，集起父子乡兵及顾募打手、杀手、弩手人等，各于贼行要路去处加谨防御，遇有盗兵出杀，就便相机截捕，获功呈报，以靖地方。今据各呈，除行各该兵备等官将斩获贼级阅验明白，发仰枭首、生擒贼犯，问招回报，俘获贼属并牛马赃物俱变卖价银入官，与器械俱贮库，被掳人口给亲完聚；获功人员照例量行给赏外，缘系擒获功次事理，为此具本题知。

《王阳明全集》卷9《别录一》第336—338页

卷10《别录二》

议夹剿兵粮疏 正德十二年七月初五日

准兵部咨，该本部题，职方清吏司案呈奉本部送兵科抄出，巡抚湖广地方兼赞理军务都察院右副都御史秦金题称："会同巡按御史王度督同都、布、按三司掌印署都指挥佥事文恭、左布政使周季凤、副使恽巍等，议照湖广郴、桂等处所属地方，与广东乐昌、江西上犹等处县瑶贼密尔联络。彼处有名贼首龚福全、高仲仁、李斌、庞文亮、蓝友贵等，素恃巢穴险固，聚众行劫。先年用兵征剿，各贼漏殄未除，遂致祸延今日。臣等仰体皇上好生之心，设法抚处，冀图靖安，以成止戈之武。奈犬羊之性，变诈不同；豺狼之心，贪噬无厌；阳虽听招，阴实肆毒。今乃攻打县堡，虏官杀人，穷凶极恶，神人共愤。虽经各官兵擒斩数辈，稍惧归巢，缘其种类繁多，出没尚未可料。若非三省合兵，大彰天讨，恶孽终不殄除，疆宇何由宁谧！所据各官会呈，乞要大举。臣等再三筹议，非敢轻启兵端，但审时度势，诚有不容已者。况彼巢峒既多，贼党亦众；东追西窜，此出彼藏。必须调发本省土汉官军民兵杀手人等，共三万员名，分立哨道，刻期进剿。其两广、南、赣，仍须各调官军狼兵把截夹攻，协济大事。臣等计算兵粮重大，区处艰难，抑且本省兵荒相继，财力匮乏，前项合用钱粮，预须计处。今将应调土汉官军数目，供给粮饷事宜，及战攻方略，开坐具奏。"该本部覆称："阃外兵权，贵在专委；征伐事宜，切忌遥制。今郴、桂瑶贼为害日炽，既该湖广镇巡三司官会议兵不可已，要行克期进剿，朝廷若复犹豫不决，往返会议，必致误事。但七月进兵，天气尚炎；况今五月将中，三省约会，期限太迫。再请敕两广总督等官左都御史陈金等，及请敕巡抚南赣左佥都御史王守仁，各照议定事理，钦遵会合行事，不许违期失误。及改拟九月中取齐进兵，庶三省路远，不误约会。"本年五月十一日，少保兼太子太保本部尚书王琼等具题奉钦依。备咨到臣。除钦遵外，卷查先据江西岭北道副使杨璋及湖广郴、桂兵备副使陈璧，并广东韶州府各呈申前事，臣参看得前贼恶贯已盈，神怒人怨，天讨在所必加。但近年以来，江西有桃源之役，疮痍甫起；福建有汀、漳之寇，军旅未旋。府江之师方集于两广，偏桥之讨未息于湖、湘；若复继以大兵，惟恐民不堪命。合无申明赏罚，容臣等徐为之图。惟复约会三省，并举夹攻，已经开陈两端，具本上请去后。今准前因，则巡抚湖广右副都御史秦金所题夹攻事理，既奉有成命矣。臣谨将南、赣二府议处兵粮事宜开坐。缘系地方紧急贼情事理，为此具本请旨。

计开：

一、南安府所属大庾、南康、上犹三县，各有贼巢，联络盘据，有众数千，西接湖广桂阳等县，南接广东韶州府乐昌等县。三省夹攻，必须湖广自桂阳、桂东等处进，广东自乐昌县进；在南安者，必须三县地方并进。赣州府所属，惟龙南县贼巢与广东惠州府龙川县浰头接境。浰头系大贼池大鬓等巢穴，有众数千，比之他贼，势尤猖獗。前此二次夹攻，俱被漏网。龙南虽有贼徒数伙，除之稍易。但其倚藉浰头兵力以为声援，攻之则奔入浰头，兵退则复出为害。必须广东兵自龙川进，赣州兵自龙南进，庶可使无奔溃。

一、上犹去龙南几四百里，两处进兵，必须一时并举，庶无惊溃之患。大约计之，亦须用兵一万二千名。今拟调南康、上犹二县机兵、打手一千二百名；大庾县机兵、打手一千二百名；赣州府所属，除石城县外，宁都、信丰二县机兵、打手各一千名；其余七县，机兵、打手三千名；龙泉县机兵、打手一千名；安远县招安义民叶芳、老人梅南春等，龙南县招安新民王受、谢钺等兵共二千名；汀州府上杭县打手一千名；潮州府程乡县打手一千名；共辏一万二千之数。但广、湖两省之兵，皆狼土精悍，贼所素畏，势必偏奔江西；江西之兵，最为怯懦，望贼而溃，乃其素习。今所拟调，皆新习未练。若使严以军法处治，庶几人心齐一，事功可成。

一、兵一万二千余名，每名日给米三升，一日该米三百七十余石；间日折支银一分五厘，一日该银一百八十余两；以六个月为率，约用米三万三千余石，用银二万余两。领哨、统兵、旗牌等官并使客合用禀给及赏功犒劳牛酒、银牌、花红、鱼、盐、火药等费，约用银二万余两。通前二项，约共用银五万两。二府商税银两，集兵以来，日有所费，见存银止有四千余两。二府并赣县、大庾、南康、上犹四县积谷，约计有七八万石；但贮积年久，恐舂米不及其数。见在前银不足支用，就欲别项区处，但恐缓不及事。查得江西布政司并各府县别无蓄积，止有该解南京折粮银两贮库未解，并一应纸米赃罚银两，合无行巡抚江西都御史孙燧转行布政司并行各府照数借给应用。候事宁之日，或将以后抽掣商税，或开中盐引，另为计处，奏请补还，庶克有济。

一、合用本省巡按御史随军纪功，管理钱粮。及统兵、领哨官员，除本省三司分守、分巡、兵备、守备并南、赣二府官员临时定委外，访得九江府知府汪赖、吉安府知府伍文定、汀州府知府唐淳、惠州府知府陈祥，俱各才识练达；程乡县知县张戬、抚州府东乡县知县黄堂、建昌府新城县知县黄文鹫、袁州府萍乡县知县高桂、吉安府龙泉县知县陈允谐，俱有才名，俱各堪以领兵。候命下之日，听臣等取用。

臣等窃照师期已迫，自今七月上旬至九月中旬，仅余两月，中间合用前项钱量器仗及拟调兵快、应委官员之类，悉皆百未有措；又事干各省，道途相去近者半月，远者月余，万一各官之中违抗推托，不肯遵依约束，临期误事，罪将安归！乞照湖广巡抚都御史秦金所奏该部题准事理，各官之中敢有抗违失误者，许臣等即以军法从事，庶几警惧，事可易集。

《王阳明全集》卷10《别录二》第345—348页

议夹剿方略书 十二年九月十五日

据江西岭北道副使杨璋呈："奉臣案验，准兵部咨，该巡抚湖广都御史秦金题为紧急贼情事，备行计处兵粮，约会三省，将上犹县等处贼巢克期九月中进剿等因，遵依。随将本道兵粮事宜计呈本院转达奏闻定夺外，随据南安府上犹、大庾等县申称：各县乡民早谷将登，各巢峒贼修整战具，要行出劫。并据南康县县丞舒富呈：访得大贼首谢志珊号'征南王'，纠率桶冈等巢贼首钟明贵等，约会广东大贼首高快马等，大修战具并吕公车，欲要先将南康县打破。闻知广东官兵尽调府江，就行乘虚入广流劫，乞要早为扑剿等因。已经呈蒙本院密受方略，行委知府季敩、县丞舒富等领兵分剿。共生擒大贼首陈曰能等三名，首从贼徒五十四名，斩获贼首级六十八颗，杀死射死贼徒二百四十余名，烧死贼徒二百余名，捣过巢穴一十九处，烧毁房屋禾仓八百九十余间，俘获贼属二十九名口，水黄牛、马、羊、骡一百四十四头匹，通经呈报。又蒙本院虑贼必将乘间复出，行委知府季敩、指挥来春等统兵屯南安，指挥姚玺、县丞舒富统兵屯上犹，指挥谢昶、千户林节统兵屯南康，各于要害去处往来防剿。至七月二十五日，贼首谢志珊果复统众一千五百余徒，攻打南安府城。各官督兵迎敌，生擒贼犯杨銮等七名，斩获首级四十五颗，贼众大败而去。八月二十五日，贼首谢志珊又统领二千余徒，复来攻打南安府城。各官督兵迎敌，生擒贼犯龙正等四十二名，斩获首级一百五十七颗，贼又大败而去。即今贼势少挫，若乘此机会直捣其巢，旬月之间，可期扫荡。但闻湖广之兵既已齐集，而广东因府江班师未久，复调狼兵，未有定期。谨按地图，江西之南安有上犹、大庾、桶冈等处贼巢，与湖广桂东、桂阳接境；夹攻之举，止该江西与湖广会合，而广东止于仁化县要害把截，夹攻不与焉。赣州之龙南有浰头贼巢，与广东龙川接境；夹攻之举，止该江西与广东会合，而湖广不与焉。广东乐昌乳源贼巢，与湖广宜章县接境；惠州贼巢，与湖广临武县接境；仁化县贼巢，与湖广桂阳县接境；夹攻之举，止该湖广、广东二省会合，而江西止于大庾县要害把截，夹攻不与焉。名虽三省大举，其实自有先后，举动次第，不相妨碍。若不此之察，必欲通待三省之兵齐集，然后进剿，则劳师废财，为害匪细。合将前项事宜约会三省，以次渐举，庶兵力不竭，粮饷可省。"等因，据呈到臣。看得三省夹攻，必须彼此克期定日，同时并举，斯乃事体之常。然兵无定势，谋贵从时，苟势或因地而异便，则事宜量力以乘机。三省贼巢，连络千里，虽声势相因，而其间亦自有种类之分、界限之隔。利则争趋，患不相顾，乃其性习。诚使三省之兵皆已齐备，约会并进，夫岂不善？但今广东狼兵方自府江班师而归，欲复调集，恐非旬月所能。两省之兵既集，久顿而不进，贼必惊疑，愈生其奸，悍者奔突，黠者潜逃；老师费财，意外之虞，乘间而起，虽有智者，难善其后。诚使先合湖广、江西之兵，并力而举上犹诸贼，逮事之毕，广东之兵亦且集矣；则又合湖广、广东之兵，并力而举乐昌诸处；逮事之毕，江西之兵又得以少息矣；则又合广东、江西之兵，并力而举龙川。方其并力于上犹，则姑遣人佯抚乐昌诸贼，以安其心。彼见广东既未有备，而湖广之兵又不及己，苟幸旦夕之生，必不敢越界以援上犹。及夫上犹既举，而湖广移兵以合广东，则乐昌诸贼，其势已孤。二省兵力益专，其举之益易。当是之时，龙川贼巢相去辽绝，自以为风马牛不相及，彼见江西之兵又撤，意必不疑。班师之日，出其不意，回军合击，蔑有不济者矣。臣窃以为因地之宜，先后合击之便，除臣遵照兵部咨来题奉钦依，会兵征剿，亦听随宜会议施行事理，已将前项事宜移咨广东、湖广总督、巡抚等官知会，一面相机行事外，缘系地方紧急贼情事理，为此具本题知。

《王阳明全集》卷10《别录二》第352—354页

卷11《别录三》

浰头捷音疏 十三年四月二十日

据江西按察司分巡岭北道兵备副使杨璋呈："据一哨统兵守备南、赣二府地方以都指挥体统行事指挥使郏文呈称：'统领安远县义民孙洪舜等兵，于本年正月初七日攻破曲潭等巢，十一日攻破半径等巢，共五处。二月二十六日，与贼战于水源等处。擒斩大贼首吴积祥、陈秀谦、张秀鼎等七名颗，贼从陈希九等一百二十六名颗，俘获贼属男妇五十六名口，烧毁贼巢房屋禾仓二百五十三间，及夺获器械等物。'二哨统兵赣州府知府邢珣呈称：'督同同知夏克义、知县黄天与、典史梁仪、老人叶秀芳等官兵，于正月初七等日，攻破方竹湖等巢；初九日，攻破黄田坳等巢；共四处。二十五等日，覆贼于白沙；二月十六日，与贼战于芳竹湖等处。擒斩大贼首黄佐、张廷和、王蛮师、刘钦等一十名颗，贼从黄密等二百六十名颗，俘获贼属男妇八十三名口，烧毁贼巢房屋禾仓贰百贰拾贰间，及夺获赃仗牛马等项。'三哨领兵广东惠州府知府陈祥呈称：'督同通判徐玑、新民卢琢等官兵，于正月初七等日，攻破热水等巢。初九等日，攻破铁石障等巢共五处。二十五等日，覆贼于五花障等处；二月初二等日，与贼战于和平等处。擒斩大贼首陈活鹞、黄弘闰、张玉林等十一名颗，贼从李等祥四百三十一名颗，俘获贼属男妇二百二十名口，烧毁贼巢房屋禾仓五百七十二间，及夺获器械、赃银、牛马等项。'四哨统兵南安府知府季教呈称：'统领训导蓝铎、百长许洪等官兵，于正月初三等日，攻破右坑等巢，十一日攻破新田径等巢；共四处。二十七等日，覆贼于北山，又与战于风门奥等处。擒斩大贼首刘成珍等四名颗，贼从胡贵琢等一百三十名颗，俘获贼属男妇一百六十五名口，烧毁贼巢房屋禾仓七十三间，及夺获赃银等物。'五哨统兵赣州卫指挥佥事余恩呈称：'统领新民百长王受、黄金巢等兵，于正月初七日，会同推官危寿、千户孟俊，攻破上、中、下三浰大巢；十一日，攻破空背等巢；共四处。二十五日，覆贼于银坑水等处。擒斩大贼首赖振禄、王贵洪、李全、邹一惟等九名颗，贼从赖贼仔等三百五十名颗，俘获贼属男妇六十二名口，烧毁贼巢房屋禾仓三百二十一间，及夺获器械牛马等项。'六哨统兵赣州卫指挥佥事姚玺呈称：'统领新民梅南春等兵，于正月初七日，攻破淡方等巢；初九日，攻破岑冈等巢；共四处。二十七日，覆贼于乌龙镇。擒斩大贼首谢銮、曾用奇等五名颗，贼从卢任龙一百九十九名颗，俘获贼属男妇一百一十二名口，烧毁贼巢房屋禾仓三百七十间，及夺获器械牛马等项。'七哨统兵赣州府推官危寿呈称：'统领义官叶芳等兵，于正月初七日，会同指挥余恩、千户孟俊，攻破上、中、下三浰大巢；初十等日，攻破镇里寨等巢；共四处。二十七日，覆贼于中村等处。擒斩大贼首池仲宁、高允贤、池仲安、朱万、林根等十二名颗，贼从黄稳等二百一十一名颗，俘获贼属男妇三十三名口，烧毁贼巢房屋禾仓三百二十三间，及夺获赃仗牛马等项。'八哨统兵赣州卫千户孟俊呈称：'统领义官陈英、郑志高、新民卢珂等兵，于正月初七等日，会同指挥余恩、推官危寿，攻破上、中、下三浰大巢；初十等日，攻破大门山等巢；共六处。擒斩大贼首谢凤经、吴宇、张廷与、石荣等九名颗，贼从张角子等一百九十二名颗，俘获贼属男妇一百四十三名口，烧毁贼巢房屋禾仓一百七十三间，及夺获器械、牛马、赃银等项。'九哨统兵南康县县丞舒富呈称：'统领义民赵志标等兵，于正月十一等日，攻破旗领等巢，共二处。二月十四日，与贼战于乾村等处。擒斩贼从刘三等一百七名颗，俘获贼属男妇二十一名口，烧毁贼巢房屋禾仓五十三间，及夺获器械等物。'等因，各呈报到道。

　　查得先为地方紧急贼情事，据信丰县所呈称：正德十二年二月初七日，龙南县贼首黄秀魁纠合广东贼首池仲容等，突来本县杀人放火。见今攻城不退，乞要发兵救援等因。该本道议，委经历王祚、县丞舒富领兵剿捕。斩获贼级四颗，被贼杀死报效义士杨习举等十名，执去经历王祚。随该本道亲诣该县，暂将各贼招安，拨回原巢，经历王祚送出。参将失事知县王天爵、卢凤、千户郑铎、朱诚、洪恩、主簿周镇、镇抚刘铠等，俱各有罪。及将前贼应剿缘由，呈详转达具奏外，正德十三年正月初三日，奉提督军门纸牌：'议照上犹等县贼巢既平，广东龙川县浰头等处贼巢，奉有成命，应该会剿。其大贼首池仲容等，本院已行计诱擒获。见今军势颇振，若不乘此机会，出其不意，捣其不备，坐视以待广兵之来，未免有失事机之会。本院除遵奉敕谕内自行量调官军设法剿捕事理，部勒兵众，分布哨道，行仰守备指挥并知府等官郑文、陈祥等统领，各授进止方略外，备行本职前去军前纪验功次，及催各哨官兵上紧依期进剿。仍行巡按衙门前来核实施行'等因，随呈巡按江西监察御史屠侨批行本道：'先行纪验明白，通候核实施行。'依奉督率各省官兵依期进剿去后。今据前因，除将前项功次俱类巡按衙门会审纪验明白，生擒贼犯解赴提督军门斩首枭示，贼属男妇变卖银两，器械、赃仗、赃银俱贮库外，参照浰头大贼首池仲容、池仲宁、池仲安、高允贤、李全等，盘据一方，历有岁年，僭称王号，伪设官职；广东翁源、龙川、始兴，江西龙南、信丰、安远、会昌等县，屡被攻围城池，杀害官军，焚烧村寨，虏杀男妇，岁无虚日。曾经狼兵夹攻数次，俱被漏网。是乃众贼奸雄之巨擘，三省群盗之根源也。今幸天夺其魄，仲容束手就擒，仲宁、仲安等一时授首，各巢贼从擒斩殆尽。此皆仰仗朝廷德威远播，庙堂成算无遗，提督军门赏罚以信而号令严明，师出以律而机宜慎密，身先士卒而艰险之不辞，洞见敌情而抚剿之有道。以是数十年之巨寇，一旦削平；连四省之编氓，永期安辑。呈乞照详转达。"等因，据呈到臣。

卷查先为地方紧急贼情事，准兵部咨，该巡按江西监察御史屠侨奏，该本部覆题："节奉圣旨：是，这地方贼情，著都御史王守仁自行量调官军，设法剿捕。钦此。"及为申明赏罚以励人心事，准兵部覆题："请敕南赣等处都御史假以提督军务名目，给与旗牌应用，以振军威。一应军马钱粮事宜，径自便宜区画。如遇盗贼入境，即便调兵剿杀，不许蹈袭旧弊招抚，重为民患。所部官军，若在军前违期逗留退缩，俱听以军法从事。生擒盗贼，亦听斩首示众。贼级听本处兵备会同该道守巡官，即时纪验明白，备行江西按察司造册奏缴，查照剿杀南方蛮贼见行旧例，议拟升赏等因，具题：奉圣旨：是，王守仁著提督南、赣、汀、漳等处军务，换敕与他。其余事宜，各依拟行。钦此。"又为地方紧急贼情事，准兵部覆题："看得所奏攻治盗贼二说，就令差来人赍文，交与都御史王守仁，悉依前项申明赏罚事理便宜行事。期于功成，不限以时，相机攻剿等因，具题：节该奉圣旨：是。钦此。"陆续备咨到臣。俱经通行抚属四省各道守巡、兵备、守备等官一体钦遵，并咨总督两广左都御史陈金查照外，续该臣看得南、赣盗贼，其在南安之横水、桶冈诸巢，则接境于湖郴；在赣州之浰头、桶冈诸巢，则连界于闽、广。接境于湖郴者，贼众而势散，恃山溪之险以为固；连界于闽、广者，贼狡而势聚，结党与之助以相援。臣等遵奉敕谕，及查照兵部咨示方略，初议先攻横水，次攻桶冈，而末乃与广东会兵，徐图浰头；如攻坚木，先其易者，后其节目。自正德十二年九月，臣等议将进兵横水，恐浰贼乘虚出扰，思有以沮离其党。臣乃自为告谕，具述祸福利害，使报效生员黄表、义民周祥等往谕各贼，因皆赐以银布。一时贼党亦多感动，各寨酋长黄金巢、刘逊、刘粗眉、温仲秀等，遂皆愿从表等出投。惟大贼首池仲容即池大鬓，独愤然谓其众曰："我等做贼已非一年，官府来招亦非一次，此亦何足为凭！待金巢等到官后，果无他说，我等遣人出投亦未为晚。"其时臣等兵力既未能分，意且羁縻，令勿出为患，胡亦不复与较。金巢等至，臣乃释其罪，推诚厚抚，各愿出力杀贼立效。于是，藉其众五百余，悉以为兵，使从征横水。十月十二日，臣等已破横水，仲容等闻之始惧。计臣等必且以次加兵，于是集其酋豪池仲宁、高飞甲等谋，使其弟池仲安率老弱二百余徒，亦赴臣所投招，求随众立效；意在援兵，因而窥觇虚实，乘间内应。臣逆知其谋，阳许之。及臣进攻桶冈，使领其众截路于上新地，以远其归途；内严警御之备，以防其衅；外示宽假之形，以安其心。阴使人分召邻贼诸县被贼害者，皆诣军门计事，旬日之间，至者数十。问所以攻剿之策，皆以此贼狡诈凶悍，非比他贼，其出劫行剽，皆有深谋，人不能测。自知恶极罪大，国法难容，故其所以捍拒之备，亦极险谲。前此两经夹剿，皆狼兵二三万，竟亦不能大捷。后虽败遁，所杀伤亦略相当。近年以来，奸谋愈熟，恶焰益炽。官府无可奈何，每以调狼兵恐之。彼辄谩曰："狼兵易与耳。纵调他来，也须半年；我纵避他，只消一月。"其意谓狼兵之来不能速，其留不能久也，是以益无忌惮。今已僭号设官，奸计逆谋，尤非昔比。必欲除之，非大调狼兵，事恐难济。臣以为兵无常势，在因敌变化而制胜。今各贼狃于故常，且谓必待狼兵而后敢攻，此所以不必狼兵而可以攻之也。乃为密画方略，使数十人者各归部集，候我兵有期，则据隘遏贼。

十一月，贼闻臣等复破桶冈，益惧，为战守备。臣使人至贼所，赐各酋长牛酒，以察其变。贼度不可隐，则诈称龙川新民卢珂、郑志高等将掩袭之，是以密为之防，非敢虞官兵也。臣亦阳信其言，因复阳怒卢珂、郑志高等擅兵仇杀，移檄龙川，使廉其实；且趣各贼伐木开道，将回兵自浰头取道，往讨之。贼闻，以为臣等实有为之之意，又恐假道伐之，且喜且惧。因遣来谢，且请无劳官兵，当悉力自防御之。卢珂、郑志高、陈英者，皆龙川旧招新民，有众三千余。远近皆为仲容所胁，而三人者独与之抗，故贼深仇忌之。十二月望，臣兵回至南康，卢珂、郑志高等各来告变，谓池仲容等僭号设官，今已点集兵众，号召远近各巢贼首，授以"总兵""都督"等伪官，使候三省夹攻之兵一至，即同时并举，行其不轨之谋。及以伪授卢珂等官爵"金龙霸王"印信文书一纸黏状来首。臣先已谍知其事，及珂等来，即阳怒，以为尔等擅兵仇杀投招之人，罪已当死；今又造此不根之言，乘机诬陷；且池仲容等方遣其弟领兵报效，诚心向化，安得有此。遂收缚珂等，将斩之。时池仲安之属方在营，见珂等入首，大惊惧；至是皆喜，罗拜欢呼，竞诉珂等罪恶。臣因亦阳令具状，谓将并拘其党属，尽斩之。于是遂械卢珂，而使人密喻以阳怒之意，欲以诱致仲容诸贼。且使卢珂等先遣人归，集其众，候珂等既还，乃发。臣又使生员黄表、听选官雷济往喻仲容，使勿以此自疑。密购其所亲信，阴说之，使自来投诉。二十日，臣兵已还赣，乃张乐大享将士。下令城中，今南安贼巢皆已扫荡，而浰头新民又皆诚心归化，地方自此可以无虞。民久劳苦，亦宜暂休为乐。遂散兵，使各归农，示不复用。而使池仲安亦领众归，助其兄防守，且云卢珂等虽已系于此，恐其党致怨，或掩尔不虞。仲安归，具言其故，贼众皆喜，遂弛备。臣又使指挥余恩赍历往赐仲容等，令毋撤备，以防卢珂诸党，贼众亦喜。黄表、雷济因复说仲容："今官府所以安辑劳来尔等甚厚，何可不亲往一谢！况卢珂等日夜哀诉反状，乞官府试拘尔等，若拘而不至者，即可以证反状之实；今若不待拘而往，因面诉珂等罪恶，官府必益信尔无他，而谓珂等为诈，杀之必矣。"所购亲信者复从力赞，仲容然之，乃谓其众曰："若要伸，先用屈。赣州伎俩，亦须亲往勘破。"遂定议，率其麾下四十余人，自诣赣。臣使人探知仲容已就道，乃密遣人先行属县勒兵，分哨道，候报而发。又使千户孟俊先至龙川，督集卢珂、郑志高、陈英等兵；然以道经浰巢，恐摇诸贼，则别赍一牌，以拘捕卢珂等党属为名。各贼闻俊往，果遮迎问故，俊出牌视之，乃皆罗拜，相争导送出境。俊已至龙川，始发牌部勒卢珂等兵。众贼闻之，皆以为拘捕其属，不复为意。

闰十二月二十三日，仲容等至赣，见各营官兵皆已散归，而街市多张灯设戏为乐，信以为不复用兵。密赂狱卒，私往觇卢珂等，又果械系深固。仲容乃大喜，遣人归，报其属曰："乃今吾事始得万全矣！"臣乃夜释卢珂、郑志高等，使驰归发兵；而令所属官僚次设羊酒，日犒仲容等，以缓其归。正月三日，度卢珂等已至家，所遣属县勒兵当已大集，臣乃设犒于庭，先伏甲士，引仲容入，并其党悉擒之。出卢珂等所告状，讯鞫皆伏，遂置于狱。而夜使人趋发属县兵，期以初七日同时入巢。于是，知府陈祥兵从龙川县和平都入，指挥姚玺兵从龙川县乌虎镇入，千户孟俊兵从龙川县平地水入，指挥余恩兵从龙南县高沙保入，推官危寿兵从龙南县南平入，知府邢珣兵从龙南县太平保入，守备指挥郏文兵从龙南县冷水径入，知府季敩兵从信丰县黄田冈入，县丞舒富兵从信丰县乌径入；臣自率帐下官兵，从龙南县冷水径直捣下浰大巢；而使各哨分路同时并进，会于三浰。

先是，贼徒得池仲容报，谓赣州兵已罢归，他已弛备，散处各巢。至是，骤闻官兵四路并进，皆惊惧失措。乃分投出御，而悉其精锐千余，据险设伏，并势迎敌于龙子岭。我兵聚为三冲，犄角而前。指挥余恩所领百长王受兵首与贼遇，大战良久，贼败却。王受等奋追里许，贼伏兵四起，奋击王受。推官危寿所领义官叶芳兵鼓噪而前，复奋击贼伏兵后；千户孟俊兵从傍绕出冈背，横冲贼伏，与王受合兵。于是贼乃大败奔溃，呼声震山谷。我兵乘胜逐北，遂克上、中、下三浰。各哨官兵遥闻三浰大巢已破，皆奋勇齐进，各贼皆溃败。知府陈祥兵遂破热水巢、五花障巢；指挥姚玺兵遂破淡方巢、石门山巢、上下陵巢；知府邢珣兵遂破芳竹湖、白沙巢；守备指挥郏文兵遂破曲潭巢、赤唐巢；知府季敩兵遂破布坑巢、三坑巢。是日，擒斩首从贼人、贼级，俘获贼属男妇、牛马、器仗数多，其余堕崖填谷死者不可胜计。是夜，贼复奔聚未破巢穴。次日早，乃令各哨官兵探贼所往，分投急击。初九日，知府陈祥兵破铁石障巢、羊角山巢，获贼首"金龙霸王"印信旗袍；知府邢珣兵破黄田坳巢；指挥姚玺兵破岑冈巢；指挥余恩兵破塘舍洞巢、溪尾巢。初十日，千户孟俊兵破大门山巢，推官危寿兵破镇里寨巢。十一日，知府邢珣兵破中村巢；守备郏文兵破半径巢、都坑巢、尺八岭巢；知府季敩兵破新田径巢、古地巢；指挥余恩兵破空背巢；县丞舒富兵破旗岭巢、顿冈巢。十三日，千户孟俊兵破狗脚坳巢、水晶洞巢、五湖巢、蓝州巢。十六日，推官危寿兵破风盘巢、茶山巢。连日，各擒斩首从贼人、贼级并俘获贼属男妇、牛马、器仗数多。然各巢奔散之贼，其精悍者尚八百余徒，复哨聚九连大山，扼险自固。当臣看得九连山势极高，横亘数百余里，四面斩绝；我兵既不得进，而其内东接龙门山后诸处，贼巢若百数。以我兵进逼，贼必奔往其间；诱激诸巢，相连而起，势亦难制。然彼中既无把截之兵，欲从傍县潜军，断其后路，必须半月始达，缓不及事。止有贼所屯据崖壁之下一道可通，然贼已据险，自上发石滚木，我兵百无一全。于是，乃选精锐七百余人，皆衣所得贼衣，佯若奔溃者，乘暮直冲贼所据崖下涧道而过。贼以为各巢败散之党，皆从崖下招呼，我兵亦佯与呼应；贼疑，不敢击。已度险，遂扼断其后路。次日，贼始知为我兵，并势冲敌。我兵已据险，从上下击，贼不能支，乃退败。臣度其必溃，预令各哨官兵四路设伏以待。贼果分队潜遁。二十五日，知府陈祥兵覆贼于五花障，知府邢珣兵覆贼于白沙，指挥余恩兵覆贼于银坑水。二十七日，指挥姚玺兵覆贼于乌虎镇，推官危寿兵覆贼于中村，知府季敩兵覆贼于北山，又战于风门奥。其余奔散残党尚三百余徒，分逃上下坪、黄田坳诸处，各哨官兵复黏踪会追。二月初二日，知府陈祥兵复与贼战于平和；初五日，复战于上坪、下坪。初八日，推官危寿、指挥余恩兵，复与贼战于黄坳。十二日，知府陈祥兵复与贼战于铁障山。十四日，县丞舒富兵复与贼战于乾村，又战于梨树。十四日，知府邢珣、季敩兵复与贼战于芳竹湖。二十三日，县丞舒富兵复与贼战于北顺，又战于和洞。二十六日，守备郏文兵复与贼战于水源，战于长吉，战于天堂寨。连日擒斩首从贼人、贼级数多。三月初三日，据乡导人等四路爪探，皆以为各巢积恶凶狡之贼，皆已擒斩略尽；惟余党张仲全等二百余徒，其间多系老弱，及远近村寨一时为贼所驱胁、从恶未久之人，今皆势穷计迫，聚于九连谷口，呼号痛哭，诚心投招。臣遣报效生员黄表往验虚实，果如所探。因引其甲首张仲全等数人前来投见，诉其被胁不得已之情。臣量加责治，随遣知府邢珣往抚其众，籍其名数，遂安插于白沙。

初七日，据知府邢珣等呈称："我兵自去岁二月从征闽寇，迄今一年有余，未获少休。今幸各巢贼已扫荡，余党不多，又蒙俯顺招安；况今阴雨连绵，人多疾疫，兼之农功已动，人怀耕作，合无俯顺下情，还师息众。"及义官叶芳等并各村乡居民亦告前情。臣因亲行相视险易，督同副使杨璋、知府陈祥等经理立县设隘，可以久安长治之策，留兵防守而归。

盖自本年正月初七日起，至三月初八日止，前后两月之间，通共捣过巢穴三十八处；擒斩大贼首二十九名颗，次贼首三十八名颗，从贼二千零六名颗；俘获贼属男妇八百九十名口；夺获牛马一百二十二只匹，器械、赃仗二千八百七十件把，赃银七十两六钱六分；总计擒斩、俘获、夺获共五千九百五十五名颗口只匹件把。俱经行令兵备等官审验纪录，仍行纪功御史核实施行，具由呈报去后。今据前因，臣等会同江西巡按御史屠侨、广东巡按御史毛凤，参照大贼首池仲容等，荼毒万民，骚扰三省，阴图不轨，积有年岁，设官僭号，罪恶滔天；比之上犹诸贼，尤为桀骜难制。盖上犹诸贼，虽有僭窃不轨之名，而徒惟劫掠焚烧是嗜；至于浰头诸贼，虽亦剽劫掳掠是资，而实怀僭拟割据之志。故其招致四方无籍，隐匿远近妖邪；日夜规图，渐成奸计。兼之贼首池仲容、池仲安等，又皆力搏猛虎，捷竞飞猱；凶恶之名久已著闻，四方贼党素所向服；是以负固恃顽，屡征益炽。前此知其无可奈何，亦惟苟且招安，以幸无事；其实无救荼毒之惨，益养奸宄之谋。今乃臣等驱不练之兵，资缺乏之费，不逾两月，而破奸雄不制之虏，除三省数十年之患。此非朝廷威德，庙堂成算，何以及此！臣等切惟天下之事，成于责任之专一，而败于职守之分挠。就今事而言，前此尝夹攻二次，计剿数番；以兵，则前者强，而今者弱，前者数万，而今者数千；以时，则前者期年，而今者两月；以费，则前者再倍，而今者什一；以任事之人，则前者多知谋老练之士，而今者乃若臣之迂疏浅劣。然而计功较绩，顾反有加于昔，何哉？实由朝廷之上，明见万里，洞察往弊，处置得宜。既假臣以赏罚之权，复改臣以提督之任；既以兵忌遥制，而重各省专征之责，又虑事或牵狃，而抑守臣干预之请；授之方略而不拘以制，责其功成而不限以时。以故诏旨一颁，而贼先破胆夺气；咨文一布，而人皆踊跃争先。效谋者知无沮挠之患，而务竟其功；希赏者知无侵削之弊，而毕致其死。是乃所谓"得先胜之算于庙堂，收折冲之功于樽俎"，实用兵之要道，制事之良法也。事每如此，天下之治有不足成者矣。

臣等偶叨任使，何幸滥竽成功！敢是献捷之余，拜手稽首以贺，伏愿皇上推成功之所自，原发纵之有因，庶无僭赏，以旌始谋。及照兵备副使杨璋、监军给饷，纪功督战，备历辛勤，宜加显擢；守备指挥郏文、知府陈祥、邢珣、季教、推官危寿、指挥余恩、姚玺及千户孟俊、县丞舒富等，皆身亲行阵，屡立战功，俱合奖擢，庶示激扬，以为后劝。

臣本凡庸，缪当重任；偶逢事机之会，幸免覆𫗦之诛。然功非其才，福已逾分，遂沾痿痹之疾，既成废弃之人。除已别行请罪乞休外，缘系捷音，及该兵部议拟期于成功，不限以时，题奉钦依事理，为此具本题知。

《王阳明全集》卷11《别录三》第376—388页

添设和平县治疏 十三年五月初一日

据江西按察司分巡岭北道兵备副使杨璋、广东按察司分巡岭东道兵备佥事朱昂会呈："据赣州府知府邢珣、惠州府知府陈祥呈，奉臣案验，据广东惠州龙川、河源等县省祭监生、生员、耆老陈震、余世美、黄宸等连名呈称：'浰头、岑冈等处叛贼池大鬓等，魁首动以百十，徒党不下数千，始则占耕民田，后遂攻打郡县。谢玉璘、邹训等倡乱于弘治之末，而此贼已为之先锋，徐允富、张文昌继乱于正德之初，而此贼复张其羽翼，荼毒三省。二十余年以来，乃为三省逋逃之主，遂称群贼桀骜之魁。捉河源县之主簿，虏南安府之经历，绑龙南县之县官，戮信丰所之千户，肆然无忌。规图渐广，凶恶日增，僭称王号，伪建元帅、总兵、都督、将军等名目。虽屡蒙上司动调官兵，多方征剿，俱被漏网为患。今蒙提督军门亲捣贼巢，扫荡残党，除数郡之荼毒，雪万姓之冤愤。若不趁此机会，建立县治，以控制三省贼冲之路，切恐流贼复聚，祸根又萌。窃见龙川和平地方，山水环抱，土地坦平，人烟辏集，千有余家。东去兴宁、长乐、安远，西抵河源，南界龙川，北际龙南，各有数日之程。其间山林阻隔，地里辽远，人迹既稀，奸宄多萃。查得父老相传，原系循州一州龙川、雷乡二县，后因地方扰乱，人民稀少，除去循州、雷乡两处，止存龙川一县。洪武初间，龙川尚有五十五里，其后州县既除，声教不及。洪武十九等年，贼首谢仕真等相继作乱，将前项居民尽行杀戮，数百里内，人烟断绝。自此，贼巢日多，民居日耗，始将龙川县都图并作七里。迄于近年，民遭荼毒，遂至此极。如蒙怜念，于和平地方设建县治，以控制瑶洞；兴起学校，以移易风俗；及将和平巡检司改立浰头，屯兵堤备，庶几变盗贼之区为冠裳之地，实为保安至计。'等因，据呈到院。看得东南地方，但系盗贼盘据，即皆深山穷谷，阻险辽绝之区，是以征剿之后，其民类皆愿立县治以控制要害，敷施政教而渐次化导之。故东南弭盗安民，则建立县治，亦其一策。近该本院亲剿浰贼，见今住军九连大山，往来浰头、和平等处，备阅山溪形势，讲求贼情民俗，深思善后之图，实有如各役所呈者。但开建县治，置立屯所，必须分割都图，创起关隘。城池宫室之费，力役输调之贵，未经查勘议处，难便奏闻。案：'仰本道即行副使杨璋会同佥事朱昂，督同府县掌印官拘集各该地方乡里甲人等，备勘和平、浰头两处，某处可以建筑城池，某地宜以添设巡逻，某县都图相近可以分割，某里村寨接连堪以拨补，某所巡司可以移镇，某乡丁户可以编佥；其移民以就田，调兵以守隘，一应工役所需，作何区处；再行考求图籍，诹谘耆老，必求至当归一。具由呈来，以凭议处定夺，仍呈总督、总镇、巡按衙门公同计议施行。'等因。各职遵依，督同龙川县署县事主簿陈甫、河源县署县事县丞朱燫，就近拘集龙川县通县并河源县惠化都里老沙海、钟秀山等，与原呈陈震等到职会勘。和平峒地方原有二千余家，因贼首池大鬓等作耗，内有八百余家投城居住，尚存一千余家。本峒羊子一处，地方宽平，山环水抱，水陆俱通，可以筑城立县于此；招回投城之人，复业居住。分割龙川县和平都、仁义都并广三图共三里，及割附近河源县惠化都，与接近江西龙南县邻界，亦折一里前来，共辖一县。及将先年各处流来已成家业寓民，尽数查出，责令立籍，拨补绝户图眼，一体当差。其和平巡检司宜立浰头，以控制险阻。仍于本县并龙南县量编隘夫几百名，委官管领，兼同该司弓兵巡逻，使盗贼不得盘据。其盖造衙门大小竹木，和平、浰头各山产有，俱派本处人户采办，不用官钱。其余砖石灰瓦、匠作工食之费，须查支官库银两。及差委公正府佐贰官一员，清查浰头、岑冈等处田土，除良民产业被贼占耕者照数给主外，中间有典与新民，得受价银者，量追价银一半入官，其田给还管业；其余同途上盗田土，尽数归官卖价，以助筑修城池官廨之用。其龙川县分割三图，止存五图在彼，路通冲要，答应繁难。查得邻界长乐县所属清化都，正与龙川连近，乞于该都分割一图，补辏管辖，庶为适均等因。又据龙南县太平等保里老赖本立等呈称：'本县东南与广东龙川、河源二县，西南与广东始兴县连界，多深山穷谷，向因各处流贼过境劫掠，太平保设有横冈、角嵊二隘，上蒙、高沙二保设有牛冈、阳陂二隘，就于各保佥点隘夫乡兵守把。后因池大鬓等不时出劫，各隘烧毁一空。今征剿既平，宜将前项隘所修筑把守，可保四境无虞。及照本县止有四里半，邑小民寡，递年逋负追并；况与龙川县又系隔省辽远，乞免分割，以苏民困。'等因。各职并行会议，得贼平之后，经久良图，诚无逾于添设县治者。今龙川县里老人等，愿于和平峒羊子铺添设县治，及分割都图，清卖贼田，移置巡司，量金隘夫等情，俱相应俯顺。惟称又要分拆江西赣州府龙南县附近都图，缘系两省地方，相隔愈远，未免影射差役，两无归著，难以准行。止该于龙南县该管图保，修筑旧隘；其新兴地方，系通始兴县要路，宜添设一隘；各于邻近地方多金乡夫守把。及看得修筑城池、学校、仓场、铺舍等项，中间有碍百姓田庐税粮，亦该委官丈量，照数除豁。相距龙川县二百里之程，该量设铺舍十处。一应工程，除大小竹木派令人户采办，其余砖石、灰瓦等项物料，各色匠作工食，猝难料计，应合委官估计，通该银若干，扣除前项田价银两若干，余于惠州府库相应官银支给；尚有不敷，另行申请。合用人工，该起龙川县与河源县惠化都民夫答应。其移置浰头巡检司，应隶新县管辖。该司弓兵四十名，额数寡少，合于龙川县和平、仁义、广三图量编四百名，龙南县量编二百名，俱令该县掌印官编佥造册，分为二班，半年一换。俱各委官管领，兼同该司官巡逻，遇有盗贼生发，即随扑获。隘夫限满，亦须该班者交代方还。各府、州、县巡捕官，俱要不时往来巡点。其清卖贼田，修筑城池等项，俱各委官分投干办，方得集事。再照新县里粮数少，官员应该减裁；且系偏僻之地，驿递不必添设。遇有使客往来，总于龙川县雷乡驿应付。前项居民，被贼残害，疮痍未苏，加以创县劳费，困苦可矜。成县之日，凡遇一应杂泛差役，坐派钱粮物料等项，俱各酌量减省；期待三年之后，方与各县一体差科。庶几舆情允惬，事体允当等因，到道。会同佥事朱昂覆议相同，合就会案呈详。"等因，据呈到臣。会同钦差巡按广东监察御史毛凤，议照前项地方实系山林深险之所，盗贼屯聚之乡；当四县交界之隙，乃三省闰余之地；是以政教不及，人迹罕到。其间接连闽、广，反覆贼巢，动以百数。据而守之，真足以控诸贼之往来，杜奸宄之潜匿；弃而不守，断为狐鼠之窟穴，终萃逋逃之渊薮。况前此本亦州县旧区，始以县存，而民犹恃为保障；后因县废，而贼遂据以陆梁，是又往事之明验矣。当贼猖獗之日，地方父老屡有取复县治之议，然其时贼方盘据，势有不能。

今赖朝廷威德，巢穴荡平，若不乘此机会，复建县治以扼其要害，将来之事，断未可知。臣等班师之日，胁从投招者尚不满百，今未两月，远近牵引而至且二百矣。若县治不立，制驭阔疏，不过一年，泛然投招之人必皆复化为盗；其时又复兴师征剿，剿而复聚，长此不已，乱将安穷！夫盗贼之患，譬如病人，兴师征剿者，针药攻治之方；建县抚辑者，饮食调养之道。徒恃针药之攻治，而无饮食以调养之，岂徒病不旋踵，将元气遏绝，症患愈深，后虽扁鹊、仓公，无所施其术矣。臣等窃以设县移司，实为久安长治之策。伏愿皇上鉴往事之明验，为将来之永图；念事机之不可失，哀民困之不可再；俯采臣等所议，特敕该部早赐施行。及照建县之所，地名和平；以地名县，以为得宜。乞从所奏，并将该设职官印信即与铨选铸给。简员以省费，均地以平徭；移巡司以据险要，宽赋役以苏穷民。如此，则夷险为易，化盗为良，可计日而效。不惟臣等得以幸逃日后之谴责，朝廷亦免再役之勤，百姓永享太平之乐矣。

《王阳明全集》卷 11《别录三》第 388—393 页

卷 16《别录八》

预整操练

案照先经批仰将听调人役，查拘操演，以备征调。即今兵威士气，已觉渐有可观；但诸色人内尚有遗才，亦合通拘操演。看得龙南等县捕盗老人叶秀芳等部下兵众，亦多经战阵；况各役向化日久，皆有竭忠报效之心。但其勇力虽有，而节制未谙；向慕虽诚，而情意未洽；一时调用，亦恐兵违将意，将拂士情，信义既未交孚，心志岂能齐一。为此仰抄案回道，通将所属向化义民人等，悉行查出，照依先行定去分数，行令各选部下骁勇之士，多者二三百人，少者一百人，或五十人，顺从其便，分定班次。各役若无别故，自行统领，或有事故相妨，许令推选亲属为众所服者代领，前来赣城，皆于教场内操演。除耕种之月，放令归农，其余农隙，俱要轮班上操。仍于教场起盖营房，使各有栖息之地；人给口粮，使皆无供馈之劳；效有功勤者，厚加犒赏；违犯约束者，时与惩戒。如此则号令素习，自然如身、臂、手指之便；恩义素行，自然兴父兄子弟之爱；居则有礼，动则有威，以是征诛，将无不可矣。

《王阳明全集》卷16《别录八》第574—575页

咨报湖广巡抚右副都御史秦夹攻事宜

准巡抚湖广都御史秦咨内开："夹攻江西，该分哨道，并把截之路，及各该官军，不无追剿往来过境，必须各给旗号识别，以防错误；凡遇贼势纵横，及攻坚去处，各领哨官即便发兵策应，同舟共济。"又称："各省窝贼之家，今既各有指实，必须从长计处，绝其祸本，以收全功。烦为参酌行止，并将合行事宜咨报，以凭转行各该领兵等官遵守。"等因。准此。

先该本院访得大庾、南康、上犹三县近附，贼巢良民村寨甚多，往年大征，不曾分别善恶，给与良民旗号，及拨兵护守；以致狼、土、官兵贪功妄杀，玉石不分。亦有一二良民村寨，给与旗号，拨兵护守；又被不才领兵官员，并良民寨主，受贼重贿，及将有名贼首隐藏其家，事定仍复还巢，至今贻患。及有吉安府龙泉、万安、泰和三县，并南安府所属大庾等三县居民，无籍者往往携带妻女，入峯为盗；行劫则指引道路，征剿则通报消息，尤为可恶。即今闻有大兵夹攻，俱各潜行回家，遇有盘诘，辄称被虏逃归，因而得脱诛戮。若不通行挨究，将来事定，仍复入巢，地方之患，何时可已？就预行上犹等三县，著落当该掌印官员，查出附近贼巢居民村寨通计若干，图画申报，以凭每寨给与良善旗号，临期拨兵护守，仍取各寨主并地方总甲甘结在官。如有应剿贼徒来投，希图隐匿者，许其擒斩送官，照例重赏；容隐者，事发，一寨之人通行坐以奸细重罪。其大庾、龙泉等六乡，各给告示晓谕乡村里老人等，但有平昔入峯为盗，即今潜出，许其举首，亦行照例给赏；容隐事发，本家并四邻一体坐罪。如此庶良善免于玉石俱焚，而盗贼得以根株悉拔。

俱经牌仰该道遵照施行外。

又据委官知府等官季敩等呈称：依奉本院方略，分兵于上犹、南康等处防遏，被贼两次纠众出攻南安，俱幸我兵克捷。即今贼势略已衰败，若乘此机会，直捣其巢，旬月之间，可期扫荡云云。本院看得三省夹攻事宜，集兵有先后，期约有迟速，如上犹、大庾之贼，江西先与湖广夹攻，止令广东之兵于仁化把截。候广东兵力已齐，听湖广、广东约会夹攻，江西之兵止于大庾把截。通候广东、湖广夹攻已毕，广东之兵移于惠州，江西之兵移于龙南，又行约会夹攻。如此庶先后有序，事机不失，兵力不竭，粮饷可省。又经移咨贵院查照施行外。

今准前因，看得官军过境，必须各给旗号识别，以防错误。攻坚去处，必须各领哨官即便发兵策应，庶得成功。持论既极公平，所处又甚详悉。除行领哨等官遵照施行外，惟守备指挥李璋所呈窝贼之家，传闻之言，未必皆实，已行该道再行查访，务求的实，拔绝祸源。其进攻次第，惟桶冈一处，该与湖广之兵会合；若长流坑、左溪等处，皆深入南安府所属三县腹心之内，见今不次拥众奔冲，势难止遏。本院欲将前项贼巢，以次相机剿扑；候贵治之兵齐集，会合夹攻桶冈。如此则江西腹心之害已除，而二省夹攻之举，得以并力从事。拟合移咨前去，烦为查照定处，咨报施行。

《王阳明全集》卷 16《别录八》第 579—581 页

告谕浰头巢贼 正德十二年五月

本院巡抚是方，专以弭盗安民为职。莅任之始，即闻尔等积年流劫乡村，杀害良善，民之被害来告者，月无虚日。本欲即调大兵剿除尔等，随往福建督征漳寇，意待回军之日剿荡巢穴。后因漳寇即平，纪验斩获功次七千六百有余，审知当时倡恶之贼不过四五十人，党恶之徒不过四千余众，其余多系一时被胁，不觉惨然兴哀。因念尔等巢穴之内，亦岂无胁从之人。况闻尔等亦多大家子弟，其间固有识达事势，颇知义理者。自吾至此，未尝遣一人抚谕尔等，岂可遽尔兴师剪灭；是亦近于不教而杀，异日吾终有憾于心。故今特遣人告谕尔等，勿自谓兵力之强，更有兵力强者，勿自谓巢穴之险，更有巢穴险者，今皆悉已诛灭无存。尔等岂不闻见？

夫人情之所共耻者，莫过于身被为盗贼之名；人心之所共愤者，莫甚于身遭劫掠之苦。今使有人骂尔等为盗，尔必怫然而怒。尔等岂可心恶其名而身蹈其实？又使有人焚尔室庐，劫尔财货，掠尔妻女，尔必怀恨切骨，宁死必报。尔等以是加人，人其有不怨者乎？人同此心，尔宁独不知；乃必欲为此，其间想亦有不得已者，或是为官府所迫，或是为大户所侵，一时错起念头，误入其中，后遂不敢出。此等苦情，亦甚可悯。然亦皆由尔等悔悟不切。尔等当初去从贼时，乃是生人寻死路，尚且要去便去；今欲改行从善，乃是死人求生路，乃反不敢，何也？若尔等肯如当初去从贼时，拼死出来，求要改行从善，我官府岂有必要杀汝之理？尔等久习恶毒，忍于杀人，心多猜疑。岂知我上人之心，无故杀一鸡犬，尚且不忍；况于人命关天，若轻易杀之，冥冥之中，断有还报，殃祸及于子孙，何苦而必欲为此。我每为尔等思念及此，辄至于终夜不能安寝，亦无非欲为尔等寻一生路。惟是尔等冥顽不化，然后不得已而兴兵，此则非我杀之，乃天杀之也。今谓我全无杀尔之心，亦是诳尔；若谓我必欲杀尔，又非吾之本心。尔等今虽从恶，其始同是朝廷赤子；譬如一父母同生十子，八人为善，二人背逆，要害八人；父母之心须除去二人，然后八人得以安生；均之为子，父母之心何故必欲偏杀二子，不得已也；吾于尔等，亦正如此。若此二子者一旦悔恶迁善，号泣投诚，为父母者亦必哀悯而收之。何者？不忍杀其子者，乃父母之本心也；今得遂其本心，何喜何幸如之；吾于尔等，亦正如此。

闻尔等辛苦为贼，所得苦亦不多，其间尚有衣食不充者。何不以尔为贼之勤苦精力，而用之于耕农，运之于商贾，可以坐致饶富而安享逸乐，放心纵意，游观城市之中，优游田野之内。岂如今日，担惊受怕，出则畏官避仇，入则防诛惧剿，潜形遁迹，忧苦终身；卒之身灭家破，妻子戮辱，亦有何好？

尔等好自思量，若能听吾言改行从善，吾即视尔为良民，抚尔如赤子，更不追咎尔等既往之罪。如叶芳、梅南春、王受、谢钺辈，吾今只与良民一概看待，尔等岂不闻知？尔等若习性已成，难更改动，亦由尔等任意为之；吾南调两广之狼达，西调湖、湘之土兵，亲率大军围尔巢穴，一年不尽至于两年，两年不尽至于三年。尔之财力有限，吾之兵粮无穷，纵尔等皆为有翼之虎，谅亦不能逃于天地之外。

呜呼！吾岂好杀尔等哉？尔等苦必欲害吾良民，使吾民寒无衣，饥无食，居无庐，耕无牛，父母死亡，妻子离散；吾欲使吾民避尔，则田业被尔等所侵夺，已无可避之地；欲使吾民贿尔，则家资为尔等所掳掠，已无可贿之财；就使尔等今为我谋，亦必须尽杀尔等而后可。吾今特遣人抚谕尔等，赐尔等牛酒银两布匹，与尔妻子，其余人多不能通及，各与晓谕一道。尔等好自为谋，吾言已无不尽，吾心已无不尽。如此而尔等不听，非我负尔，乃尔负我，我则可以无憾矣。呜呼！民吾同胞，尔等皆吾赤子，吾终不能抚恤尔等而至于杀尔，痛哉痛哉！兴言至此，不觉泪下。

《王阳明全集》卷16《别录八》第593—595页

进剿浰贼方略

照得抚属龙川县地名浰头积年老贼池大鬓等，不时纠众突出河源、翁源、安远、龙南、信丰等处，攻打城池，杀掳人口。先年亦尝征剿，皆因预失防御，以致漏网；后虽阳为听招，其实阴图不轨，班师未几，肆出劫掠，数年以来，民受荼毒，控告纷纭，有不忍言；若不趁时计剿，地方何以宁谧？为此仰钞案回道，会同分守守备等官，即行该府知府陈祥，速将合用粮饷等项，一面从长议处、一面即于所属选集精壮骁勇曾经战阵机快兵壮人等三千名，少或二千名，各备锋利器械，编成队伍，坐委素能谋勇官员统领。一面密行龙川、河源等附近贼巢等县，亦各选募惯战杀贼兵快二千名，委官分押督同近巢知因、被害义官、新民头目人等，分截要路；就仰知府陈祥总督诸军，亲至贼巢去处，指画方略，克期进剿。仍行先取知因乡导数十人，令其备将贼巢道路险易，画图贴说：要见某处平坦，人马可以直捣；某处险阻，可以把截；某处系贼必遁之路，可以设伏邀击；某处贼所不备，可以间道扑掩。各要一一详察停当，务尽机宜，具由连图差人马上赍报。以凭差官赍执令旗令牌，克期并力进攻，必使根株悉拔，噍类无遗，以靖地方。

《王阳明全集》卷16《别录八》第596页

克期进剿牌 正德十三年正月

案照浰头老贼池大鬓等，不时纠众攻打城池，杀掳人口，屡征屡叛，近年以来，阴图不轨，恶焰益炽。除将贼首池仲容设计擒获外，其余在巢贼党，若不趁机速剿，不无祸变愈大，地方何由安息。本院已先密切分布哨道，行仰知府陈祥统领典史姚思衡、驿丞何春、巡检张行、报效生员陈经世、新民卢琢等官军，从何平入攻热水巢，五花障巢，铁石障巢，直捣中浰大巢。知府邢珣统领知县王天与，典史梁仪，并老人叶秀芳、黄启济，义官吴明等官兵，从太平入攻芳竹湖巢、白沙巢、黄田坳巢、中村巢，直捣上浰大巢。指挥姚玺统领新民梅南春等兵，从乌虎镇入攻淡方巢、石门由巢，直捣岑冈大巢。指挥余恩统领百长王受、黄金巢等兵，从龙子岭入攻溪尾巢、塘涵洞巢、古地巢、空背巢、直捣下浰大巢。千户孟俊统领义官陈英、郑志高、新民卢琢等官兵，从和平入攻平地水巢、大门山巢、黄狗坳巢，直捣中浰大巢。推官危寿统领义民叶芳，百长孙洪舜等官兵，从南步入攻脱头石巢、镇里寨巢、羊角山巢，直捣中浰大巢。知府季敩兵，从信丰县黄田冈入攻新山径巢、古地巢。县丞舒富兵，从信丰县乌径入攻旗岭巢、顿冈巢。及行仰守备指挥郑文，监督指挥姚玺、余恩，千户孟俊等三哨官兵，分路进剿。本院亦自行督领帐下随征官属兵快人等，从冷水直捣下浰大巢，亲自督战，刻期俱于本年正月初七日寅时四路并进外。牌仰兵备副使杨璋，不妨本道事务，遵照本院钦奉敕谕事理，前去军前，纪验功次，处置粮饷，及行催督各哨官兵，依期进剿，所获功次，务要审验明白，从实纪录。仍候巡按纪功御史至日覆实，照例造册奏缴。及造清册一本，送院查考。其军中一应进止机宜，俱仰密切呈来定夺。

《王阳明全集》卷16《别录八》第597—598页

卷17《别录九》
颁定里甲杂办

据龙南县申称："先年里甲使用，俱系丁粮分派，照日应当，以致多寡不均；要将正德十六年里甲通行查审，除逃绝人丁外，将一年使用，春秋祭祀，军需岁报，使客夫马等项，俱于丁粮议处，每石出银若干，陆续称收贮库；推举老人，公同里长，使用注簿，傥有余剩，照多寡给还。"等因到院。簿查，先该赣州府知府盛茂，同知夏克义议过赣县里长额办杂办，已经批仰岭北道再加酌议。

续据副使王度呈称："查算本县额办使用，该银三千七百三十一两七分二厘四毫九丝；原辖里长一百一十里内除十里逃绝，止有一百里；十六年分每粮一石算一分，人丁二丁算一分，一年丁粮共该一千一百二十六分半，每分该出银三两三钱一分二厘一毫一丝一忽；合行该县印钤收银文簿一扇，将各都该办银两，分为二次查追贮库；又置文簿二扇，一写本县支出数目，一发支用人役注附；每月选有行止老人二名，公同直日里长，赴县支领；每月备具用过揭帖三本，一送都察院，一分巡道，一本府，各不时稽察，年终羡余，并听上司查处，以补无名征需，府县不得擅支。仍将各里该纳分数，刷印告谕，遍张乡村晓谕；如有官吏额外科派，及收银人役多取火耗秤头，并里甲恃顽不办，许各呈告，以凭拿问，呈乞照详。又经批仰照议即行该县，永永查照，仍备刻告示，遍行晓谕；及多行刷印，颁给各里收照，以妨后奸。"

今申前因，看与本院新定则例相同，及照宁都等九县，及南安所属大庚等县事体民情，当不相远，合就通行查编。为此仰抄案回道，即便速行各县，俱查本院近定规则，各照丁粮多寡，派编银两，追收贮库，选委行止端实老人，公同该日里长支用，置簿稽察，刊榜晓谕，禁约事宜，悉照原议施行。敢有违犯者，就便拿问呈详。通取各县派定过缘由，类报查考。

《王阳明全集》卷 17《别录九》第 641—642 页

卷 20《外集二》

桶冈和邢太守韵二首

处处山田尽人畬，可怜黎庶半无家。兴师正为民痍甚，陡险宁辞鸟道斜！胜世真如瓴水建，先声不碍岭云遮。穷巢容有遭驱胁，尚恐兵锋或滥加。

戡乱兴师既有名，挥戈真已见风行。岂云薄劣能驱策？实仗皇威自震惊。烂额尚惭为上客，徙薪尤觉费经营。主恩未报身多病，旋凯须还陇上耕。

《王阳明全集》卷 20《外集二》第 784 页

茶寮纪事

万壑风泉秋正哀，四山云雾晚初开。不因王事兼程入，安得闲行向北来？登陟未妨安石兴，纵擒徒羡孔明才。乞身已拟全师日，归扫溪边旧钓台。

《王阳明全集》卷 20《外集二》第 787 页

回军九连山道中短述

百里妖氛一战清，万峰雷雨洗回兵。未能干羽苗顽格，深愧壶浆父老迎。莫倚谋攻为上策，还须内治是先声。功微不愿封侯赏，但乞蠲输绝横征。

《王阳明全集》卷 20《外集二》第 787—788 页

回军龙南小憩玉石岩双洞绝奇徘徊不忍去因寓以阳明别洞之号兼留此作三首

甲马新从鸟道回，览奇还更陟崔嵬。寇平渐喜流移复，春暖兼欣农务开。

两窦高明行日月，九关深黑闭风雷。投簪最好支茅地，恋土犹怀旧钓台。

洞府人寰此最佳，当年空自费青鞋。麾幢旖旎悬仙仗，台殿高低接纬阶。天巧固应非斧凿，化工无乃太安排？欲将点瑟携童冠，就揽春云结小斋。

阳明山人旧有居，此地阳明景不如。但在乾坤俱逆旅，曾留信宿即吾庐。行窝已许人先号，别洞何妨我借书。他日巾车还旧隐，应怀兹土复乡闾。

《王阳明全集》卷 20《外集二》第 788 页

再至阳明别洞和邢太守韵二首

春山随处款归程，古洞幽虚道意生。涧壑风泉时远近，石门萝月自分明。林僧住久炊遗火，野老忘机罢席争。习静未缘成久坐，却惭尘土逐虚名。

山水平生是课程，一淹尘土遂心生。耦耕亦欲随沮溺，七纵何缘得孔明？吾道羊肠须蠖屈，浮名蜗角任龙争。好山当面驰车过，莫漫寻山说避名。

《王阳明全集》卷 20《外集二》第 788 页

卷 24《外集六》

谕俗四条 丁丑

为善之人，非独其宗族亲戚爱之，朋友乡党敬之，虽鬼神亦阴相之。为恶之人，非独其宗族亲戚恶之，朋友乡党怨之，虽鬼神亦阴殛之。故"积善之家，必有余庆，积不善之家，必有余殃"。

见人之为善，我必爱之。我能为善，人岂有不爱我者乎？见人之为不善，我必恶之；我苟为不善，人岂有不恶我者乎？故凶人之为不善，至于陨身亡家而不悟者，由其不能自反也。

今人不忍一言之忿，或争铢两之利，遂相构讼。夫我欲求胜于彼，则彼亦欲求胜于我；仇仇相报，遂至破家荡产，祸贻子孙。岂若含忍退让，使乡里称为善人长者，子孙亦蒙其庇乎？

今人为子孙计，或至谋人之业，夺人之产；日夜营营，无所不至。昔人谓为子孙作马牛，然身没未寒，而业已属之他人；仇家群起而报复，子孙反受其殃。是殆为子孙作蛇蝎也。吁，可戒哉！

《王阳明全集》卷 24《外集六》第 961 页

卷 25《外集七》
平浰头碑 丁丑

四省之寇，惟浰尤黠，拟官僭号，潜图孔亟。正德丁丑冬，峯、瑶既殄，益机险阴毒，以虞王师。我乃休士归农。戊寅正月癸卯，计擒其魁，遂进兵击其懈。丁未，破三浰，乘胜归北。大小三十余战，灭巢三十有八，俘斩三千余。三月丁未，回军。壶浆迎道，耕夫遍野，父老咸欢。农器不陈，于今五年。复我常业，还我室庐，伊谁之力？赫赫皇威，匪威曷凭？爰伐山石，用纪厥成。提督军务都御史王某书。

《王阳明全集》卷 25《外集七》第 993 页

卷 25《外集七》
祭浰头山神文 戊寅

维正德十三年戊寅，二月十五日甲申，提督军务都御史王某谨以刚鬣柔毛，昭告于浰头山川之神。

惟广谷大川，阜财兴物，以域民畜众。故古者诸侯祭封内山川，亦惟其有功于民。然地灵则人杰，人之无良，亦足以为山川之羞！兹土为盗贼所盘据且数十年，远近之称浰头者，皆曰贼巢，耻莫大焉，是岂山川之罪哉？虽然，清洌之井，粪秽而不除，久则同于厕溷矣；丹凤之穴，鸱狐聚而不去，久则化为妖窟矣。粪秽之所，过者掩鼻；妖孽之窟，人将持刃燔燎，环而攻之。何者？其积聚招致使然也。诚使除其粪秽，刮剗涤荡，将不终朝而复其清洌。鸱狐逐而鸾凤归，妖孽之窟还为孕祥育瑞之所矣。今兹土之山川，亦何以异于是？

守仁奉天子明命，来镇西陲。愤浰贼之凶悖，民苦荼毒，无所控吁，故迩者计擒渠魁，提兵捣其巢穴。所向克捷，动获如志。斯固人怨神怒，天人顺应之理，将或兹土山川之神厌恶凶残，思欲洗其积辱，阴有以相协，假手于予。今驻兵于此弥月余旬，虽巢穴悉已扫荡，擒斩十且八九，然漏殄之徒，尚有潜逃，小民不能无怨于山川之神为之逋逃主萃渊薮也。今予提兵深入，岂独除民之害，亦为山川之神雪其耻。夫安旧染，弃新图，非中人之情，而况于鬼神乎？今此残徒，势穷力屈，亦方遣人投招，将顺而抚之，则虑其无革心之诚，复遗患于日后；逆而弗受，又恐其或出于诚心，杀之有不忍也。神其阴有以相协，使此残寇而果诚心邪，即阴佑其衷，俾尽携其党类，自缚来投，若水之赴壑，予将堤沿停畜之。如其设诈怀奸，即阴夺其魄，张我军威，风驰电扫，一鼓而歼之。兹惟下民之福，亦惟神明之休。坛而祀之，神亦永永无祚。惟神实鉴图之！尚飨！

《王阳明全集》卷25《外集七》第999—1000页

卷28《续编三》

教场石碑

正德丁丑，瑶寇大起，江、广、湖、郴之间，骚然且四三年矣。于是三省奉命会征。乃十月辛亥，予督江西之兵，自南康入。甲寅，破横水、左溪诸巢，贼败奔。庚辛，复连战，贼奔桶冈。十一月癸酉，攻桶冈，大战西山界。甲戌，又战，贼大溃。丁亥，尽殪之。凡破巢八十有四，擒斩三千余，俘三千六百有奇，释其胁从千有余众。归流亡，使复业。度地居民，凿山开道，以夷险阻。辛丑，师旋。于乎！兵惟凶器，不得已而后用。刻茶寮之石，匪以美成，重举事也。

戊寅正月癸卯，计擒其魁，遂进兵击其懈。丁未，破三浰，乘胜追北。大小三十余战，灭巢三十有八，俘斩三千余。三月丁未，回军。壶浆迎道，耕夫遍野，父老咸欢。农器不陈，于今五年。复我常业，还我室家，伊谁之力？四省之寇，惟浰尤黠，拟官僭号，潜图孔蒸。正德丁丑冬，搴贼既殄，益机险阱毒，以虞王师，我乃休士归农。赫赫皇威，匪威曷凭。爰伐山石，用纪厥成。

《王阳明全集》卷28《续编三》第1083页

卷30《续编五》

申明便宜敕谕 七月二十一日

节该钦奉敕:"广东清远、从化、后山等处,与尔所辖南、韶等府,壤地相接,事体互相有关。近该彼处镇巡官奏称,盗贼生发,师行有日,如遇彼处行文征兵协剿,亦要随即发兵前去防剿应援,以收全功。毋得自分彼此,致失事机,钦此。"钦遵。照得南雄府界连南赣大庾、信丰、龙南等县,而惠州、河源、兴宁亦各逼近贼巢,俱系紧关,奔遁潜匿之处,进攻防截之路。访得前贼为患日久,虽奉成命征兵协剿,诚恐贼计狡猾诈变,东追则西窜,南捕则北奔,若不早为查处,未免有误军机。为此仰抄案回司,会同三司掌印,及各该守巡、兵备等官,上紧调集兵粮,听候克期防剿,并将应剿贼巢,通行查出。行拘熟知地利险易乡导,责令画图贴说。要见某处贼巢,连近某处乡落;某巢界抵某处,系是良善村寨,某处系是善恶相兼;某处平坦,可以直捣;某处险阻,可以把截;某处系贼必遁之路,可以设伏邀击;某处贼所不备,可以间道掩扑;何处官军可以起调,何官可以委用,可以监统;粮饷何处措办,住扎何处;听候各要查处停当,备由马上差人飞报本院,以凭遵照钦奉敕谕,与各该镇巡官计议而行。其有军中一应进止机宜,亦要明白呈报,毋分彼此,致有疏虞。国典具存,罪难容恕。仍呈总督、镇守、巡按衙门知会。

《王阳明全集》卷30《续编五》第1141—1142页

犒赏新民牌 七月二十八日

据招抚新民张仲全、陈顺珠等呈,解擒斩贼首池满仔、屠天佑等八名颗到院。为照张仲全等,始能脱离恶党,诚心向善,已为可取。又能擒斩叛贼,立功报效,即其忠勇,尤足嘉尚。所据张仲全合升授以百长,陈顺珠合升为总甲,各给银牌,以酬其功。其兵众三百余人,皆能齐心协力,擒捕叛贼,俱合犒赏。为此牌差百户周芳前去龙南县,着落当该官吏,即将赍去银牌给与张仲全、陈顺珠,牛酒及赏功银两,照数给与部下有功兵众。仍仰督同张仲全等,整束部下兵众,会同王受、郑志高等并力夹剿残贼,务要尽数搜擒,照例从重给赏。其屠天佑手下走散兵夫,原由牵引哄诱,皆可免死。仍仰张仲全遣人告谕,但能悔恶来归,仍与安插。或能擒斩同伙归投者,准其赎罪,仍与给赏。各役俱听推官危寿等节制调度,务要竭忠尽力,愈加奋勇,期收全功,以图报称。

《王阳明全集》卷 30《续编五》第 1142—1143 页

卷 32 《年谱一》

十有三年戊寅,先生四十七岁,在赣。

正月,征三浰。

与薛侃书曰:"即日已抵龙南,明日入巢,四路皆如期并进,贼有必破之势矣。向在横水,尝寄书仕德云:'破山中贼易,破心中贼难。'区区剪除鼠窃,何足为异?若诸贤扫荡心腹之寇,以收廓清平定之功,此诚大丈夫不世之伟绩。数日来,谅已得必胜之策,奏捷有期矣,何喜如之!梁日孚、杨仕德诚可与共学。廨中事累尚谦。小儿正宪,犹望时赐督责。"时延尚谦为正宪师,兼倚以廨中政事,故云。

二月,奏移小溪驿。

小溪驿旧当南康、南安中。丙子,大庾峰山里民惧贼仇杀,自愿筑城为卫。至是年二月,奏移驿其中。

三月,疏乞致仕,不允。以病也。

袭平大帽、浰头诸寇。

先生议攻取之宜,先横水,次桶冈,次与广东徐图浰头。方进兵横水时,恐浰头乘之,乃为告谕,颇多感动。惟池仲容曰:"我等为贼非一年,官府来招非一次，告谕何足凭？待金巢等无事，降未晚也。"金巢等至，乃释罪，推诚抚之，各愿自投。于是择其众五百人从征横水。横水既破，仲容等始惧，遣其弟池仲安来附，意以缓兵。先生觉之。比征桶冈，使截路上新地，以迂其归，内严警备，外若宽假。被害者皆言池氏凶狡，两经夹剿无功。其曰："狼兵易与耳，调来须半年，我避不须一月。"谓来不能速，留不能久也。咸请济师，不从。乃密画方略，使各归部集，候期遏贼。及桶冈破，贼益惧，私为战守之备。复使人赐酋牛酒，以察其变。贼度不可隐，诈称龙川新民卢珂、郑志高等将行掩袭，故豫为防，非虞官兵也。佯信之，因怒珂等擅兵仇杀，移檄龙川，使廉实，将伐木开道讨之。贼闻且信且惧，复使来谢。会珂等告变，先生欲藉珂以绐三浰，密语珂曰："吾姑毁状，汝当再来；来则受杖三十，系数旬，乃可。"珂知，既喜诺。先生复授其意参随，密示行杖人，令极轻。至是假怒珂，数罪状，且将逮其属尽斩之。而阴纵其弟集兵。先生先期召巡捕官，佯曰："今大征已毕，时和年丰，可令民家盛作鼓乐、大张灯会乐之，亦数十年一奇事也。"又曰："乐户多住龟角尾，恐招盗，曷迁入城来。"于是街巷俱然灯鸣鼓。已旬余，又遣指挥余恩及黄表颁历三浰，推心招徕之。时仲容等疑先生图己，既得历，稍安。黄表辈从容曰："若辈新民，礼节生疏，我来颁历，若可高坐乎？"于是仲容率其党九十三人，皆悍酋，来营教场，而自以数人入见。先生呵曰："若皆吾新民，不入见而营教场，疑我乎？"仲容惶恐曰："听命耳。"即遣人引至祥符宫，见物宇整洁，喜出望外。是时十二月二十三也。先生既遣参随数人馆伴，复制青衣油靴，教之习礼，以察其志意所向。审其贪残终不可化，而士民咸诟于道曰："此养寇贻害。"先生复决歼魁之念矣。逾日辞归，先生曰："自此至三浰八九日，今即往，岁内未必至家；即至，又当走拜正节，徒自取劳苦耳。闻赣州今岁有灯，曷以正月归乎？"数日，复辞，先生曰："正节尚未犒赏，奈何？"初二日，令有司大烹于宫，以次日宴。是夕，令龙光潜入甲士，诘旦，尽歼之。先生自惜终不能化，日已过未刻，不食，大眩晕，呕吐。先时尝密遣千户孟俊督珂弟，集兵以防其变，及是夜将半，自率军从龙南、冷水直捣下浰。贼故阻水石，错立水中。先生蹑屐先行，诸军继之，无溺者。门坚甚。先生摘百人，卷旗持炮火，缘后山登。须臾，后山炮火四发，旗帜满山，守者狼顾，门遂破。时正月七日丁未也。兵备副使杨璋，守备指挥郑文，知府陈祥、邢珣、季敩，推官危寿，指挥余恩、姚玺，县丞舒富皆从。凡破巢三十有八，擒斩贼首五十八，从贼二千余，余奔九连山往议。九连山横亘数百里，四面陡绝，须半月始达，而贼已据险。先生选精锐七百余，皆衣贼衣，佯奔溃，乘暮至贼崖下。贼下招之，我兵佯应。既度险，扼其后路。次日，从上下击，西路伏起，一鼓擒之。抚其降酋张仲全等二百余人。视地里险易，立县置隘，留兵防守而归。

先生未至赣时，已闻有三省夹攻之议。即谓"夹攻大举，恐不足以灭贼"，乃进《攻治疏》。谓："朝廷若假以赏罚，使得便宜行事，动无掣肘，可以相机而发，一寨可攻，则攻一寨，一巢可扑，则扑一巢。量其罪恶之浅深，而为剿抚之先后，则可以省供馈征调之费。日剪月削，渐尽灰灭。此则如昔人拔齿之喻，齿拔而儿不觉者也。若欲夹攻以快一朝之忿，则计贼二万，须兵十万，积粟料财，数月而事始集。兵未出境，贼已深逃，锋刃所加，不过老弱胁从之辈耳。况狼兵所过，不减于盗。近年江西有姚源之役，福建有汀、漳之寇，府江之师，方集于两广，偏桥之讨，未息于湖、湘，若复加以大兵，民将何以堪命？此则一拔去齿，而儿亦随毙者也。"是疏方上，而夹攻成命已下矣。先生又以为夹攻之策，名虽三省大举，其实举动次第，自有先后。如江西之南安，有上犹、大庾、桶冈等处贼巢，与湖广桂东、桂阳接境，夹攻之举，止宜江西与湖广会合，而广东于仁化县要害把截，不与焉。赣州之龙南，有浰头贼巢，与广东龙川接境，夹攻之举，止宜江西与广东会合，而湖广不与焉。广东乐昌、乳源贼巢，与湖广宜章县接境；惠州贼巢，与湖广临武县接境；仁化县贼巢，与湖广桂阳县接境；夹攻之举，止宜湖广、广东二省会合，而江西于大庾县要害把截，不与焉。若不此之察，必欲通待三省兵齐，然后进剿，则老师费财，为害匪细矣。今并力于上犹也，则姑遣人佯抚乐昌诸贼，以安其心。彼见广东既未有备，而湖广之兵又不及己，乃幸旦夕之生，必不敢越界以援上犹。及上犹既举，而湖广移兵以合广东，则乐昌诸贼其势已孤。二省兵力益专，其举益易，当是之时，龙川贼巢相去辽绝，自以为风马牛不相及，彼见江西之兵又撤，意必不疑。班师之日，出其不意，回军合击，蔑有不济者矣。疏上，朝廷许以便宜行事。桶冈既灭，湖广兵期始至。恐其徒劳远涉，即奖励统兵参将史春，使之即日回军，及计斩浰头，广东尚不及闻。皆与前议合。

四月，班师，立社学。

《王阳明全集》卷 32 《年谱一》第 1255—1259 页

卷 37 《世德纪》

阳明先生行状　黄绾

浰头贼酋池大鬓等闻横水诸巢皆破，始惧加兵，乃遣其弟池仲安等率老弱二百余，徒赴军门投降，随众立效，意在缓兵，因窥虚实，乘间内应。公逆知其谋，乃阳许之。及进攻桶冈，使领其众截路于上新地以远其归途。十一月，池大鬓等闻复破桶冈，益惧，为战守备。公使人赐各酋长牛酒，以察其变。贼度不可隐，诈称龙川新民卢珂等将掩袭之，是密为之防，非虞官兵也。亦阳信其言，因复阳怒卢珂等擅兵仇杀，移檄龙川，使廉其实；且趣伐木开道，将回兵浰头，取道往征之。贼闻之，且喜且惧。卢珂、郑志高、陈英者，皆龙川旧招新民，有众三千余，为池大鬓所胁，而三人者独深忌之，乃来告变。云池大鬓僭号设官，及以伪授卢珂等金龙霸王官爵印信来首。公先已谍知其事，乃复阳怒，不信，遂械系卢珂，而使人密谕其意。珂遂遣人归集其众，待时而发。又使人往谕池大鬓，且密购其所亲信头目二十人，阴说之同部下百八十人使自来投诉。还赣，乃张乐大享将士，下令城中散兵，使各归农，示不复用。贼众皆喜，遂弛其备。池大鬓等乃谓其众曰："若要伸，先用屈。赣州伎俩，亦须亲往勘破。"率其麾下四十人自诣赣。公使人探知池大鬓已就道，密遣人先行属县，勒兵分哨，候报而发。又使人督集卢珂等兵，俱至，令所属官寮以次设羊酒，日犒池大鬓等，以缓其归。会正旦之明日，复设犒于庭，先伏甲士，引池大鬓入，并其党悉擒之。出卢珂等所告状，讯鞫皆伏，置于狱斩之。夜使人趋发属县兵，期以初七日入巢。诸哨兵皆从各径道以入；自率帐下官兵，从龙南县冷水直捣下浰大巢，与各哨兵会于三浰。先是贼徒得池大鬓报，谓赣州兵已罢归，皆已弛备，散处各巢。至是骤闻官兵四路并进，皆惊惧，分投出御；悉其精锐千余据险设伏，并势迎敌于龙子岭。我兵聚为三冲，犄角而前，大战良久，贼败。复奋击数十合，遂克上、中、下三浰。各哨官兵遥闻三浰大巢已破，皆奋勇齐进，各贼溃败。

遂进攻九连山。于是选精锐七百余人，皆衣所得贼衣，佯若奔溃者，乘暮直冲贼所，据崖下涧道而过。贼以为各巢败散之党，皆从崖下招呼。我兵亦佯应之。贼疑，不敢击。已度险，遂断其后路。次日，贼始知为我兵，并势冲敌。我兵已据险，从上下击，贼不能支。公度其必溃，预令各哨官兵四路设伏以待。贼果潜遁，邀击而悉俘之，前后擒斩首级无算，俘获男妇牛马器仗什物不可胜计。余党张仲全等二百余人，及远近村寨，一时为贼所驱，从恶未久者，势穷计迫，聚于九连谷口呼号痛哭，诚心投降。遣邢珣验实，量加责治，籍其名数，悉安插于白沙。相视险易，经理立县设隘可以久安长治之策，留兵防守而归。赣人皆戴香遮道而迎，为立生祠，又家肖其像，而岁时祭祷。

《王阳明全集》卷 37《世德纪》第 1433—1434 页

卷 38《世德纪·附录》

阳明先生平浰头记　费宏

惠之龙川，北抵赣，其山谷贼巢，亡虑数百，而浰头最大。浰之贼肆恶以毒吾民者，亡虑数千，而池仲容最著。仲容之放兵四劫，亡虑数十年，而龙川、翁源、始兴、龙南、信丰、安远、会昌以迩巢受毒无数。

正德丁丑之春，信丰复告急于巡抚都御使王公伯安，召诸县苦贼者数十人问何以攻之。皆谓非多集狼兵弗济。又谓狼兵亦尝再用矣，竟以招而后定。公曰："盗以招蔓，此顷年大弊也，吾方惩之。且兵无常势，奚必狼而后济耶？若等能为吾用，独非兵乎！"乃与巡按御史屠君安卿、毛君鸣冈合疏以剿请；又请重兵权，肃军法，以一士心。诏加公提督军务，赐之旗牌，听以便宜区画，惟功之有成，不限以时。

时横水、桶冈盗亦起，而视浰为急。公议先攻二峒，乃会兵以图浰。凡军中筹画，多谘之兵备副使杨君廷宜，请募诸县机兵，而以其佣募新民之任战者，取赎金储谷、盐课以饷之，而兵与食足焉。

二峒之攻，虑仲容乘虚以扰我也，谋伐其交，使辨士周祥等谕其党黄金巢等，得降者五百人，藉以为兵。仲容独愤不从。冬初，闻横水破，始惧，使弟仲安率老弱三百人来图缓兵，且我觇之。公阳许之，使据上新地以遏桶冈之贼，而实迟其归图。

阅月，仲容闻桶冈破，益惧，为备益严。公使以牛酒谰之。贼度不可隐，则曰："卢珂、郑志高、陈英吾仇也，恐其见袭而备之耳。"珂等皆龙川归顺之民，有众三千，仲容胁之不可，故深仇之。公方欲以计生致仲容，乃阳檄龙川卢珂等构兵之实，若甚恐焉。趋利刊木且假道以诛珂党。十二月望，珂等各来告仲容必反。公复怒其诬构，叱收之，阴谕意向，使遣人先归集众。

时兵还自桶冈，公合乐大飨，散之归农，示不复用。使仲安亦领众归。又遣指挥余恩谕仲容毋撤备以防珂党。仲容益喜，前所辩士因说之亲诣公谢，且曰："往则我公信尔无他，而诛珂等必矣。"仲容然，率四十人来见。公闻其就道也，密饬诸县勒兵分哨。又使千户孟俊伪持一檄经浰巢，宣言将拘珂党，实督集其兵也。贼导俊出境不复疑。

闰十二月下弦，仲容既至赣，是夕释珂等驰归。縻仲容，令官属以次飨犒。明年正月癸卯朏，公度诸兵已集，引仲容入，并其党擒之。出珂等所告，讯鞫具状，亟使人约诸兵入巢。

越四日丁未，同时并进：其军于龙川者，惠州知府陈祥，率通判徐玑，从和平都入；指挥姚玺率新民梅南春等，从乌龙镇入；孟俊率珂等从平地水入。军于龙南者，赣州知府邢珣率同知夏克义、知县王天与等，从太平堡入；推官危寿率义民叶芳等，从南平入；守备指挥郑文率义民孙洪舜等从冷水迳入；余恩率百长王受等，从高砂堡入。军于信丰者，南安知府季敩率训导蓝铎等，从黄田冈入；县丞舒富率义民赵志标等，从乌迳入。公自率中坚督文捣下浰大巢。副使君督余哨会于三浰。贼党自仲容至赣，备已弛矣，至是闻官军骤入，皆惊失措。乃分投出御，而悉其精锐千余迎敌于龙子岭。我兵列为三冲，犄角而前。恩以受兵，首与贼战，却之。奋追里许，贼伏四起，击受后。寿乃以方兵鼓噪往援，俊复以珂等兵从旁冲击，呼声震山谷，贼大败而溃。遂并上、中二浰克之。各哨兵乘胜奋击，是日遂破巢十一：曰热水，曰五花障，曰淡方，曰石门，曰上下陵，曰芳竹湖，曰白沙，曰曲潭，曰赤塘，曰古坑，曰三坑。

明日探贼所奔，分道急击。己酉破巢凡六：曰铁石障，曰羊角山，曰黄田坳，曰岭冈，曰塘舍冈，曰溪尾。庚戌破巢凡二：曰大门山，曰镇里寨。辛亥破巢凡九：曰中村，曰半迳，曰都坑，曰尺八岭，曰新田迳，曰古地，曰空背，曰旗岭，曰顿冈。癸丑破巢凡四：曰狗脚坳，曰水晶洞，曰五洞，曰蓝州。丙辰破巢凡二：曰风盘，曰茶山。

其奔者尚八百余徒，聚于九连山，山峻而袤广，与龙门山后诸巢接。公虑以兵进逼，其势必合，合难制矣。乃选锐士七百余人衣所得贼衣，若溃而奔，取贼所据崖下涧道乘暮而入。贼以为其党也，从崖下招呼。我兵亦佯与和应，已度险，扼其后路。明日贼始觉，并力求敌，我兵从高临下击败之。公度其必溃也，预戒各哨设伏以待。乙丑覆之于五花障，于白沙，于银坑水。丁卯覆之于乌龙镇，于中村，于北山，于风门奥。

分逃余孽尚三百余徒，各哨乃会兵追之。二月辛未，复与战于和平。甲戌战于上坪、下坪。丁丑战于黄田坳，辛巳战于铁障山。癸未战于乾村，于梨树。乙酉战于芳竹。壬辰战于百顺，于和峒。乙未战于水源，于长吉，于天堂寨。谍报各巢之稔恶者盖几尽矣，惟胁从二百余徒聚九连谷山，呼号乞降。公遣珣往抚之，籍其处之白沙。

公率副使君乃即祥应和平，相其险易，经理立县设隘，庶几永宁，遂班师而归，盖戊寅三月丁未也。凡所捣贼巢三十八，所擒斩贼酋二十九人，中酋三十八人，从贼三千六十八人，俘贼属男妇八百九十人，卤获马牛器仗称是。是役也，以力则兵仅数千，以时则旬仅六夹，遂能灭此凶狡稽诛之虏，以除三徼数十年之大患，其功伟矣。

捷闻，有诏褒赏，官公之子世锦衣百户副使君加俸一秩。于是邢侯、夏侯、危侯偕通判文侯运、吴侯昌谓公兹举足以威不轨而昭文德，不可以无传也，使人自赣来请余书其事。

嗟乎！佳兵者不祥之器，王公用儒者谋谟之业，概而乃躬擐甲胄，率先将士，下上山谷，与死寇角胜争利，出于万死。而公平日岂习杀伐之事而贪取摧陷之功以为快哉？顾盗之与民不容并育，譬则莠骄害稼，而养之弗薅，从虎狼之狂噬，而听孽牧之衰耗，此不仁者所不忍为，而公亦必不以不仁自处也。公之心，予知之，公之功则播之天下，传之后世，何俟予之书之也。然而人知渠魁之坐缚，凶孽之荡平，以为成功如此之易，而不知公之筹虑如此其密，建请如此其忠，上之所以委任如此其专，副使君之所赞佐如此其勤，文武将吏之所以奔走御侮如此其劳，而功之成所以如此其不易，是则不可以不书也。予故为备书之，以昭示赣人，庶其无忘，且有考焉。

《王阳明全集》卷38《世德纪·附录》第1499页—1503页

卷 39《补录一》

上大人书二 正德十三年

寓赣州男王守仁百拜书上父亲大人膝下：

久不得信，心切悬悬，间有乡人至者，略问消息，审知祖母老大人、大人下起居万福，稍以为慰。男自正月初四出征浰贼，三月半始得回军。赖大人荫庇，盗贼略已应定。虽有残党百余，皆势穷力屈，投哀告招，今亦姑顺其情，抚定安插之矣。所恨两广府江诸处苗贼，往年彼处三堂，虽屡次征剿，然贼根未动，旋复昌炽。今阅彼又大起，若彼中兵力无以制之，势必摇动远近，为将来之忧。况兼时事日艰，隐忧日甚，昨已遣人具本乞休，要在必得乃已。男因贼巢瘴毒，患疮疠诸疾，今幸稍平，数日后亦将遣人归问起居。因诸仓官便，灯下先写此报安。

四月初十日，男守仁百拜书。

（此书真迹藏于余姚市梨洲文献馆。）

《王阳明全集》卷39《补录一》第1585页

卷 43《补录五·诗》

驻军龙南小憩玉石岩双洞奇绝缱绻不能去因扁以"阳明小洞天"之号兼留此作其三

处处人缘山上颠，夜深风雨不能前，山灵丛郁休瞻日，云树弥漫不见天，猿叫二声耸耳听，龙泉三尺在腰悬，此行漫说多辛苦，也得随时草上眠。

（录自清闫士杰等修、王之骥等纂《龙南县志》卷十二《艺文志·诗》，清康熙四十八年刊本，台北成文出版社一九八九年影印版，第七一二页。杨正显按：王阳明《全集》内有《回军龙南小憩玉石岩双洞绝奇徘徊不忍去因寓以"阳明别洞"之号兼留此作三首》，而收录在《龙南县志》内的阳明诗也有三首，但此诗则与《全集》本第三首不同。）

《王阳明全集》卷43《补录五·诗》第1725页

卷 48《补录十》

牌行督哨官 正月初十日

照得本院亲率诸军前去剿除龙南、龙川、浰头等处叛贼。除将各营官兵分布哨道指受方略,刻期进剿外,所据督哨官员拟合行委。为此牌仰守备郑文、知府邢珣,即便前去浰头等处贼巢催督。前项各营官兵,务要依期夹剿,不得违误。其所擒斩俘获并夺回男妇赃物牛马等项,俱仰先行解赴军门,以凭批发纪功,兵备实验纪录。各营官兵敢有临阵退缩,逗遛不进者,即以军法从事。各官务要悉心竭智,往来严督,图为万全之策,以收克捷之功。如或逡巡怠忽,致有疏虞,国典具存,罪难轻贷。

《王阳明全集》卷 48《补录十》第 1941—1942 页

牌行督理粮饷官 正月十一日

牌仰委官主簿于旺协同龙南县知县卢凤督理该县粮饷马夫一应军务,官吏里老隶卒义民总小甲人等,若有回抗不听约束者,就便遵照本院钦奉敕谕内事理,许以军法从事。仍仰知县卢凤励志虚心,协和干理。毋得因循怠忽及彼此参错,致有失误,罪不轻贷。

《王阳明全集》卷 48《补录十》第 1942 页

牌委参谋生员黄表 正月十三日

牌仰生员黄表赍执令旗令牌前往上下坪等处,督同百长王受、谢钺、黄金巢并该地方义官里老总小甲谢俊玉、丘隆、谢鹏、李积玉等父子乡兵,守把贼奔要路,相机进剿。兵夫人等但有临阵畏缩退避者,仰即照本院钦奉敕谕内事理,许以军法从事。本生亦要悉心催督,不得违误,致有疏虞及因而扰人,罪不轻恕。

《王阳明全集》卷 48《补录十》第 1942 页

牌行指挥金英等把截窜道 正月十三日

牌仰指挥金英,即便统领石背兵夫三百名前去太平堡等处,督同阴阳官廖思钦等兵守把贼奔要路,相机进剿,获功解报。兵夫人等但有临阵畏缩退避者,仰即遵照本院钦奉敕谕内事,许以军法从事。本官务要悉心竭力,毋得怠忽疏虞,自取军法重究。

《王阳明全集》卷48《补录十》第1943页

奖劳知府陈祥邢珣等 二月二十八日

据知府陈祥、邢珣等呈:解拿斩浰头贼人贼级并俘获贼属赃仗等项数目开报,所据各官遵照方略,奋勇协攻。一月之间,渠魁授首,巢穴扫荡。忠勤备著,功劳可嘉,合行奖劳。为此牌仰惠州、赣州府官吏,即支在库官钱,买办后开仪物备用鼓乐,就差本府同知徐大用、夏克义率领官吏师生,送至惠州府知府陈祥、通判徐玑,龙川等县典史姚思衡、巡检张行、驿丞何春,赣州府知府邢珣、推官危寿等,以励敢勇之风。

《王阳明全集》卷48《补录十》第1943—1944页

牌行龙南县升奖百长王受等 二月二十九日

照得本院亲统官兵剿平浰贼,但恐撤兵之后,余党仍复啸聚,除浰头已留屯官兵,责仰卢珂等把守。为照牛冈、高砂、上蒙等隘,俱系贼行要路。查得老人叶秀芳等原在牛冈隘把截,近因临阵畏缩,致贼奔逃,当照军法究治革退。遂令伊弟叶秀聪顶替,充为百长,协同老人黄启济管领兵夫,仍在原隘守把,及照百长王受、谢钺、王金巢等俱系诚心向善,出力报效。近复屡有战功,合将王受、谢钺升为千长,王金巢升为百长,以旌其功。就仰王受统领新民总甲刘逊、刘粗眉、温仲秀等兵夫,与同谢钺等在于高砂等隘把截,其刘逊等俱要禀听王受节制。中间若有不依约束者,轻则量行责治,重则绑解军门,治以军法。如遇残贼出没,各役务要密切约会卢珂等并力夹攻,获功解报,照例给赏。为此牌仰龙南县官吏,即便备行出给印信帖文,付与千长王受、谢钺、百长王金巢、老人黄启济、百长叶秀聪、总甲刘逊、刘粗眉、温仲秀等，各执照管束各手下兵夫新民，各照分地方住札守把，有警互相策应，毋分尔我，致有违误。仍加省谕，不许纵容下人生事。今后新民里老人等，俱不许擅受词状断理。敢有故违者，不论应否曲直，告者受者，悉行拿送军门，照依军法斩首。每月朔望，各具不违结状赴县投递查考。仍行岭北道守巡兵备守备官查照施行。

《王阳明全集》卷48《补录十》第1944—1945页

牌委赣州府推官危寿 三月初五日

照得本院近因剿贼猖炽，亲督诸军扫荡巢穴。而山深林密，漏殄残党，难保必无。已经行令各官计处防御去后。今照本院回军在迩，虽已分布有绪，必须调度得人。看得推官危寿，持身谨确，处事详慎。先经领兵剿贼，深入贼穴，擒斩数多。即今见署龙南县印，就合并委提调。为此牌仰本官，不妨县事，往来各隘经理整督。其叶秀聪等兵夫，务要拘集于南埠结屋屯札守把，不许仍在县城潜住。刘逊等兵夫亦要随同王受等住札，不得四散分住，事无统纪。各隘兵夫不时常与点闸，间或犒赏，以示惩戒激励。如有残贼出没，即便督令各役并力夹剿。其招抚新民张仲全等见在白砂安插，亦要时常抚谕，务使诚心向化。遇有残贼，亦就督令出力报效，毋得自存猜忌，招致罪累。仍戒各隘兵夫，亦不得辄有侵扰，致生惊颖。该县通贼奸细磊积吞并之徒，罪在可诛，未尽查究。本官亦且暂行戒谕，容令改革。如有长恶不悛者，遵照军令，轻则量行责治，重则斩首示众。本官务要殚心竭力，以副委任。一应事机尚有计议未尽，悉听从宜区处，具由呈缴。

《王阳明全集》卷48《补录十》第1946—1947页

卷51《附录一》

明儒王子阳明先生传 邵廷采

十一年七月，升金都御史，巡抚南、赣、汀、漳。王思舆语季本曰：

"阳明此行，必立事功。"本曰："何以知之。"曰："吾触之不动矣。"初，陈金、俞谏等讨华林、桃源群盗，多所招抚，败未大创；又民间父兄被杀者不得报仇，汹汹不安，数年间转复啸聚。于是贼首谢志山、蓝天凤据南安、横水、桶冈诸寨，池大鬓据漳州、浰头诸寨，福建、江西、湖广、广东之界数千里皆乱。兵部尚书王琼知先生才，特荐用之。先生认为，兵不素练而徒恃机谋，不能力战，一时偶幸成功，非万全策。且客兵一万，不如乡勇一千。前者多调狼达土军，縻饷不赀，民苦兵甚苦寇，以故盗贼旋灭旋起。乃令四省兵备官于各属弩手、打手、机快中，选骁果有胆力者县千人，优其廪饩，最者拔为将领。原额官军，汰老弱三之一，专守城隘。而以新募精兵随方出奇，由是战无不胜。首攻信丰、龙南流贼，连败之。兵既足用，上疏请申明赏罚以厉士气，愿假便宜，临阵诛赏，不限以时，唯成功是责。

王琼请上即与先生兵符，改提督军务。先讨横水、左溪之贼，获谢志山。乘胜进攻桶冈，其帅钟景纳款，而横水、左溪奔入者持不可。先生遣使至锁匙笼促降，而别遣邢珣、伍文定等冒雨入。贼方聚议未决，兵已夺险。猝震愕，急奔入内隘，阻水为阵。珣麾兵渡水，张戬冲其右，文定又自戬右缘崖绕出贼旁。贼败，奔十八磊。唐淳先至，严阵迎出，贼又败。会日暮，扼险相持。明日合战，邢珣先破桶冈大巢，俘斩甚众。湖广兵亦至，余贼遁入山谷。遣诸将分道捕之，于是横水、左溪、桶冈之贼略尽，蓝天凤等皆就擒。凡出师两月，平贼巢八十四。设安远县，控制三省。晋右副都御史。

十三年正月，进讨浰头。先是，征横水、桶冈时，虑浰头乘虚出扰，使人招降羁縻之，池大鬓不从。及横水破，大鬓惧，遣弟池仲安以二百人叩军门降，阴觇虚实。先生令从别哨，远其归路；召近浰头被贼者，各授方略遣归。及桶冈破，大鬓益惧。先生遣使至浰头，赐牛酒。贼严备，诡曰："龙川新民卢珂恐见袭，故备。非官兵虞也。"卢珂者，抗贼不被胁，贼仇之。先生佯信其言，檄龙川廉珂擅兵状，且令大鬓除道，候还兵讨之。大鬓谢：

"无劳官兵，当自防御。"比兵还，珂来告变。先生佯怒珂，收缚，将斩之。曰："大鬓方遣弟领兵报效，安得有此！"

十二月，至赣州，大享将士，下令："横水、桶冈既平，浰头归顺。民久劳苦，宜休兵为乐。"遂散军，使归农。而遣仲安归报以卢珂被系，令其兄勿撤备，防珂党掩袭。大鬓意大安，乃购其所亲款贼："官意良厚，何可不一往谢？"大鬓谓其下："欲伸先屈。赣州伎俩，须自走观之。"至，则见军门无用兵形，珂等在狱，意益安。先生夜解珂，使归发兵；官属以次设牛酒宴犒，缓大鬓归。度兵已大集，乃廷犒伏甲，引大鬓等入，悉擒之。而促诸路兵同抵贼巢，亲兵由龙南、冷水径直捣下浰，诸路兵皆入三浰。贼久弛备，官兵骤集，惊悸，悉其精锐千余，倚险设伏。官军为三冲，犄角进，指挥余恩首击贼，战良久，贼败。王受等追之，伏发被扼。会推官危寿兵至，鼓噪前冲之。千户孟俊率兵绕其后，贼大溃，遂克三浰大巢。余贼尚八百人，屯九连山，山四面险绝，设礌石、滚木，官兵莫敢前。先生令军人衣贼衣，暮若败奔者上山。贼见，果相招呼。得度险，遂扼其路。贼觉，急御，则大众已阑入。退走溃出，四路皆遇伏，擒斩略尽。余徒二百人恸哭请降，纳之。相视险隘，设和平县，南、赣自此无盗。兵力精炼，用之以义，文武官吏并能敌忾，功成寇除而无跋扈，几复古者井田养兵遗制焉。

师还，至赣，立社学，举乡约，修濂溪书院，刻《大学古本》《朱子晚年定论》。所至会讲明伦，武夫介士执兵环立，蹞跬担镫之夫千里远至。长揖上坐，一言开窹，终身诚服。风教四被，迄于江表岭峤。

《王阳明全集》卷 51《附录一》第 2064—2066 页

七、碑刻

《玉石仙岩碑刻》，赣南师范大学王阳明研究中心、中共龙南县委宣传部编纂，2019年。注：本辑材料皆据碑刻原文而录并标点，诗文标题为利用之便多为编者视内容所加。

回军龙南道中短述诗 五首 王守仁

百里妖氛一战清，万峰雷雨洗回兵。未能干羽苗顽格，深愧壶浆父老迎。莫倚谋攻为上策，须还内治是先声。功微不愿希侯赏，但乞蠲输绝横征。

甲马新从鸟道回，览奇还更陟崔嵬。寇平渐喜流移复，春暖兼欣农务开。两窦高明行日月，九关深黑闭风雷。投簪最好支茆地，恋土犹怀旧钓台。

洞府人寰此最佳，当年空自费青鞋。麾幢旖旎悬仙仗，台殿高低接纬阶。天巧固应非斧凿，化工无乃太安排。欲将点瑟携童冠，就揽春云结小斋。

阳明山人旧有居，此地阳明景不如。但在乾坤皆逆旅，曾留信宿即吾庐。行窝已许人先号，别洞何妨我借书。他日巾车还旧隐，应怀兹土复乡闾。

春山随处款归程，古洞幽虚道意生。涧壑风泉时远近，石门萝月自分明。林僧住近炊遗火，野老忘机席罢争。习静未缘成久歇，却惭尘土逐浮名。

回军龙南道中，小憩玉石岩，用韵书此。阳明山人王守仁伯安识。

（规格：160cm×70cm）

《玉石仙岩碑刻》第2—3页

平浰头碑全文 王守仁

【四省之寇，惟浰】尤黠，拟官僭【号，潜图孔炁。正德】丁丑冬，畲、瑶【既殄】，【益机险阴毒】，以虞王师。我乃休士归【农，以缓之】。戊寅正月癸卯，计擒其【魁，遂进】兵击其懈。丁未，破三浰。乘【胜追北】，大小三十余战，灭巢三十【有八】，俘斩三千余，三月丁未，回军。【壶浆迎道】，耕夫遍野，父老咸欢。农【器不陈】，于今五年；复我常业，还我【室家，伊】谁之力？赫赫皇威，匪威【曷凭？爰伐山石】，用纪厥成。提督军【务都御史王】守仁书。时纪功御史【屠侨】，监军副使杨璋，领兵守备郏【文，知】府邢珣、陈祥，推官危寿等凡【二十】有二人列其名于后。

（规格：260cm×320cm 注：该碑破损严重，【 】内文字可识别，其余文字皆据朱思维《王阳明巡抚南赣和江西事辑》，江西人民出版社2010年版，第11页记载补充。）

《玉石仙岩碑刻》第4—5页

阳明小洞天 知府邢珣篆

（规格：160cm×70cm）

《玉石仙岩碑刻》第6—7页

诗二首 邢珣

山县东行十里程，天留此洞待先生。重关秘秀烟霞合，一窦涵虚日月明。风磴偶因平浰至，石床不复许人争。为公高揭阳明扁，南徼东瓯万古名。

龙南山洞原无主，今日公来始著名。绝顶容光开太极，中肩奇观遇阳明。傅岩已验征求梦，郑谷难忘枕漱情。欲纪南征磨石壁，为然公去雪山轻。

正德戊寅季春，平浰班师奉陪提督王公同游赋此。邢珣。

（规格：70cm×82cm）

《玉石仙岩碑刻》第8—9页

过梅岭诗 一首 王守仁

处处人缘山上巅，夜深风雨不能前。山灵丛郁休瞻日，云树弥漫不见天。猿叫一声耸耳听，龙泉三尺在腰悬。此行漫说多辛苦，也得随时草上眠。

阳明王守仁于龙南，□□□。

□□□□□

□□。

□□□岭北道副使莆田林大辂□。

□龙南次阳明先生韵 一首 方任

行行又跻大山巅，侯马难教并向前。风雨半空还拂地，云霞咫尺更连天。勤身远近逢高落，旌节东西尽日悬。□抱朴忠□未已，浮春意得伴鸥眠。

□□□□衡野山人方任顿首次稿。

次林二山□韵 一首 方任

□□□□□□□□称阳明□□□衡野山人索稿□□□□□□□□□乾坤有道□□□□□□□□□□□□□□□□□□□□。

衡野山人方任。

（规格：150×140cm 注：原碑为草书，已漫漶难识，经参朱思维《王阳明巡抚南赣和江西事辑》，江西人民出版社2010年，第16页记载补充。）

《玉石仙岩碑刻》第10—11页

用王都府韵 四首 文运

剧寇歼除尘海清，寻幽散步且休兵。坐来碧草沿岩长，行处红芳夹盖迎。天上喜闻馘捷报，耳边欢沸凯歌声。云霓苏慰生灵望，无敌何惭十一征。

仙子骑龙□□回，洞门赢得翠崔嵬。□□□载遭缠翳，风雨一朝为洗开。晓峤拄天清似画，春涛带雨响于雷。平成吏隐幽间地，不数名高严濑台。

平寇归来乐散佳，踏春东郭试青鞋。官曹从卫登仙境，民庶忻忭荡厉阶。岩穴玲珑呈地巧，规模弘敞自天排。界分尘刹醒人眼，坐忘心同颜氏斋。

平生性僻好安居，闻道幽玄兴跃如。今日偶然游别洞，当年徒尔望匡庐。寻真有意还蓬岛，题怨无因寄玉书。千古乾坤此奇绝，独怜境界隔吾闾。

用邢先生韵 二首 文运

斯文一脉绍周程，别洞弘开启后生。吾道于今无耗蠹，我公随处有阳明。丹崖翠壁谁应主，明月清风莫与争。文教聿兴威武振，军门千古仰雄名。

璞因识重千金价，山有仙垂万古名。世抵升平符泰运，人于豪杰瑞文明。军中胆破□公誉，岩下风光周子情。禾黍岁穰刀剑卖，驱民从善此来轻。

本府通判文运谨识。

（规格：100×65cm）

《玉石仙岩碑刻》第 12—13 页

次都宪王公韵 四首 危寿

海宇俄然一扫清，也知耀德不观兵。三军乐罢囊沙战，百姓欢呼拥道迎。广渊于今无跋扈，市朝从此著贤声。流离虽复民犹困，惟愿干戈不复征。

忆昔从征广渊回，四山着雨碧崔嵬。满林淑气熏人醉，一路妖氛逐剑开。仙客登坛时吐锦，老龙出穴昼鸣雷。于今喜遇阳明洞，又得追随御史台。

自古桃川山水佳，几劳游客费芒鞋。人于绝巘镌新句，月入空岩转旧阶。两窦宽闲真地设，一团奇巧自天排。何时得谢尘寰网，绿树荫中构小斋。

岩居犹胜白云居，无数清奇可尽如。任乃尔能怀尔土，却从吾亦爱吾庐。洞门昼黑龙行雨，石壁春深蜗篆书。都宪修文征渊后，新碑昨夜树穹间。

次堂尊邢公韵 二首 危寿

出郭行行半日程，阳明别洞倚云生。空中语重岩知应，壁上诗雄眼倍明。一片烟霞真可爱，百般红紫似相争。公余到此浑忘倦，漫说金瓯覆姓名。

最爱玉岩山上洞，龙珠乳窟浪传名。初疑外实应非远，谁信中虚自有明。采药仙郎迷旧路，烂柯樵子忘归情。因耽胜概徘徊久，万虑从教一羽轻。

本府推官危寿谨和。

（规格：95cm×78cm）

《玉石仙岩碑刻》第 14—15 页

诗六首 余恩

　　□□□□□□，□□□□□【崔嵬。层峻翠接千峰秀，透留光涵一窍开。】□□□□□，□□□□□□【。幽闲千古乾坤别，到此何须问钓台。】

　　【点】景□□□□，□□□□□□【。芒鞋缓然款款来，仙境信步频频踏。藓阶奇绝分】□□，□□□□□□【。坐来宦虑都消却，隐逸何夸葛子斋。】

　　【世际文明】涤荡清，□□□□【论兵。伫看是野桑麻长，信觉间阊礼让迎。电扫一边烽烟息，】□□□□【歌声。太平有象民安阜，四境从今罢战征。】

　　【白云堆里问仙居，闻】□□□□【不如。服实也知三洗髓，安闲性结一茅庐。蓬莱有迹应无路，道本无根却有书。景物不殊生意满，烟霞深锁隔阊间。

　　出廓行堪数里程，奇岩远枕自先生。景留胜迹开图画，光接虚涵透日明。座底文光凭品第，个中风月许谁争。偶因征暇登临处，始识当年旧有名。

　　幽间占断蓬莱景，宇宙清垂万古名。洞里乾坤涵太极，云窝深锁待阳明。红尘竟隔应谁到，白鹿时鸣可寓情。风物细观真自得，觉求浮世二毛轻。

　　正德戊寅年菊月之吉赣州卫指挥滁阳余恩识。】

　　（规格：90×70cm　注：该碑有部分破损严重，【　】内文字可识别，其余文字皆据朱思维《王阳明巡抚南赣和江西事辑》，江西人民出版社2010年，第30页记载补充。）

《玉石仙岩碑刻》第16—17页

奉和都宪王公韵 方侃

　　一战功成杀气清，凯歌声里促归兵。都台问切流移复，老稚相呼涧壑迎。肃杀冰霜扬武德，动摇山岳震威声。蛮夷边境从今化，远布仁风不待征。

祛尽蛮烟得意回，游观此窦浪崔嵬。蓬莱顶上云霞合，宰相坛前日月开。赣广喜平荆棘路，黎民常想洞天雷。阳明原是擎天手，未许今朝忆钓台。

　　幽优洞府最为佳，自古无人印一鞋。昼则清风生石穴，夜来明月照坡阶。江右伟观非特出，赣南形胜此安排。分明仙景天家设，留待忠良结小斋。

　　崆峒洞口结幽居，草木光辉境亦如。四景自然凝翠色，一尘那得到丹庐。洞天喜见神仙号，石壁欣刊将相书。玉石岩名从此重，同休天地著邦闾。

奉和府主邢公韵　方侃

　　龙南河北路三程，天设奇哉两窦生。洞府从今遗翰墨，玉岩万古属阳明。悬崖雕琢令人羡，凿壁玲珑被眼争。胜景非常无可并，赢来卿相共留名。

　　古洞奇岩僻处生，始因征进得驰名。诸公战胜趋仙府，千里相逢荷圣明。云屋琴樽真可乐，石门风月不胜情。重关事物多佳致，赢得都台号不轻。

　　龙南县主簿四明方侃稿。

　　（规格：78cm×70cm）

《玉石仙岩碑刻》第18—19页

次都台王公韵　四首　缪铭

　　千里阴霾赖肃清，孔壬无计避神兵。干戈倒载蛮夷服，筐篚先将士女迎。岩谷也知增喜色，□□□时转歌声。太平气象犹如旧，谁不□□□我征。

　　春色年年此地回，踏□□兴正崔嵬。仙人幽鸟隔林语，似我闲□□石开。□□崆峒能漏月，□□□厚不惊雷。□□□爱山中趣，谁羡金鸡郭隗台？

　　山中胜概此□佳，□□□□□□□。□月有时来□□，□□□□□□□。□□冠盖如云□，□□□□□□□携二三子，□□□□□□□。

　　玉岩岩畔有幽尘，□□□□□□□。□佛一区扬子宅，分明□□□□□。□□石壁刊新句，谩扫藤床□□□。□□□灵倾耳听，近来烽火息□间。

次府尊邢公韵　二首　缪铭

　　阅尽东南几万程，何如此洞自天生。四围奇绝尘无染，一窍玲珑月自明。

石上留题俱宦况，山中占胜有谁争。乘闲我欲寻真去，未许诸公独擅名。

一自乾坤开辟后，谁遗仙迹领芳名。月涵虚窦天然白，岩透清霄自在明。山色照人真有意，鸟声留客似多情。乐山我固非仁者，赢得能令百念轻。

本学教谕平阳缪铭谨识。

（规格：135cm×70cm）

《玉石仙岩碑刻》第 20—21 页

诗四首　杨璋

仁者无私一涧清，【随车好雨润行】兵。才【看】老叟壶浆【至，又见儿童竹】马【迎。四野豺狼皆】迸【迹，万家黎庶动欢声。于今幸际风云会，千载令人羡大征】。

【忽闻平浰散军回，归马华阳陟翠嵬。岩遇高人名益显，洞因仙仗运重开。丹田方正形如井，石鼓分明韵似雷。我亦素耽山水者，旋寻蜡屐侍兰台。】

【久羡龙南玉石佳，寻幽心急倒芒鞋。多情夜月穿岩牖，有脚阳春】入【洞阶。新句每从闲里得，好】诗端【自画中排。莫思身外无穷事，□□□□别构斋】。

【偶因行乐】（以下题刻缺字）。

（规格：53cm×67cm　注：该碑破损严重，【　】内文字可识别，其余文字皆据朱思维《王阳明巡抚南赣和江西事辑》，江西人民出版社 2010 年版，第 19 页记载补充。）

《玉石仙岩碑刻》第 22—23 页

诗一首　会昌知事刁梦麟

披卷仙□□□□□苍树翠□□□□□闻常□□□□□妍云□□□□□□间苔□□□□□握手□□岩□□阳明小洞天。

文林郎知会昌县事维扬刁梦麟书。

（规格：40cm×70cm）

《玉石仙岩碑刻》第 38—39 页

双明洞天　宾阳书

明隆庆年，兵部尚书路迎题"双明洞天"。

（规格：87cm×40cm）

《玉石仙岩碑刻》第 40—41 页

阳明精舍

壬辰初秋中元日，天中贾程谊题。

（规格：90cm×35cm）

《玉石仙岩碑刻》第 60—61 页

游玉石岩记　朱临

余弱冠值鼎革之会，随家大人避迹□山之抱腹，岩山郎介之推所谓线上之田也。高峰挥汉，云翼霞横，北岩亢石无阶，下□深涧，蹬道盘曲，纵长而横短，极十余里，□尽悬崖高垂，庙观庐舍错落，其下号之曰："岩郎"，韵书中所谓广者，嵌凿幽邃，风雨不侵，虽轩敞□垲，因所不许，然云水依石，月上凌松，虚明朗照，饶有神趣。

上御极之三祀，余谒选得龙南令，邑为虔边鄙，其名甚僻，知之者鲜，意其绝域荒陬，□寥置汉，寻□丘壑无堪寄兴者，殆拿舟入境，风景豁然，与中原无异。士绅遇谈之□，□及胜概，则多以玉石岩为首称，顾余尘□风尘，未遑领略，乃清泉白石，则时□在□梦□间。今年政务稍暇，慨然一往，而灵秀奇妙，□人之情尤大过所闻矣。初仕未数□□□，翠色浮空，韶光欲滴，适而攀跻，凭□岵岈嵬岏，万象毕呈，上岩、下岩、新岩异势，谷□□亦异致。上岩宏深穷杳，幽僻箫林；下岩结构精巧，步步曲折；新岩益□峋巉□，窈□幽幻。山中之品物诸形，种种逼肖，其间名公巨卿如阳明先生绝笔鸿文镌传石上，斑□可考，而香卉异草、新藤古木，瞬息万状，应接不暇。长啸振林，几不知身在五浊世界中也。往闻善权张公诸洞，秀甲宇内，而所云空灵奇艳，亦不过如是，乃近人纪胜概不齿，及考无亦地处遥僻耳，而目之者少耶？余谓山水人物亦颇不晦，惟其所遭大略须同，如介之推非不文也，而以□□，及其□叹亦有焉用？文之□语，余汾宋之问非不□□，而卒为文掩，宋之幸推之不□也。此岩如在通衢大都会，文人才□聚赏表章，安知不与武陵之飞来峰、姑苏之虎丘灵岩并蚤著名于诗文简册间哉？惜也，其以僻□也，□是岩多洞，玲珑怪异，若以介岩之朴实者况之，殆比拟不齐矣。南北风土各别，即上岩，形状亦不类乃尔。余不敏，奉命代匦兹土，下车誓神，止饮龙邑一□水，迩来龙人士亦相信之，今登眺往胜，洗数十年尘土之肠，益清白自励，惟恐往或易节，贻山灵羞，操蛇之神蒙鉴，区□过□以往，默□潜启相助为理，以迟瓜期之及也，则余亦幸矣，则余亦幸矣。

咏玉石岩　朱临

胜境何时辟大荒，春岚一抹护灵长。青霞几处迷松径，皓月多年挂石床。剔藓□□□蔻颂，栖幽思借避粮方。洞门未许云封锁，留与游人洗俗肠。

大清康熙六年岁次丁未孟夏□□日立。

西河朱临咸贞识。

恒山刘三杰勒石。

（规格：125cm×100cm）

《玉石仙岩碑刻》第 64—65 页

题《玉石岩》诗四首之《阳明小洞天》　定南县令倪长犀

文成百战纪丰功，凿字生金此洞中。见辟云霞开户牖，亲移日月照幽蒙。清音四壁闻钟鼓，海气千寻饮蟪蛛。幸是干戈犹偃息，后时游赏与公同。

（规格：130cm×70cm）

《玉石仙岩碑刻》第 66—67 页

三南保障　魏凤墀等

民国十三年五月，臧氏溃军数千，压我边境，人心惶恐，其势亟亟，幸赖我□□□豫军参谋长齐公祐□，从容坐镇，遣将调兵，扼要以守，臧军不敢正向，绕道而遁，居民安堵，鸡犬不惊，昔浰寇为患，王文成讨之，不旋踵以灭，曾立纪功碑于□，两贤可谓后先辉映矣，爰镌山石，并志不忘。

龙南县署承审员魏凤墀，前任定南县知事袁绍伦，前任龙南县知事邵贤南敬题。

现任龙南县知事李畴福，现任虔南县知事马兆琳，江西省议会议员张□杨，办理龙南盐捐局史联□敬书。

（规格：135cm×85cm）

《玉石仙岩碑刻》第72—73页

重阳登玉石岩留记　吴奇伟

抗战军兴之翌年，奇伟以转战之身，七月奉命荡寇南浔，鏖持五阅月，复奉调回军南疆中枢，以前线决胜之基端赖后方之奠定。粤赣闽边区乃三省后方之粮揢地也，地方治安之确保，自卫武力之充实，与夫生产力量之谋增进，建设事业之推行，均为目前当务之急，乃命奇伟就近兼任三省绥靖事宜。计自本年三月设署龙南，□还奔驰前后方，所树以利于地方父老者，实甚欣韦。赣南人士素天赋坚强之民，龙更深明大义，因预六师之编组，挺进纵队之创设，均赖各界之协助，计加入作战以旌英勇，扬于岭表，家邦安如磐石，厥事不可没也，他如倡竖抗战阵亡将士纪念碑、得生大桥，辟公园，立图书馆，劝种畲禾，伊谁之力？实地方党政各机关与硕绅名流集广大民力以赴之者也。近郊有玉石岩，巨石屹立，天然盛景，洵此观焉。明王阳明于平浰之余，讲学于此，勒石为记，启迪后世。奇伟侧身军籍，缅怀盛事，深愧未克偃武以修文，然公忠体国之志，何敢殊人？镌岩记事，非敢妄涉前贤也。

中华民国□□□九月既望。

第九集团军总司令兼粤赣闽边区主任吴奇伟敬撰。

第九集团军总司令部高级参谋兼粤赣闽边区主任公署□□□□□杜骏伯敬书。

（规格：180cm×230cm）

《玉石仙岩碑刻》第 77 页

重修玉虚洞天仙岩缘启　　廖光型等撰

切思玉虚仙岩本为龙南八景之一。□□□脉于金盆，蜿蜒数千里，出县治东北隅，名曰水晶阵，牙鱼锅峡，突频上下两岩。上岩如青龙南飞，下岩似醒狮东吼。下首为玉峰山，俨然□□狮于怀抱也。洞中天工巧造，不似雕琢，四壁玲珑，经□劫而不□一龛，□□毓桃水以□灵风，若天然之间剩有大士圣迹、阳明遗踪。洞左有鞠躬门，直□古井，上透云天，下通龙头，映□岚于归美，赏银底于西河，至于帽岭雷峰之久峙，□□武当、彤华之奇特交辉，诸多胜景历历在目，更有名宦乡贤吟咏题刻，既为官绅游憩避暑之境，□为仙佛灵显盛应之堂。邑乘炳载，彰彰可考。即近扐载，今年全体军政机关之保□，复宜□□联袂□防，空□日寇窜境，古迹遭焚，神龛被毁，□素称近代桃源，名闻遐迩之胜迹狼藉尘封，□发起人等遥祝胜利，周年建国，和平伊始，遵□蒋主席之训示，□张县长明谕，恢壮天然之胜景，保留古迹以长存，□赖化邑居士温昌良法名□□相□□招集主持修葺佛殿□□告竣，复睹大观，神安人乐，将见良缘善庆，广获仙恩，□□叶吉五花骈臻曷胜□噶然激之至，是为序。

发起人廖光型、唐士苑、唐永康、何来炎、唐振兴、唐蔚祖、廖光裕、张继旺、唐茂先、刘曾如、赖芸、唐良澍、张轶庸、赖祝珊、唐汉廷、萧升墀、廖守先、王佐顺、廖国仁、蔡茂源、唐期清、廖成甫、廖友兰、唐柏炎、何溥文、唐井明、王昌琛、刘勋亚、唐茂奇、唐修添谨撰。

张亦佩捐二十万元。□□乐捐国币芳名列后：

何世秀捐十万元，唐瞻屏、唐永林上二名各捐五万元，张昌玄捐十万元，黄青莲捐六万元，张燕随捐谷一箩，萧翠莲捐六万元，张恕忠捐谷一箩，黄世倍捐六万元，罗肇忠、黄光福、刘志明各捐五万元，钟世姣捐六万元，张三缘捐十万元，罗泰祥捐五万元，永生□店捐五万元，朱善昌捐五万元，唐组纹、唐昇屏、赖文强、唐保华 上四名各捐五万元。

中华民国丁亥年秋月文。

（规格：170cm×135cm）

《玉石仙岩碑刻》第 78—79 页

八、族谱

民国《月氏六修族谱》（1936年）

义士月止庵传

秉武公者，月氏始迁之三世祖，止庵其别号也。其先大父沧海以世勋徙虔南，因家焉。再传而为时忠公者，秉武公之父也，复附籍龙邑。先是时忠艰嗣，逾七十生秉武，公甫八龄，慈父见背，母李孺人为时忠公继室，时年亦知天命有奇。时忠公殁而所遗产尚裕，惟是老母抚养孤子，旦夕茕茕，以公不克成立是惧。居久之，公日益壮，则日取先人遗产而经营之，躬自折节力俭，所置几倍前人。而公好施急义，即居邑致富未尝自私，诸凡桥梁道路靡不以资应，遇贫者辄呕呕然拊循，而噢咻之间罹无年，多方赈给，所全活甚众。缁流持钵见之磐如也，其尊礼布施惟恐后。时龙邑在山榛间，学宫弟子堂庑虚邱，邑人咸蹀财自封，莫肯施一钱，而公毅然施金百葺之，略无德色。今学士大夫升堂入庙，尤存召伯之想。山城虽微百难，然库藏实苦度支，主计日忧修补之无从办也，公慨佐公家之急靡所吝。此皆公之昭昭，行义立名。若市场取偿公即不自居，而尤或得以赞述公，乃公则更有不可及。龙固鄙邑，其人类纤啬，视利鬻其产，售直纵甚，便已者不少假恩泽，公独念曰："吾幸抚遗业，足饘粥，常恐失坠以为先人羞。有如人以产及我，而复刻削之，谓后嗣何且保无桑田陵壑之虞也，欤哉！"于是有鬻产者，公不惜重厌其情。故竟公之世剂要约契，质无一人讼公者。殆所谓仁心为质，而好行其德者耶。公洁行自立，寡交游，视龌龊辈弃之蔑如也。居常诚谕子孙惟"清勤"二字。有司高公义，俾奉冠带荐上宾，授宣义郎。盖尊故事，非能报公也。公男子四，伯霁、仲高、叔华、季盈，咸恂恂有万石君风。华补郡弟子员，以岁额当荐入公车，会岑冈三峒之役，起幕府，以华知兵，辟为军谘祭酒，指授方略，贼赖以平。功当授武秩，辞不就，请以校官致仕，幕府高之。盈补邑庠生，亦凛凛有声。贤关遭奇不偶，享年八旬有四，如大父。兹月氏之族，衣冠户口行以千计。考世系则公叔季子，流衍参族之二公，耳孙之子——世光，与不佞友善，谱成以状见属，余既多公行谊，故次其传列其事而为之赞。

卢子曰：夫人之好施乐义，固其性哉，然实有天助。方秉武公困于弱龄，时拮据殷忧者屡矣，卒自成立，可谓志士起闾巷，折节行义，不设矫厉，而乐善不倦，学士大夫尤难之，岂非月氏之宗将大，故厚其德耶，不然何思之深也！华公而不欲自就其功者，其流庆亦岂可胜计者耶。

大酉卢观象撰。丁酉选士，赣县人。载邑志。

《月氏六修族谱》第 63—67 页

高隐传（载《县志》）

龙南西北隅数里许玉石岩，盖仙境云。岩傍可半里有月君别号北涧者，固史隐君子也。君少治儒业，累厄奇不果。君为司训国庵公末子，颇钟爱。惧君孱弱，稍不欲以难畀，躬俾徙业法曹。君一意奉公为兢兢，尝以三尺法自矢。见诸椽中有受赇肬法者，不翅仇雠目之。三考俱称，役授冠带，例应叙铨，君遂翻翻远举，谢市嚣，卜筑兹僻，得趣处，间吟弄以卒驹隙，视一官若芥。然有司高其义，孟春之望，孟冬之朔，每虚左待之，应正宾者数四，凡邑之大蠹未剔，要利未举者，悉躬就而请政焉，君指画一一得当，合邑至今赖之，然绝不以私干。且君性至孝，君考晚年续弦郭氏，郭住赣，君居龙，相距三百里，而饶君意动啮指，急觅艇如郡城。时郭突构疾，几就木矣，君执衰亦如其母，此在文墨士尤或逊然。夫古人仕至九卿尚甘宦若饴，何言一命哉。君虽下吏，然其高谊校县车解组者觉胜一筹，是不可以无传以纪之。语曰："传者传也，有君之道隐可以传矣。"

君伯子讳延泽，筮仕长淮，继迁西蜀，固眇然，抱关委吏无当职司，然小试小效颇多遗爱，逮分司崇安，崇安盖孔道，君惟仿古讥、察遗意，不苟索，以苦行道，平易近人，人咸德之。偶闻讣辄终丧不起。生平公直，卓有乃父风。仲子讳延清，甫冠补弟子员，彬彬雅饬，累举行。庚戌春无甚恙，整衣兀坐，训诫其孙子，语竟遂瞑目去，享春秋埒厥考，说者以为得正寝，合共为传。

姻教侄仰台陈其猷撰。四川童梓县令，龙南人。

《月氏六修族谱》第 69—71 页

历代仕宦绅衿名目

华，廪生应贡，会岑冈三峒之役，起幕府，以公知兵，辟为军谘祭酒，指授方略，贼赖以平，功当授武秩，辞，授训导致仕。

《月氏六修族谱》第 99 页

武公三子华公，字本彩，号国庵，生于成化乙酉十月初二，殁于嘉靖癸巳十月初十。住赣祖居，移居东门，并寓龙南北楼背。习《春秋》，补郡庠廪生，应贡，遥授训导致仕，《府志·杂传》载："公，龙南诸生，以经学著名，及从阳明为良知之学，日坐一室超然默悟，学者宗之。"《县志》载："公捐金百两以修明伦堂。"初葬龙南里仁堡，改葬信邑崇仙，复葬里仁堡鸦形，享寿六十九岁。

配叶氏，生殁未详，葬赣南门青草湖，无出。

继配谢氏，赣水西坊谢茂芳女，生于成化丙戌六月二十八，殁失考，葬龙南水西老增坑虎形。生子二：郷、昂；生女一：适南门罗氏。

又配大龙堡杨氏，生于成化丁未六月初十，殁于嘉靖甲申九月十四，行年三十八岁，葬同前。生子四：暹、耀、轮、墀；生女一：适江东廖。

又配邱氏，生殁失考，葬龙南杨芳，无出。

又配丁氏，生殁失考。生女一：适赣邑雷天佑。

继配郭氏，生殁失考，葬赣祖居背，无出。

遗杨芳岩，背长龙庙，面住基屋，后大圆泥墩一块，又后田面上泥墩一块。本墩西角路面上山塘一口，又上首青龙山山塘一口。塘坜上田一坵，计谷田二担正，又东边茶山门口，石桥路面上井垅塘山塘一口。又上首三角塘山塘一口，又自高陂分下食水三寸，经周屋陂码口分过中心墩圳仔到月屋陂圳仔下自己门口。又对门岗包沙岗坪一大长块，上以通巩桥横路为界，下以通引路松横路为界，左以大路为界，右以大路及园埘为界。又屋侧西边长龙庙横岭、水窝仔、引路松一带无杂，四围俱立界坟为界。又水西老增坑山场一块，上以中埂大石头为界，下以岭，左右以窝脚为界，内祖坟一穴。又里仁堡圩背网布岗祖坟一穴，计地坪一大长块，上下右与田为界，左与圳为界。

《月氏六修族谱》第 197—201 页

《晋阳堂月氏七修族谱》（1995 年）

义士月止庵传

秉武公者，月氏始迁之三世祖，止庵其别号也。其先大父沧海公以世勋徙虔南，因家焉。再传为时忠公者，秉武之父也，复附籍龙邑。先是时忠艰嗣，逾七十生秉武，公甫八龄，慈父见背，母李孺人为时忠公继室，时年也知天命有奇。时忠公殁而所遗产尚裕，惟是老母抚孤子，旦夕茕茕，以公不克成立是惧。居久之，公日益壮，则日取先人遗产而经营之，躬自折节力俭，所置几倍前人。而公好施急义，即居邑致富未悬自私，诸凡桥梁道路靡不以资应，遇贫者辄呕呕然拊循，而噢咻之间罹无年，多方赈给，全活甚众。缁流持钵见之磐如也，其尊礼布施惟恐后。时龙邑在山榛之间，学宫弟子堂庑虚邱，邑人咸踅财自封，莫恳施一钱，而公毅然施金百葺之，略无德色。今学士大夫升堂入庙，尤存召伯之想。山城虽微百难，然库藏实苦度支，主计日忧修补之无从办也，公慨佐公家之急靡所吝。此皆公之昭昭，行义立名。若市物取赏，公即不自居，而尤或得以赞述公，乃公则更有不可及。龙固鄙邑，其人类纤啬，视利鬻其产，售直纵甚，便己者不假恩泽，公独念曰："吾幸抚遗业，足馈粥，常恐失坠以为先人羞。有如人以产及我，而复刻削之，谓后嗣何以保无桑田陵壑之虞也，欤哉！"于是有鬻产者，公不惜重厌其情。故竟公之世剂要约契，质无一人讼公者。殆所谓仁心为质，而好行其德者耶！公洁身自立，寡交游，视龌龊辈弃之蔑如也。居常诫谕子孙惟"清勤"二字。有司高公义，俾奉冠带荐上宾，授宣义郎。盖尊故事，非能报公也。公男子四，伯霁、仲高、叔华、季盈，咸恂恂有万石君风。华补郡弟子员，以岁额当荐入公车，会岑冈三峒之役，起幕府，以华知兵，辟为军谘祭酒，指授方略，贼赖以平。功当授武秩，辞不就，请以校官致仕，幕府高之。盈补邑庠生，亦凛凛有声。贤关遭奇不偶，享年八十有四，如大父。兹月氏之族，衣冠户口行以千计。考世系则公叔季子，流衍参族之二公，耳孙之子——世光，与不佞友善，谱成以状见属，余既多公行谊，故次其传列其事而为之赞。

卢子曰：夫人之好施乐义，固其性哉，然实有天助。方秉武公困于弱龄，时拮据殷忧者屡矣，卒自成立，可谓志士起闾巷，折节行义，不设矫厉，而乐善不倦，学士大夫尤难之，岂非月氏之宗将大，故厚其德耶，不然何思之深也！华公不欲自就其功者，其流庆亦岂可胜计者耶。

大酉卢观象撰。丁酉进士；赣县人。载《邑志》。

《晋阳堂月氏七修族谱》第 26—27 页

高隐传（载《县志》）

龙南西北隅数里许玉石岩，盖仙境云。岩傍可半里有月君别号北涧者，固史隐君子也。君少治儒业，累厄奇不果。君为司训国庵公末子，颇钟爱。惧君孱弱，稍不欲以难异，躬俾徙业法曹。君一意奉公为兢兢，尝以三尺法自矢。见诸橡中受赇胏法者，不翅仇雠目之。三考俱称，役授冠带，例应叙铨，君遂翻翻远举，谢市嚣，卜筑兹僻，得趣处，间吟弄以卒驹隙，视一官若芥。然有司高其义，孟春之望，孟冬之朔，每虚左待之，应正宾者数四，凡邑之大蠹未剔，要利未举者，悉躬就请政焉，君指画一一得当，合邑至今赖之，然绝不以私干。且君性至孝，君考晚年续弦郭氏，郭住赣，君居龙，相距三百里，而饶君意动啮，指急觅艇如郡城。时郭突遭疾，几就木矣，君执衰亦如其母，此在文墨士尤或逊然。夫古人仕至九卿尚甘宦若饴，何言一命哉。君虽下吏，然其高谊较县车解组者觉胜一筹，是不可以无传以纪之。语曰："传者传也，有君之道隐可以传矣。"

君伯子讳延泽，筮仕长淮，继迁西蜀，固眇然，抱关委吏无当职司，然小试小效颇多遗爱，逮分司崇安，崇安盖孔道，君惟仿古讯、察遗意，不苛索，以苦行道，平易近人，人咸德之。偶闻讣輀终丧不起。生平公直，卓有乃父之风。仲子讳延清，甫冠补弟子员，彬彬雅饬，累举行。庚戌春无甚恙，整衣兀坐，训诫其孙子，语竟遂瞑目去，享春秋垺厥考，说者以为得正寝，合共为传。

姻教侄仰台陈其猷撰。四川童梓县县令，龙南人。

《晋阳堂月氏七修族谱》第 28—29 页

仕官简历 六修前仕官简历

华，廪生应贡，会岑冈三峒之役，起幕府，以公知兵，辟为军谘祭酒，指授方略，贼赖以平，功当授武秩，辞，授训导致仕。

《晋阳堂月氏七修族谱》第 52 页

老祖世系

四世武公三子华公，字本彩，号国庵，生于成化乙酉十月初二，殁于嘉靖癸巳十月初十。住赣祖居，移居东门，并寓龙南北楼背。习《春秋》，补郡庠廪生，应贡，遥授训导致仕，《府志·杂传》载："公，龙南诸生，以经学著名，及从阳明为良知之学，日坐一室超然默悟，学者宗之。"《县志》载："公捐金百两以修明伦堂。"初葬龙南里仁，改葬信丰县崇仙，复葬里仁堡鸦形。又改葬树角子，享寿六十九。

配叶氏，生殁未详，葬赣州南门外青草湖，无出。

继配谢氏，赣水西坊谢茂芳女，生于成化丙戌年六月二十八，殁失考，葬龙南水西老增坑虎形。生子二：卿、昂；生女一：适南门罗氏。

又配大龙堡杨氏，生成化丁未六月初十，殁于嘉靖甲申九月十四，行年三十八，葬同前。生子四：暹、轮、耀、墀；生女一：适江东廖。

又配邱氏，生殁失考，葬龙南杨坊，无出。

又配丁氏，生殁失考。生女一：适赣县雷天佑。

继配郭氏，生殁失考，葬赣祖居背，无出。

遗杨坊岩，背长龙庙，面居屋大圆泥墩一块，又后面上泥墩一块。本墩西面路上山圹一口，又上首青龙山山圹一口。圹堪上田一坵，计田二担，又东边茶山门口，石桥路面上井垅圹山圹一口。又上首三角圹山圹一口，又自高陂分下食水三寸，经周屋陂码口分过中心段圳子到月屋陂圳子下自己门口。又对门岗包沙岗坪一大长块，上以通巩桥横路为界，下以通永路松横路为界，左以大路为界，右以园埘为界。又屋侧西边长龙庙横岭子、水窝子、永路松一带无杂，四围俱立界坟为界。又水西老增坑山场一块，上以中埂大石头为界，下以岭，左右窝脚为界，内祖坟一穴。又里仁堡布岗祖坟一穴，计地坪一大长块，上下右以田为界，左以圳为界。

《晋阳堂月氏七修族谱》第148—149页

蜈蚣行盈公墓墓志铭

明天宝月公南山八十四翁墓

中宪大夫知开封府事前南京贵州道奉敕督理屯田监察御史泰和姻生王宗徐拜撰。

邑庠生孙婿廖尚义书丹并篆盖。

氏之出于五代之盛者，岂素贤哉！世教既明，劝惩之道既备，虽有未至者不得不企而及世生乎，三代之后者，上焉莫为之率，和者非维不之禁而或以取荣，正者非维无以劝而适以取困，故道之行也。中人时以为善及其户世贤者之资不能以自立。初时而有由礼秉义之人可不谓难能耶！月君讳盈，号曰南山，世为虔城。月氏当初万户侯沧海公生时忠，时忠生秉武，为君之大父也，母黄氏。伯仲四公其末出。初娶刘氏、赖氏、马氏，俱先公卒，晚娶李氏。子男四：长天璧，迥出人表；次天莹，以吏治厅创指日可待；天鉴、天玺皆振振。孙延为郡掾，日精文法，延志、延恩、延惠、延升、延衢、延达。曾孙乾明、乾亮、乾辉彬彬英往来。父公生成化辛丑八月初五，卒嘉靖甲子十一月十四。卜吉是岁十二月十七日营葬于本里杨坊岩背左之石而空为，呜乎！公之善何如！少负自感，知识先人，年逾弱冠，自可嘉其行义，荣以冠带兼縻其能，而委今屡下，亦秉命，罔不当上意者。初赣城倾犯，檄翁葺理之，翁乃移宅第碑石代以从事，人臧难之。嗣是湘寇大作，煽及邑境。时都御史阳明王公，简公实之麾下，苦战，领兵营房于浰，卒之太兵囚握，群枭授首，而邑赖底平，翁实与其劳焉。事竣，以病老告，给免役。惟寝优燕息，以贻谋家政，敦行义让，以范诸子孙，于乡之姻朋子弟及家之群子弟游庠者，皆为之礼遇，益久弗衰。年逾七十，制服深以古人效景侯姜公，学谕陈公知其为隐君子也，礼以乡饮大宾，俾观者得有师帅，厥后杜门谢绝人事，推日自适，以颐养天和，臻寿考福，善之应天，固有以厚之也。呜乎，若公者足以为训矣，享年八十有四，宜也。非伟廖姻义述公行，偕公子等请识君墓，余感夫世之未墓者恒以位而不以德，爵号崇显之人，虽遇恶尤为之书系忠笃行者，不达无位则叶而弗录。故善者未必传，传者未必善也。而天德合乎天者，世位受乎人者也。德天而遗人美世，人阴而天则替者，耻也。君之得于人者虽傲，而其行人之茨蔚然可稽过，夫世之位有余而德不足者多矣，余故乐道其详如此，一则为公子孙君善劝，一则风励天下后世云。

嘉靖四十三年甲子丑月吉旦，孤子天璧、天莹、天鉴、天玺，孙德、惠、恩、聪、衢、升、达，曾孙乾明、亮、辉，泣血立石。

《晋阳堂月氏七修族谱》第 499 页

乾隆《桃川赖氏六修族谱》（1779 年）

赖氏五修族谱序

按族谱之作，本自欧、苏，凡以保姓受氏、序年齿、志婚葬尔已，或则表兰玉、树门阀、著人地尔已。余族源于汉时，递衍于唐宋元明间，自祖先以后，代有传人。至于靖公始修谱序，以至三修，宋信国文公元司成，吴公待制，刘公、张公历有纪述，夫以苏、文、吴、刘诸先生皆为名贤，壁立千仞之概，乃不郗如橼缕缕吐肝隔，发金玉敷扬先训，昭然足纪也。自延祐甲寅至明神宗丙子，逮二百六十余年，九世锴公、益治、益作公暨忾庠本谦公、继世、振珥、益奖、启公、渠公暨诸公起而四修，尊泰重公为鼻祖，盖立居虔南龟湖，生秉五公。公生文兴，官名福清，宋末知政姑熟。明成祖时瑗公、时雍公并举乡贤，诚异数也。其经明行修，优游泉石，独行特立者亦备载焉。自丙子越今近百年，老谱之仅存者，复虑过此无稽则系族之亲疏靡别矣，念及此不禁泫然。

余奉命筠阳毡席六载，时太平族叔元睿者以馈运藩省过署，讯视函庠叔登庸、兄上举辈亟欲重新谱系之意，余也翘首千里，不能效壶功、缩地法，觐庭除用，惬厥志。

适奉新例秩满以留任候选，请假还籍。岁丙午，诣郭晤廪庠叔祖维翰，庠弟上聘、修齐、上拔，侄德玉以任，必捷，族长承宁、维垣，登宠首肯。初议即遄归乡，会两堡庠兄修仕、侄福思、弟上弼任举族长元棣。修迪、修兆、福育（达者，维世士美魁）荐修隐、上烨、上友、德奇联浃三大房，詹吉告虔，余与庠叔登庸不避祭鱼之诮，核前谱以券今文，合闽粤而归一致，挑灯展勘，濡笔披陈，苏子美之斗酒不足多也。丙子以来，箕裘先业，有鸣琴灌水之继，亨公花满庸城之魁，耀公储裕，姑苏之良相，公武相接也，如将仕省员及宝婺主粟之副，莅平迁邑之佐，横岗备戎之守，虽曰正异，文武之殊途。

然国家原是立贤无方矣，且支分派别，向也龟湖二房以数百计，今则千余计矣，向也太平以千余计，今则数千余计矣。凡兹名实丽亿，皆于谱成得之，谱成故观于品望，则怀析薪负荷之虞。观于谱记，则深生齿教训之筹，或徙继而望思归来，或遭改以明其自外，若修帏簿，饬簠簋，凛凛纠匡，凡绝恶于未萌而起教微渺，隐辞大义即存于叙志表述中，岂仅树阀阅，作优孟衣冠已哉！

时康熙六年丁未岁孟夏月榖旦。原任瑞州府高安司训摄学正事又南安府大庾县学正升北直保定府清苑县县尹十四世孙仕珑薰沐拜题。

仕宦·明·贡生

时雍，选举，入乡贤。

忠孝廉洁·忠

时雍，赋质刚方，明经受擢。明正德间，寇起粤东，王阳明亲提大军，用公为平浰参谋，屡出奇计，捣其巢穴，捐躯以报国，誓死以歼贼。朝廷嘉乃精忠，祀之乡贤。

光绪《桃川赖氏八修族谱》（1906年）

赖氏五修族谱序

按族谱之作，本自欧、苏，凡以保姓受氏、序年齿、志婚葬尔已，或则表兰玉、树门阀、著人地尔已。余族源于汉时，递衍于唐宋元明间，自祖先以后，代有传人。至于靖公始修谱序，以至三修，宋信国文公元司成，吴公待制，刘公、张公历有纪述，夫以苏、文、吴、刘诸先生皆为名贤，壁立千仞之概，乃不鄙如橡缕缕吐肝膈，发金玉敷扬先训，昭然足纪也。自延祐甲寅至明神宗丙子，逮二百六十余年，九世锴公、益治、益作公暨饩庠本谦公、继世、振珥、益奖、启公、渠公暨诸公起而四修，尊泰重公为鼻祖，盖立居虔南龟湖，生秉五公。公生文兴，官名福清，宋末知政姑熟。明成祖时瑗公、时雍公并举乡贤，诚异数也。其经明行修，优游泉石，独行特立者亦备载焉。自丙子越今近百年，老谱之仅存者，复虑过此无稽则系族之亲疏靡别矣，念及此不禁泫然。

予奉命筠阳毡席六载，时太平族叔元睿者以馈运藩省过署，讯视函庠叔登庸、兄上举辈亟欲重新谱系之意，予也翘首千里，不能效壶功、缩地法，觐庭除用，惬厥志。

适奉新例秩满以留任候选，请假还籍。岁丙午，诣郭晤廪庠叔祖维翰、庠弟上聘、修齐、上拔，侄德玉以任，必捷。族长承宁、维垣，登宠首肯。初议即遄归乡，会两堡庠兄修仕、侄福思、弟上弼任举族长元棣。修迪、修兆、福育（达者，维世士美魁）荐修隐、上烨、上友、德奇联浃三大房，詹吉告虔，余与庠叔登庸不避祭鱼之诮，核前谱以券今文，合闽粤而归一致，挑灯展勘，濡笔披陈，苏子美之斗酒不足多也。丙子以来，箕裘先业，有鸣琴灌水之继，亨公花满庸城之魁，耀公储裕，姑苏之良相，公武相接也，如将仕省员及宝婺主粟之副，茌平迁邑之佐，横岗备戎之守，虽曰正异，文武之殊途。

然国家原是立贤无方矣，且支分派别，向也龟湖二房以数百计，今则千余计矣，向也太平以千余计，今则数千余计矣。凡兹名实丽亿，皆于谱成得之，谱成故观于品望，则怀析薪负荷之虞。观于谱记，则深生齿教训之筹，或徙继而望思归来，或遣改以明其自外，若修帏簿，饬篚篛，凛凛纠匡，凡绝恶于未萌而起教微渺，隐辞大义即存于叙志表述中，岂仅树阀阅，作优孟衣冠已哉！

时康熙六年丁未岁孟夏月穀旦。原任瑞州府高安司训摄学正事又南安府大庾县学正升北直保定府清苑县县尹十四世孙仕珑薰沐拜题。

仕宦·明·贡生
时雍，选举，入乡贤。

忠孝廉洁·忠
时雍 赋质刚方，明经受擢。明正德间，寇起粤东，王阳明亲提大军，用公为平浰参谋，屡出奇计，捣其巢穴，捐躯以报国，誓死以歼贼。朝廷嘉乃精忠，祀之乡贤。

《黄氏龙南宗谱》（2018年）

贵兴房子新公位下世系

第八世

（本用长子）仁材 生于成化廿年甲辰二月初三日，殁于嘉靖廿年辛丑正月十三日。妣曾氏，生于弘治五年壬子三月初二日，殁未详。夫妇合葬屋排上壬山丙向。生子黄堂。

（本用次子）仁柏 字友松，生于弘治七年甲寅三月十四日，殁于嘉靖四十三年甲子三月十二日，葬蕨峒狮形已山亥向。妣王氏，生于弘治十六年癸亥四月十三日，殁于嘉靖四十五年丙寅三月十二日，葬鸡栖坑人形卯山酉向。生子四：黄宝、黄永（夭）、黄辰、黄宰。

（本吉长子）仁楦　生殁未详，葬汶岭坳人形辛山乙向。妣陈氏，生殁未详，葬棉地坑坐西向东。又妣王氏，生殁未详，葬疸痢岭狮形坐北向南。生子三：黄胜、黄期、黄洪。

（本旦三子）仁惠　妣赵氏，夫妇二生殁葬俱未详。生子二：黄亲、黄名（夭）。

（本旦四子）仁福　生失考，往外。

（本旦五子）仁梓　生失考，往外。

（本旦六子）仁宠　妣王氏，夫妇二生未详，往外。

（本旦七子）仁德　妣张氏，夫妇二生未详，往外。

（本旦八子）仁相　生失考，往外。

（本旦九子）仁全　生失考，往外。

（本旦十子）仁志　生失考，往外。

（本旦十一子）仁禄　生失考，往外。

《黄氏龙南宗谱》第 1 卷《贵兴房子新公位下世系》第 262 页

文远房世系

第六世　（黄）凤瑛，字朝阳，号东林，邑庠增生，职受总戎。生于成化辛丑一四八一年三月十五日戌时，殁于嘉靖丙午一五四六年三月十五日巳时，葬临江坝坑凤形。明正德年号中期广东少量浰头贼反数千，杀掠生民，公仗义赴京奏请，执差都宪阳明王夫子合三省兵征。公为都宪帐下筹划尽善，决策有功，受职总戎回，敕命赐竖书阁九井十八厅，龙南坊内堡进龙岗，周围广阔，并天步楼一所。娶妣何氏，生于成化十八年公元一四八二年五月初二巳时，殁癸卯十月廿四亥时，葬坊岗堡，康熙乙酉年七月初三重修。次娶刘氏，生于癸丑一四九六年七月初三子时，殁于□年□月初十申时。生子二：奇瑞、奇谋。三娶曹氏，生于弘治丙辰一四九六年三月初十午时，殁丁未九月初五丑时。生子一：奇才。四娶刘氏，生于弘治丁巳年一四九七年四月初八辰时，殁戊申九月廿日未时。生子二：奇略、奇韬。四位祖妣俱葬羊稠障。王守仁夫子指点镇武坐禅形乾山巽向。乾隆三十年乙酉岁八月初十丑时添筋符葬三修，乾隆四十四年十一月初五未时四修。

《黄氏龙南宗谱》第 2 卷《文远房世系》第 1616 页

龙洲房世系

第五世（黄）金馗，字前江，明王守仁督军于赣，公为乡总。后征三浰，征三巢，官至游击，享年九十六。配郭氏，葬莲塘子凤形辛乙。又配刘氏，附葬鹅形陈祖妣墓。生子二：洪舜、洪禹。俱刘出。生女一：适李。

《黄氏龙南宗谱》第 3 卷《龙洲房世录》第 1876 页

第六世（黄）洪舜，字友松，随父避乱由龙南城中定宅迁于城东龙洲坝，是为龙洲始祖。城中旧址归就李戚，即今祠祀李茂公处。生于宏治辛酉（即一五〇一年）五月二十三日午时，殁于万历戊子（即一五八八年）二月一日酉时，享寿八十有八，葬杨坊上岩前海螺形寅申，世系中馗公"去乱从治"，舜公"随父避乱"八字，系勋臣公笔记。配朱氏，葬寨背下岑凤形丑未，后风吹罗带开傍派，朱祖妣去于凤形正穴得祖妣骸。继龚氏，生于嘉靖戊辰三月十四日亥时，殁于万历丁亥年七月十七日未时，寿八十，附葬燕子岩庵背黼公坟，改葬新打寨脚下界石下。生子五：通经，传至昌派乏嗣，略。通缘、通绘、通纶俱朱出。通纬龚出。

《黄氏龙南宗谱》第 3 卷《龙洲房世系》第 1877 页

关西房（长房）志清公位下世系

第四世 （景章三子）孔智 因先年叛乱外出未回，生殁葬妣俱未详。

《黄氏龙南宗谱》第 4 卷《关西房（长房）志清公位下世系》第 3253 页